人生100年時代の年金・イデコ・NISA戦略

田村正之
日本経済新聞編集委員
ファイナンシャルプランナー（CFP®）
社会保険労務士

日本経済新聞出版

長いまえがき

2022年からの公的・私的年金の大改革を生かそう

公的年金に関する前著、『人生100年時代の年金戦略』（日本経済新聞出版）を出させていただいたのは2018年の初冬でした。高齢化が進む中では、何歳まで生きてもずっともらい続けられる公的年金は最大の支え役です。それにもかかわらず、あたかもすぐに破綻するような頼りにならないものと思われていることに強い懸念を感じたことが出版の契機でした。

本の中では3つのポイントを柱としてお話ししました。①年金額はあらかじめ決まっているのではなく自分で「増やす」もの、自分や家族の働き方やもらい方で大きく変わる、②年金は運用商品ではなく「人生の大きなリスクに備えるお得な総合保険」である、③少子高齢化は何十年も前からわかっていたこと、対策は年金財政の中にかなり織り込まれていて破綻などしない――という内容です。

ちなみに「お得な」という言葉に対しては様々な意見もあると思います。筆者がこの言葉を使う意味は、年金に対する選択肢があるときはほとんどの場合、年金に加入したり保険料を払ったりすることを選んだほうがお得ということです。選択肢とは例えば、短時間労働者が会社員などを対象とする厚生年金に加入するか迷うとき、自営業者やフリーランスが年金保険料を払うか迷うとき（本来は義務ですが迷う人も多くいます）など、たくさんあります（それぞれなぜお得かは本文をお読みください）。

また、公的年金の様々な機能を民間の保険などで代替しようとすれば、比べものにならないほど大きな手数料を自分で支払うことになります。第3章でお話ししますが、例えば長生きリスクに備える民間保険への加入より、公的年金の繰り下げ制度による増額のほうがずっとお得です。その意味でも公的年金は「お得な」仕組みであると認識してフル活用すべきだと思います。

幸い前著は多くの方に関心を持っていただき、多くの版を重ねることができました。また2019年の金融庁報告書の「老後2000万円問題」の際にはテレビの情報番組などで取り上げていただいた結果、アマゾンの全ての書籍の総合1位となることもできました（ほんの一瞬でしたが、笑）。

しかしその後、19年夏には公的年金について5年に1度の「財政検証」が発表されたほか、20年5月には公的年金とともに、イデコ（iDeCo：個人型確定拠出年金）など私的年金についてもかなり大きな法改正が決まり、22年度以降、順次実施されていくことになっています。

制度改正は公的・私的年金だけではありません。イデコとともに「自分年金」づくりの有力な手段である少額投資非課税制度（NISA）もやはり5年延長が決まっています。

これまで年金など社会保障と資産運用は、あたかも別個のものとして取り上げられてきました。しかしここまでの長寿時代になると、この2つをそれぞれフルに活用し、組み合わせないと、なかなか安心な老後を過ごしづらくなっています。だからこそ国も、公的年金の改革に合わせて、私的年金やＮＩＳＡなど自助努力の後押しをする仕組みをどんどん拡充させているわけです。

こうした状況のなか、前著のうち今も有益であると考える部分は活かしながらも（その場合もデータは最新のものに更新してあります）、新たな財政検証や法改正の内容を詳細に解説するとともに、公的・私的年金とＮＩＳＡを総合的に活用して老後の安心を高める実践的な方法を書かせていただくことになりました。つまりこの新しい本は、公的年金の使い方と、イデコやＮＩＳＡなど自分年金づくりの両方を解説した「全部入り」的な内容を目指したものです。

第1章は総論です。公的・私的年金の役割と制度改正、そしてその活用法の全体像を、一目で見渡せるようにしたつもりです。ここで全体像を頭に入れていただいたうえで、第2章の公的年金制度の詳細な解説、第3章の公的年金の改正内容と具体的な活用法、第4章以下の資産運用のセオリーや、イデコ・ＮＩＳＡなど投資優遇税の活用法へ進んでいく構成にしました。そして最終章は公的・私的年金を組み合わせて老後資金を考える具体例を示しています。もちろん、興味のある部分から読み始めていただいても大丈夫です。

公的年金と私的年金の利点と、それを活用するどんな選択肢が自分にあるかをよく理解し、実践することで、多くの人が少しでも豊かな老後を送れる可能性は高まると思います。この本がそのための参考になることを願っています。なお、本書の内容はすべて筆者の個人的意見です。

目次

【2】誤解だらけの年金財政

賃金変動率は2～4年度前の平均で計算
年金財政健全化のためのマクロ経済スライド
新型コロナによる2020年度の賃金減、影響は22年度から3年間に
「現役世代との差」は長期で拡大
前回財政検証後の実際の経済は予想よりやや上振れて推移
「近く枯渇」と言われた積立金は大きく増加
所得代替率は約2割低下するが、年金の実質額は所得代替率の低下ほどは減らない
年金額の予想はインフレを織り込んで現在の価値に直した金額
将来の50%という所得代替率はあくまで受給開始初年度のもの
厳しい経済前提の場合、受給総額はざっと1割減
経済好調なら実質額増加も

コラム 賃金が物価を上回るのは世界的に普通の姿

年平均収益率3・6%、合計収益額95兆円
――GPIFはきちんと年金資産を増やしている
株式を増やすと長期では大きなリターンに
名目利回りよりも、賃金変動率との差が大切
今後、一時的には巨額評価損も
財源に占める積立金は1割程度
「国民の半分が未納」という誤解、実際は1・7%

第3章

公的年金、フル活用のための実践術　131

第4章

運用で堅実に増やすセオリー

世界経済の長期拡大の恩恵を受ける
投資収益率＞経済成長が続く可能性も
上昇時に投資をやめていたら、資産は3分の1に
長期低迷期を終えた日本株
株式は長期では元本割れしづらくなる
過去30年の最強は米国株
値動きが大きければ積み立てで儲かるとは限らない
ずっと米国株優位とは限らない
「成長の罠」に注意
心理の〝罠〟を防ぐ積立効果
投信のコスト差、長期で千万円以上にも
どの国でもアクティブ型の7～8割は長期では市場平均に負ける
超低コスト投信が増加中、実質コストにも注意
アクティブ型と組み合わせるコア・サテライト戦略も
節税効果の大きな口座は株式投信中心で

第6章

2つのNISA、完全活用 299

終章 人生100年時代の新戦略

第1章

総論――「イデコ・ＮＩＳＡで世界まるごと積立投資＋年金フル活用」

●女性では65歳まで生きた人の6～7割は90歳まで生きる

長く進まなかった「貯蓄から資産形成へ」。しかし若年層の一部で変化の兆しが起きています。米国など海外株や世界株を中心に、投資信託を使って長期で積立投資し、資産形成しようとする動きが出ているのです。２０１９年の金融庁報告書「老後２０００万円問題」などを機に、老後資金の必要性について広く認識されるようになったことが背景です。

ただし、資産運用などで貯めた自己資金だけでは「長生きリスク」に対応できるか不透明な面があります。例えば65歳時点で２０００万円用意できたとしても、それは85歳まではもっても、１００歳まではもたないかもしれません。また数十年の長い期間には、インフレで通貨価値の下落も起こりえます。その場合、２０００万円の価値は大きく減ってしまいます。

「自分はそんなに長く生きない」と思うかもしれません。２０２１年夏に発表された厚生労働省の簡易生命表では、男性の平均寿命は81・6歳、女性は87・7歳です。しかし平均寿命の定義は０歳児が何

図表1-1　65歳まで生きた人が各年齢まで生き残る確率は?

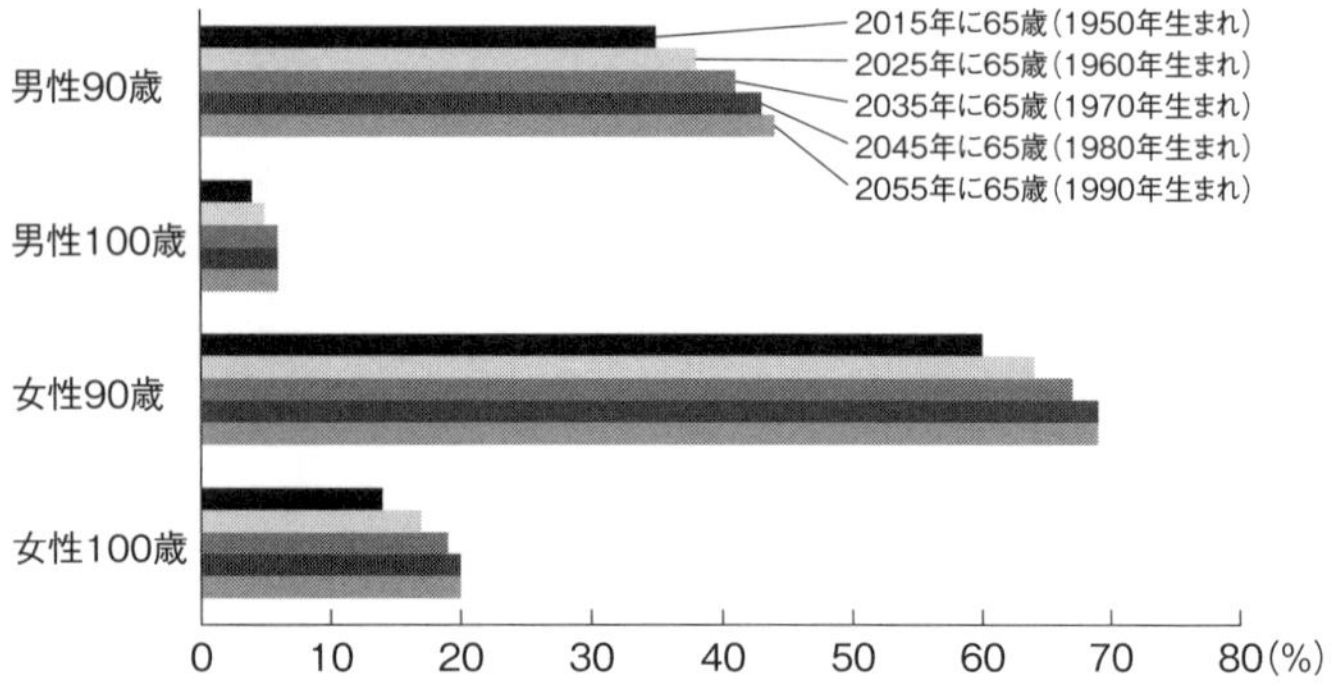

（出所）厚生労働省、社会保障審議会

年生きるかを示すもの。死亡率の高い幼年期などを過ぎ、65歳まで生きた男性は平均で85・1歳まで、女性は89・9歳まで生きます。しかも、これはあくまで平均です。

老後を安心して過ごすには、平均より長く生きる場合のことも考えておかねばなりません。では65歳まですでに生きた人が、一定年齢まで長生きする確率はどれくらいでしょうか。

厚生労働省のデータが図表1-1です。90歳まで生きる確率は1960年生まれの男性では38％、90年生まれでは43％です。女性では、やはり90歳まで生きる確率は1960年生まれで64％、90年生まれで69％です。女性では1960年生まれ以降では、100歳まで生きる人が2割近くにも達します。平均寿命までしか老後資金を用意していないと、かなり危ういことがわかると思います。

そう考えると、必ず終身で死ぬまでもらえ、インフレが起きた場合でもある程度はついていってくれる仕組みである公的年金こそが、長生きリスクの最人の支えであることは当然です。

それにもかかわらず、多くの金融機関ではいまだに「年金財政の悪化で支給開始年齢を一律に引き上げる検討が始まっている」など、事実ではない表現で年金不安をあおるキャッチフレーズが満載です（年金財政の現状や「正しく心配する」ための知識は第2章で解説しています）。年金不安をあおって自社の金融商品を売ろうとする金融機関は不誠実な面があり、販売する商品もあまり信用しないほうがいいと思います。

老後を安心なものにするために大切なのは、①現役時代、仕事に打ち込みなるべく高い収入で長く働く、②若い時代からの堅実な資産運用、③受給開始を遅らせることで金額が増える繰り下げ受給など、公的年金のフル活用——の組み合わせです（なかには資産運用なしでも十分な老後資金を貯められるケースもありますが、多くの人にとっては資産運用は有効です）。

●年金額は決まったものでなく、家族の働き方、もらい方で大違い

多くの人が漠然と、自分の年金は国が決めるものだと思っています。しかし実際は「年金は自分で増やすもの」です。図表1-2でわかるように、年金は自分や家族の働き方やもらい方で大きく変化するからです。

①は厚生労働省がモデル年金として公表しているもので月に22万円。40年間平均的な収入だった会社員と40年間専業主婦だった夫婦の年金額です。内訳はどうなっているのでしょうか。

図表1-2　年金は働き方・もらい方しだい

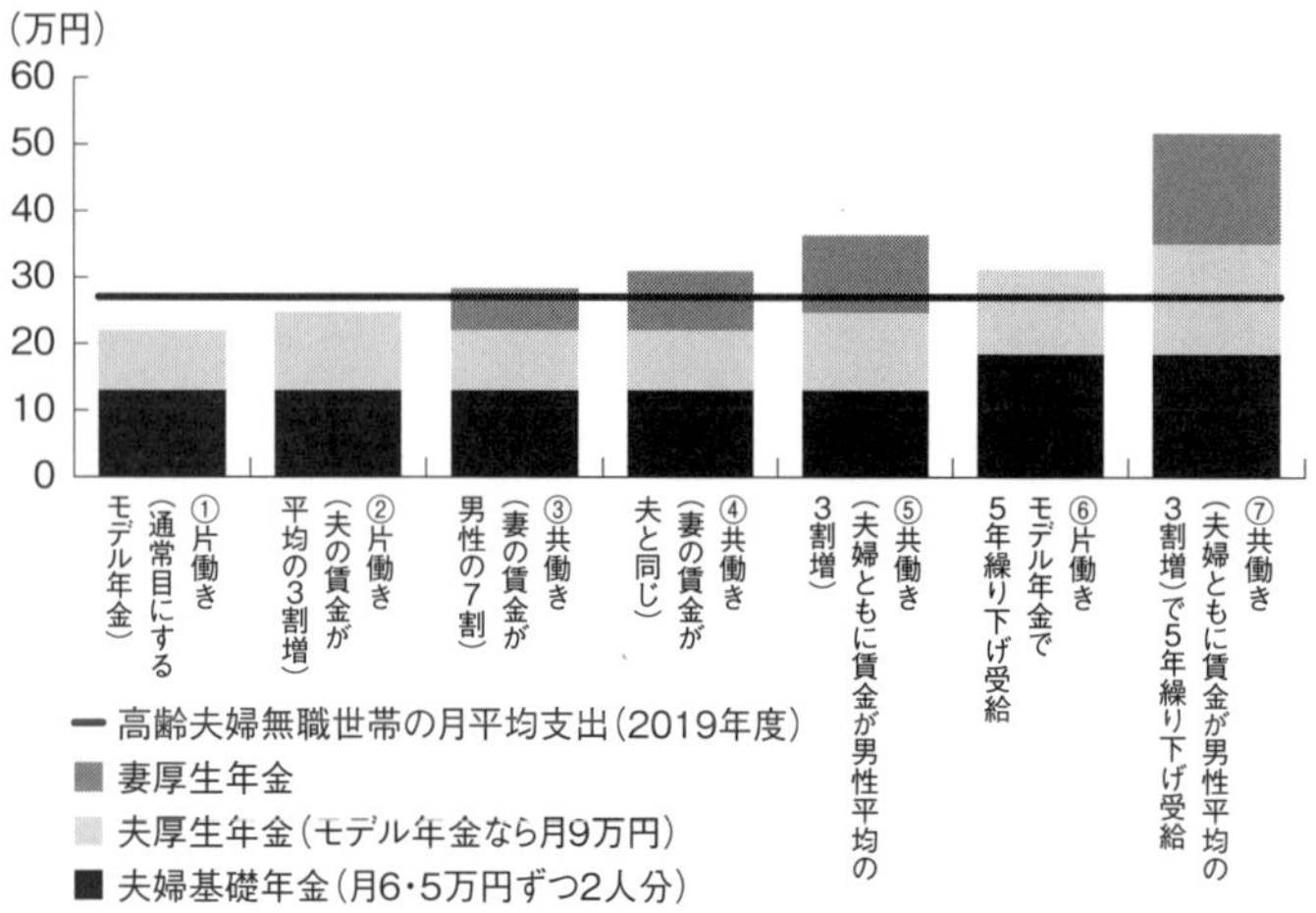

公的年金は2階建てです。1階部分は、国民共通で定額の基礎年金。40年間国民年金保険料を払うと、2021年度の金額で月約6万5000円です。夫婦2人で合わせて13万円になります。会社員や公務員の場合、これに上積みされるのが厚生年金。厚生年金は高い報酬で長く働くほど、払う保険料も将来受け取る金額も増えます（ただし上限があり、だいたい年収1000万円程度から上は保険料も給付額も同じです）。

モデル年金では平均的な男性の平均収入に基づき、夫のみ厚生年金が月9万円上積みされます。先ほどの13万円と合わせて月22万円というわけです。この22万円というモデル年金の金額をベースに「年金だけでは暮らせない」「さらに将来〇〇万円に減る」などの年金不安をあおる評論がよくみられますが、この金額はいわばひとつの参考例に過ぎません。

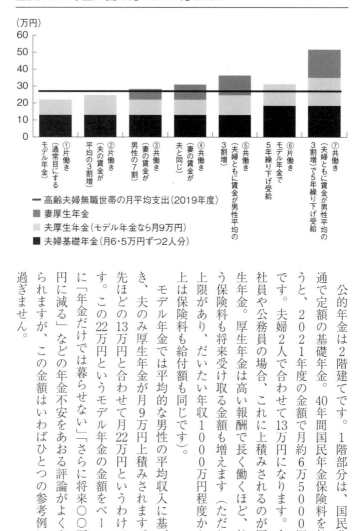

厚労省のモデル年金は過去と将来の年金財政の在り方を比較検証し、制度変更の必要性など政策判断に使うための単なるモノサシです。モノサシなので基準を過去と変えるべきではなく、「片働きで、夫は平均的な収入」という世帯をベースに、毎年の年金額や将来の予測が語られます。

しかし実際に皆さんがもらう年金額は、先ほどの図表1-2のように千差万別です。モデル年金の額や変化で一喜一憂しても仕方がありません。

●年金を年1万円増やすには、生涯年収を180万円上げればいい

少し難しいですが、2階部分である厚生年金の年額は「0・005481（年金計算のための制度上決められた数字ですので、意味は考えなくて大丈夫です）×平均報酬額×加入月数」です。ずっと厚生年金で働いているなら、「0・005481×生涯年収＝厚生年金額（年）」となります。

逆算すると、厚生年金を年1万円増やすには、1万円÷0・005481なので、生涯年収を182万円増やせばいいことになります。ざっくり考えると、180万円生涯賃金が増えれば年金額は年1万円増えことになります。

これを覚えておくと便利です。65歳から年収360万円で3年間働けば、年金額は働かないときに比べて年6万円（月5000円）増える、というふうに計算できるからです。

例えば図表1-2の②はモデル年金に比べ、資格取得や転職などで収入をあげたり、なるべく長く働いたりした結果、賃金総額が3割高い例です。夫の厚生年金が月9万円から11万7000円へ3割増

え、夫婦の月の年金が24万7000円になる計算です。一生懸命がんばって長く働けば勤労中の収入が増えるだけではなく、老後の年金の面でも豊かになることがわかります。

●共働き増加でがらりと変わる年金の風景

今や共働きの夫婦は片働き夫婦の世帯数の2・2倍です。配偶者（この本では多くのケースで、便宜的に妻としています）も厚生年金で働けば、妻の分の厚生年金が上積みされます。女性の賃金は平均的には男性の7割のためそれをベースで考えたのが図表1-2の③です。モデル年金の夫の厚生年金の7割の6万3000円が上乗せされ、夫婦の年金は月28万3000円になります。

家計調査によると、高齢夫婦無職世帯の月の平均支出は税・社会保険料の支払いも含めて約27万円です（2020年はコロナ禍で金額が異常値なため2019年の数字です）。共働きであれば、すでに年金だけで高齢期の支出を上回ります。妻が夫並みの収入で働いたり（そういう夫婦は増えています）、それぞれの収入が増えたりすれば図表1-2の④⑤のようにさらに年金は増えていきます。

図表1-2の⑥⑦は繰り下げ受給を組み合わせる場合です。年金は原則65歳受給ですが、60歳まで早める繰り上げ受給や、70歳まで（2022年4月以降は改正法の施行で75歳まで）遅らせる繰り下げ受給が可能です（繰り上げ・繰り下げの詳しい仕組みや効果、注意点は第3章第1節）。つまり、日本の年金制度は受給開始時期を60歳から75歳（2022年4月以降）までの間で選べる自由選択制なのです。

図表1-3　共働き世帯は片働きの2.2倍に

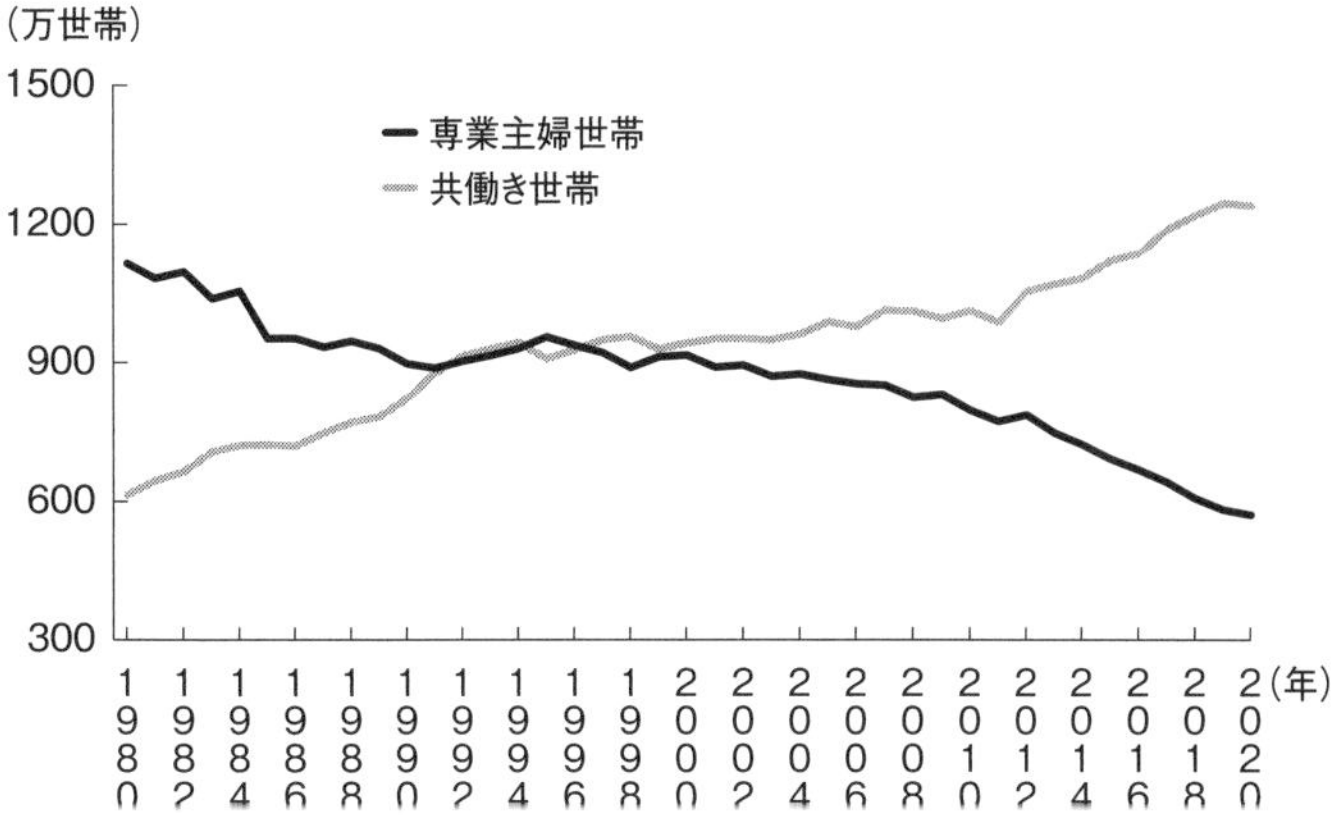

労働力調査(詳細集計)などを基に作成

繰り上げは早くもらえる代わりに1カ月繰り上げるごとに0・5%(2022年4月以降は0・4%)減ります。逆に繰り下げは1カ月遅らせるごとに0・7%増えます。長寿時代のおすすめは繰り下げ受給です。図表1-2の⑥⑦は70歳まで5年(60カ月)繰り下げた場合なので、42%増えた金額になります。それが終身で続きます。⑦のように夫婦ともに賃金が平均より3割高く、ともに5年繰り下げると、月額は夫婦で50万円を超えます。モデル年金の2・4倍です。

このように「いくらもらえるか」は自分たちしだいであり、モデル年金の額で一喜一憂するのはあまり意味をもちません。同様に、モデル年金の額をもとに老後2000万円が足りない、などと考えても仕方ありません。

●少子高齢化でもつぶれない仕組み

「金融庁2000万円問題」の際にネット上などで「やはり年金は破綻すると国が認めた」などの声が上がったのは（実際には報告書にはそんなことは書いていませんが）、「少子高齢化のなかでは年金はもたない」というイメージが、多くの人の脳内に強く刷り込まれてしまっているせいでしょう。

どうも年金というのは「この制度は駄目だ」と思い込むとすべてが悪くみえ、一方で中身を詳細に知ると「もちろん改善すべき点は多いが、それなりにきちんとつくられている持続性のある仕組みだ」と見方が変わることが多いようです。

例えば年金破綻論が猛威をふるっていた十数年前、当時の野党だった旧民主党は「（年金制度は）間違いなく破綻して、5年以内に替えなければならない」「国民年金制度は壊れている」などと発言していました。しかし政権を取った後に制度の細部までを理解するようになると「現行の年金制度が破綻しているということはない」（総理時代の野田佳彦氏）、「年金制度破綻というのは、私もかつてそれに近いことを申し上げたことがあります。それは大変申し訳ないことだと思っております」（副総理時代の岡田克也氏）と大きく変わったのを思い出します。

●「就業者VS非就業者」の比率はあまり変わらない

現在の年金は自分が積み立てたお金を将来の自分がもらう「積立方式」ではなく、今の現役世代が

図表1-4　少子高齢化で年金はつぶれる?

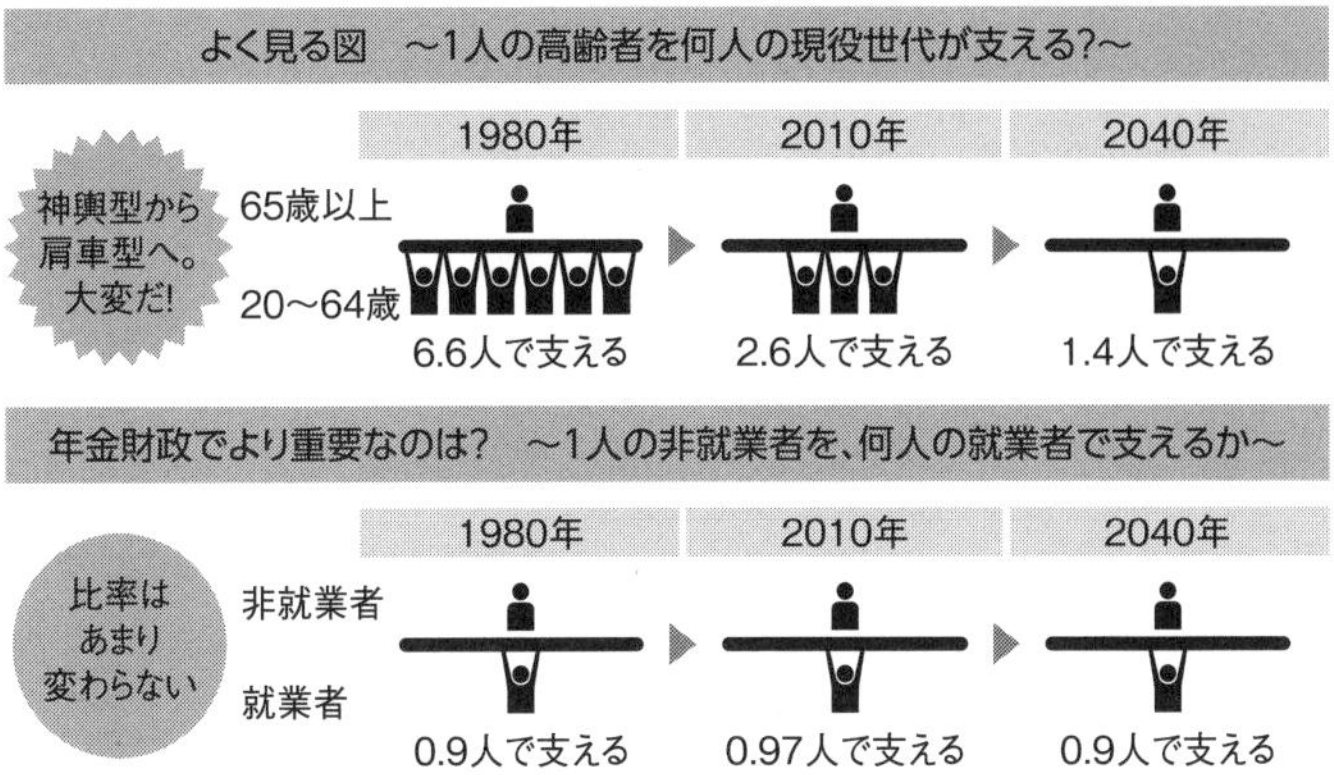

出所）労働力調査、国立社会保障・人口問題研究所（2017年統計）、
労働政策研究・研修機構のデータ（ゼロ成長シナリオ）などから作成

払った保険料が今の受給世代の年金として支給される「賦課《ふか》方式」です。いわば「仕送り」を社会全体でやっている形です。確かに賦課方式のもとでは、少子高齢化により受給世代がどんどん増えて、現役世代がどんどん減ると、制度がもたなくなるように思えます。しかし、これについてもやや過剰に悲観視されている面があります。

年金財政の悪化を声高に語る金融機関などが必ずみせるのは図表1-4の上部分です。1980年代は20～64歳の現役6・6人で1人の高齢者を支えていたのに、2040年には1・4人で1人を支える、つまり肩車状態になるというものです。

しかし年金財政を考えるうえでもうひとつ大切なのは、非就業者1人を就業者何人で支えるか、という点です。図表1-4の下の部分は慶応大学の権丈善一教授の『ちょっと気になる社会保障V3』（勁草書房）に掲載された図をヒントに、筆者が各種の統計・調査から作ったものです。これでみると、1980年も2040年も、比率はあまり変りません（2040年の比率は独立行政法人労働政策研究・研修機構の予想のうち厳しめのゼロ成長シナリオを基にしています）。

少子高齢化なのになぜこんなことが起きているかというと、高齢者や女性のうち働いている人の比率が高まっているからです。ここ数年、筆者は年金関係のセミナー講師をさせていただくたびに、この図をおみせしています。セミナー受講者の多くは上の「肩車」のイメージだけで年金を考えてきているので、かなり驚くようです。

もちろん高齢者や女性の賃金（保険料）は現役男性ほど高くないので、だから年金財政が安心といえるわけではありません。また非就業者の中には受給者でない子供も含まれているので、年金財政とぴったりリンクしているわけでもありません。しかし図の上側のように世代間の比率だけをみて生じる年金への不安なイメージは、かなり変わってくるのではないでしょうか。

ちなみに権丈教授の先ほどの書籍は、年金や社会保障についてしっかりした「軸」となる考え方と知識を得るために最善の書だと思います。

●受給者はやがて減少、被保険者との比率は横ばいへ

そもそも「この先ずっと少子高齢化で受給者が増え続け、現役世代が減り続ける」というイメージ自体、正確ではありません。図表1-5は2019年の年金財政検証（5年に1度の健康診断のような

図表1-5　受給者と被保険者の比率はやがて横ばいに

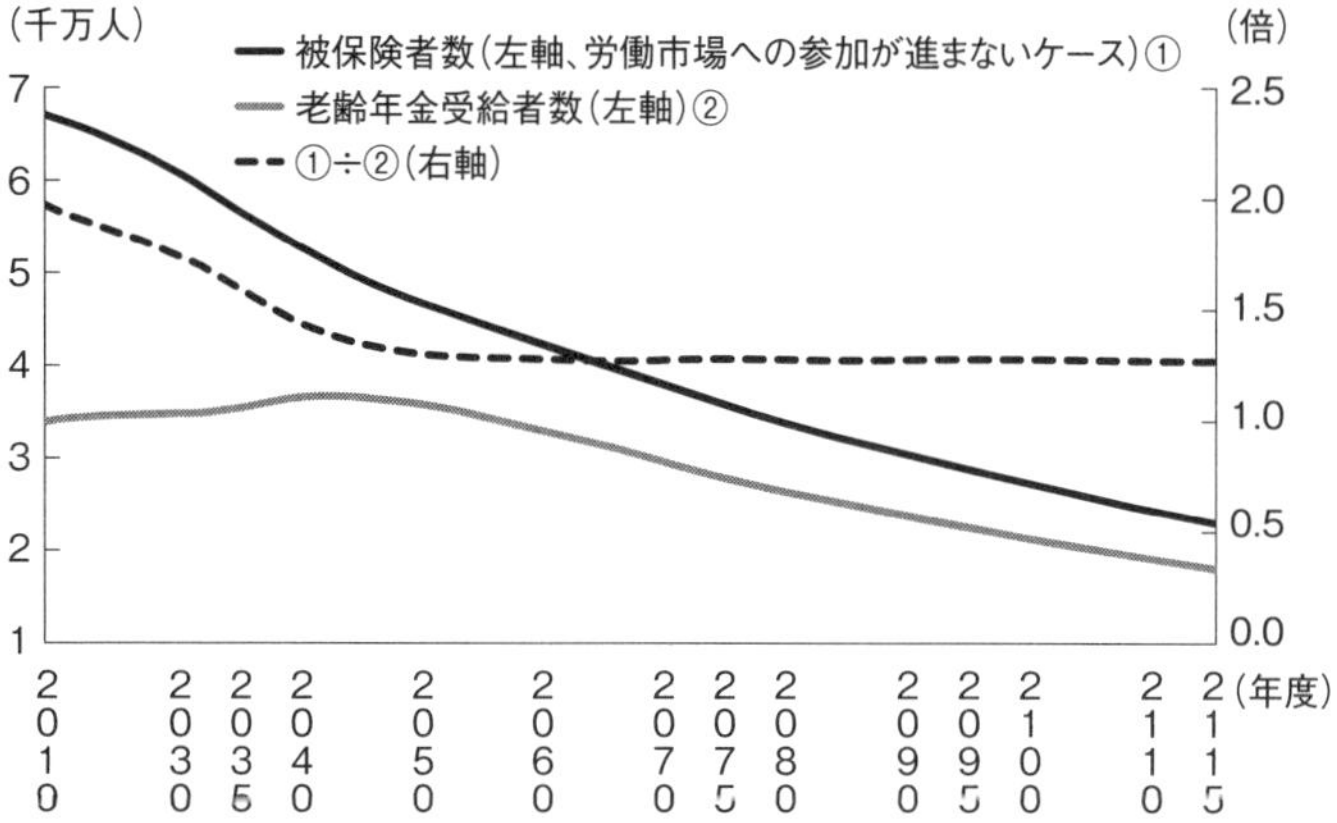

出所)財政検証(2019年)

ものです)を基に作った、将来の受給者数と被保険者数の予測です。予測は様々な前提のものがありますが、厳しめにみたほうがいいので「労働参加が進まないケース」を使いました。

まず被保険者は実際にどんどん減っていきます。これはおおむねイメージ通りでしょう(ただし女性や高齢者などの労働参加が進む別の前提では、被保険者数ももっと上方修正されます)。一方で受給者は、しばらくは増えていくものの2040年前半をピークに減少に転じます。団塊の世代の方々が亡くなっていくことなどが大きな要因です。その結果、点線で示した被保険者と受給者の比率は2040年くらいからはほぼ一定となります。

「少子高齢化で財政は悪化し続ける」という一般的なイメージは、2040年くらいまでの、高齢者が増える時期がそのままあたかも永遠に続くような誤解に基づいているとも言えます。

もちろん2040年くらいまでは受給者と被保険者のバランスは悪化し続けますし、その後も比率は1・3倍程度で一定になるとはいえ、2019年時点の2・0倍よりは悪化します。厳しい状態には変わりありません。では、やはり年金は破綻するのでしょうか。

●少子高齢化は年金財政にかなり織り込まれている

年金財政を考えるうえでもうひとつ大事なことがあります。このような少子高齢化が突然に今わかったのなら大変ですが、人口は他の様々な経済予測などに比べると、比較的正確に予測ができる分野です。つまり、このような状態は「数十年も前からわかっていたこと」だということです。このため、それなりにかなりの対策が打たれています。

年金は2階建てで、国民共通で定額の基礎年金（保険料を払う際は国民年金と呼ばれます）が1階部分、会社員などが報酬に応じてもらう厚生年金が2階部分です。基礎、厚生年金共に保険料を2017年度まで十数年にわたって引き上げてきたほか、基礎年金の財源はかつて税金が3分の1でしたが、2分の1に引き上げ済みです。2020年度末で約186兆円ある巨額の積立金を給付財源の一部に使ったりします。

特に重要なのは保険料収入の範囲での給付になるように毎年自動的に調整する「マクロ経済スライド」（詳しくは第2章第2節）という仕組みが、2004年に導入されたことです。デフレ時に効きづらい欠点があって改善の必要が大きいのですが、これをきちんと機能させるようにすれば、収入の範

図表1-6　少子高齢化は年金財政にかなり織り込まれている

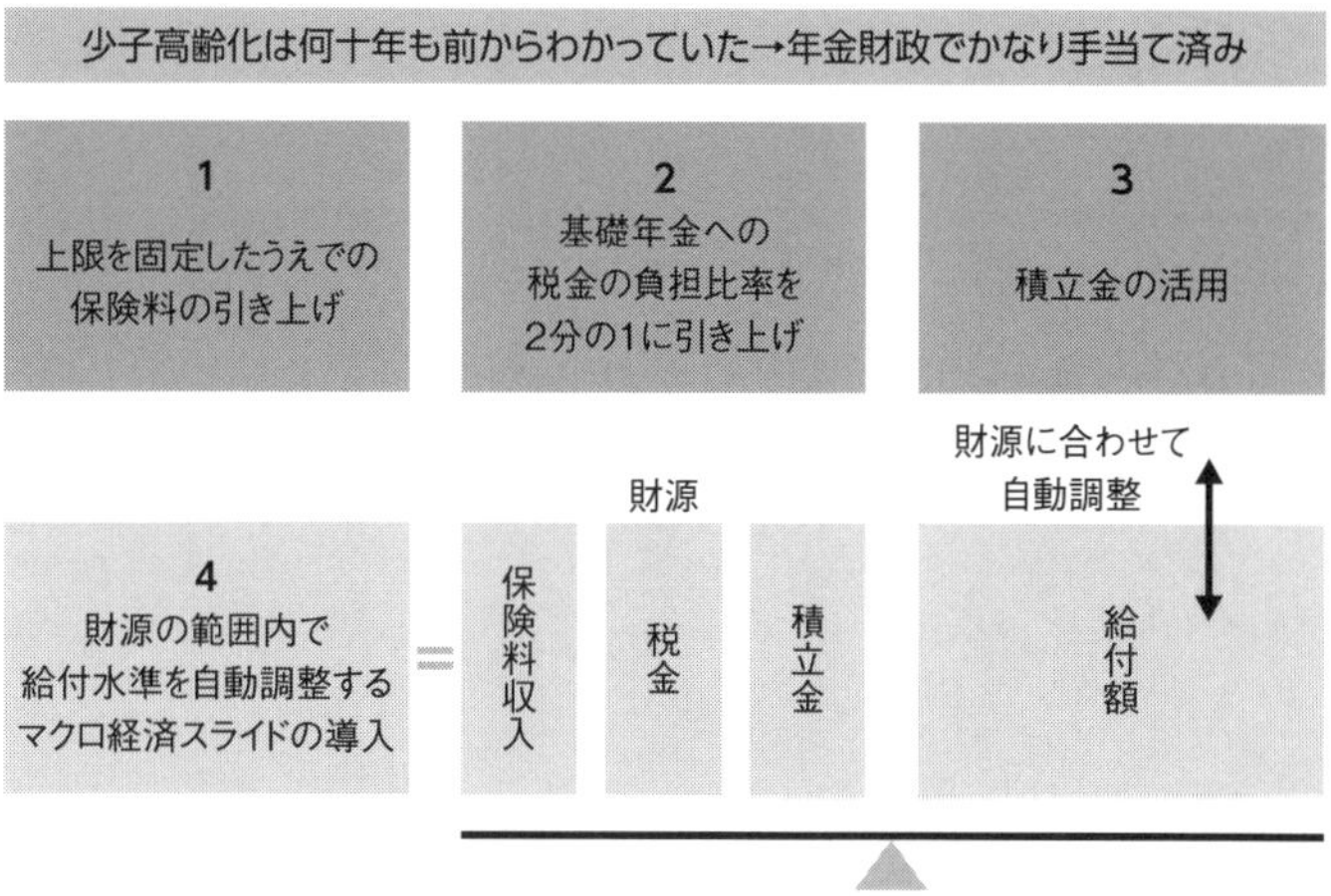

囲でしか払わないわけなのでつぶれようがありません。

もちろんつぶれなければいいというものではなく、給付があまりに少なければ老後の生活の安心にならないので、少なくとも受給開始の年に現役世代の手取りの5割はもらえるようにコントロールされています。結論として、公的年金はじわり減っていく可能性は高いものの破綻はしませんし（経済状況によっては、現在の価値に直した実質価値は上がることもあり得ます）、老後の生活設計ががらりと変わるほどの大幅減額になる可能性は小さい状態です。

もちろん年金財政に影響を与える経済状況や出生率などは、今後思わぬ悪化をみせる可能性がないわけではありません。例えばコロナ禍を契機に、いったん広がった会社や大学のリモート化などは一部、今後も続いていくでしょう。人との接触が減ることが婚姻率や出生率の水準を長期的に押し下げる可能性もあります。

年金財政はおおむね100年間で計算しているので、過度に不安視するのは避けるべきですが、5年に1度の財政検証などの結果をきちんとチェックして制度改正の必要性を考えるという「正しく心配する」ことを続けることは大事です。

そのうえで、財政検証で厚生年金より減り方が大きくなると予測されている基礎年金を、どう改善するか。2021年の自由民主党の総裁選で河野太郎候補は基礎年金がこのままでは大きく減りすぎて困窮者が出るとし、かつて民主党が示して失敗した案に近い「最低保障年金」などの大改革案を打ち出しました。それは河野候補の敗北とともに人々の記憶から消えていきつつあります。

しかし実はすでに、基礎年金を底入れするためにより現実的な改正案（この本で詳しく紹介している2022年から実施される改正案とは別の、今後新たに導入が検討される改正案のこと）はかなり出そろっていて、どう制度化するかを考える局面に入っています。新たに検討される改正案については後ほどコラム（すでにほぼ出そろっている財政改革案）で簡単に解説します。

ただし、制度改革には時間もかかります。いたずらに不安がり、代わりに金融機関や賃貸マンション業者などの一部が勧める高リスク・高手数料の商品を買ってしまうと、おそらく事態はより悪化します。それよりは「なるべく高い収入で長く働いたり、共働きをしたりして厚生年金を増やす」「手元資金に余裕があるうちは繰り下げる」などの方法を複合的に組み合わせ、自分の年金額をいかに増やすかに発想と努力の方向を切り替えるほうが、大切だし建設的だろうと思います。

図表1-7　公的年金改革が人生100年を後押し

2022年4月

- 繰り下げ受給の上限を70歳から75歳に延長（増額率は1カ月ごとに0.7%を維持）、繰り上げ受給は最大60歳までは変わらず減額率を同0.5%から0.4%に→繰り下げで増やした年金を終身で受給することで長生きリスクに対応（詳細は第3章第1節）
- 65歳未満の在職老齢年金の減額基準を28万円から47万円に緩和→年金減額を気にせずに働ける人が増加（詳細は第3章第2節）
- 65歳以降も厚生年金加入継続なら在職中でも毎年年金が増える「在職定時改定」導入→働けば厚生年金が増えることを毎年実感可能に（詳細は第3章第2節）

2022年10月

- 101人以上の会社で週20時間以上30時間未満の短時間労働者を厚生年金加入対象に→短時間労働者でも厚生年金が上積みされ、給付が手厚い会社の健康保険も活用可能に（詳細は第3章第3節）

2024年10月

- 51人以上の会社で週20時間以上30時間未満の短時間労働者を厚生年金加入対象に（詳細は第3章第3節）

●人生100年時代に向けて公的年金が大改正

公的年金の機能は2022年以降、大きく変化します（図表1-7）。様々な内容がありますが、共通する狙いを無理やりギュッとまとめると、「長生きリスクへの対応」と言えるでしょう。例えば2022年4月からは受給開始を選べる期間が最大75歳まで5年間延びます。繰り下げでは1カ月ごとに金額が0・7%増えるので、75歳受給開始だと、65歳からもらうのに比べ120カ月分、84%額面で増えた金額がずっと続きます（繰り下げの注意点は第3章第1節で詳しく解説します）。

厚生年金をもらいながら高収入で働くと厚生年金をカットされるのが在職老齢年金。やはり2022年4月からは、60代前半のカットの基準が大幅に緩和され、カットされにくくなります。

年金減額を気にせずに働ける人が増えます（解説は第3章第2節）。

同時に導入されるのが在職定時改定という聞きなれない仕組み。厚生年金は長く働くほど増えるのですが、2022年3月までは、65歳以降は仕事をやめるか70歳になったときにまとめて計算して、一気に増やす仕組みでした。これが2022年4月以降は、毎年計算して、毎年厚生年金が増えていく仕組みに変わります。「たくさん働くほど厚生年金が増える」ことを実感してもらいやすくなります（解説は第3章第2節）。

2022年10月と24年10月からの短時間労働者が厚生年金加入対象となる企業の適用拡大はとても大事なテーマです（解説は第3章第3節）。基礎年金だけでは多くの人の老後は心もとないので、短時間労働者でも厚生年金制度に加入しやすくし、「基礎年金＋厚生年金」の2階建ての人を増えやすくなるようにします。厚生年金は会社の健康保険とセットなので、病気やケガなどの際に収入の3分の2が最大1年半受けられる傷病手当金ももらえるようになります。

●2つの投資優遇税制を理解しよう

2022年以降は、投資優遇税制も大きく拡充されていきます。投資優遇税制には主に、自分の運用次第で受給額が変わり運用・受給などの段階で税優遇がある確定拠出年金（DC）と、運用益が非課税になる少額投資非課税制度（NISA）があります。

DCは自分で原則掛け金を出す個人型（iDeCo：イデコ）と原則会社が掛け金を出す企業型に

図表1-8　税の優遇を受けながら資産形成できる公的な制度を有効活用（○はメリット、*は注意点）

余裕あれば併用を

	NISA	確定拠出年金（DC）
運用対象	投信など運用商品に限定。預貯金など元本確保型は不可	投信など運用商品と預貯金など元本確保型のどちらもOK
毎年どちらか選択	**つみたてNISA** ○運用益が20年非課税。対象は長期運用に適した低コストのインデックス投信中心に金融庁が厳選 *掛け金の上限が年40万円と一般NISAより小さい。個別株は不可。アクティブ型投信は少数	**イデコ（個人型DC）** ○掛け金が所得税などの計算からはずれ、節税に。運用中非課税で受給時も税優遇 *60歳になるまで引き出せず。年に数千円の口座管理料
	一般NISA ○運用益が5年間非課税。掛け金の上限年120万円。個別株も可。株式投信なら特に制限なし *運用益の非課税期間がつみたてNISAより短い。高コスト・高リスクの商品も混在	**企業型DC** ○掛け金は原則会社が出してくれる。運用中非課税で受給時も税優遇。口座手数料はかからない *60歳になるまで引き出せず。会社の選んだ商品しか投資できない。

分かれます。イデコは掛け金が全額所得控除（所得・住民税の計算対象からはずれること）となり現役時代に節税になるほか、運用中は非課税で、利益を投資元本に組み入れながら効率的に増やせます。受給時にも税金を減らす優遇制度があります。

企業型は、掛け金は会社が出すので所得控除にはなりませんが、運用中と受給時の税優遇はイデコと同じです。

NISAは非課税期間が5年で年の掛け金が120万円と大きい「一般NISA」と、年の掛け金上限が40万円と一般NISAよりは小さいものの非課税期間が20年と長い「つみたてNISA」の2つの仕組みがあります。それぞれ第5章、6章で詳しく説明しますが、利点や注意点は図表1-8をみていただければと思います。

●イデコと企業型DCは加入可能期間が5年延長

まずDCの変化。2022年5月からは掛け金を積み増せる加入期間が、イデコは65歳未満まで、企業型は70歳未満までと、ともに5年伸びます（解説は第5章第3節）。その分掛け金も当然多く積めます し、運用益や、掛け金に対する節税効果も大きくなります。

仮に平均3%で運用できた場合、50歳から59歳までと、64歳まででは、資産が200万円も違ってきます（図表1-10）。「もう50代だし今から始めると期間が短い」と迷っていた人も実行しやすくなりそうです。

図表1-9　投資優遇税制も人生100年を後押し

イデコ・企業型DCは22年以降大きく変化

2022年4月

受給開始の上限年齢がイデコ、企業型DCともに70歳から75歳に延長→高齢期になってからの受給開始も可能に。運用可能期間も長期化（詳細は第5章第2節）

2022年5月

加入可能年齢がイデコは65歳未満、企業型DCは70歳未満へともに5年延長→積立元本などを大きくでき、運用可能期間も長期化（詳細は第5章第3節）

2022年10月

企業型DC導入企業でもイデコ併用が容易に→ほぼすべての会社員がイデコ活用可能に（詳細は第5章第3節）

2024年12月

イデコ・企業型DCの掛け金見直し→会社員の多くでイデコ・企業型DCの掛け金が拡大（詳細は第5章第4節）

➕

NISAも期間延長

24年1月から

一般NISAは新たな仕組みに変わり新規投資期間が5年延長→多様な商品に投資できる一般NISAを継続活用（詳細は第6章第3節）

38年1月から

つみたてNISAの新規投資期間が5年延長→非課税期間が長いつみたてNISAを継続活用（詳細は第6章第2節）

図表1-10　イデコの加入可能年齢が60歳未満から65歳未満に延びる効果は？

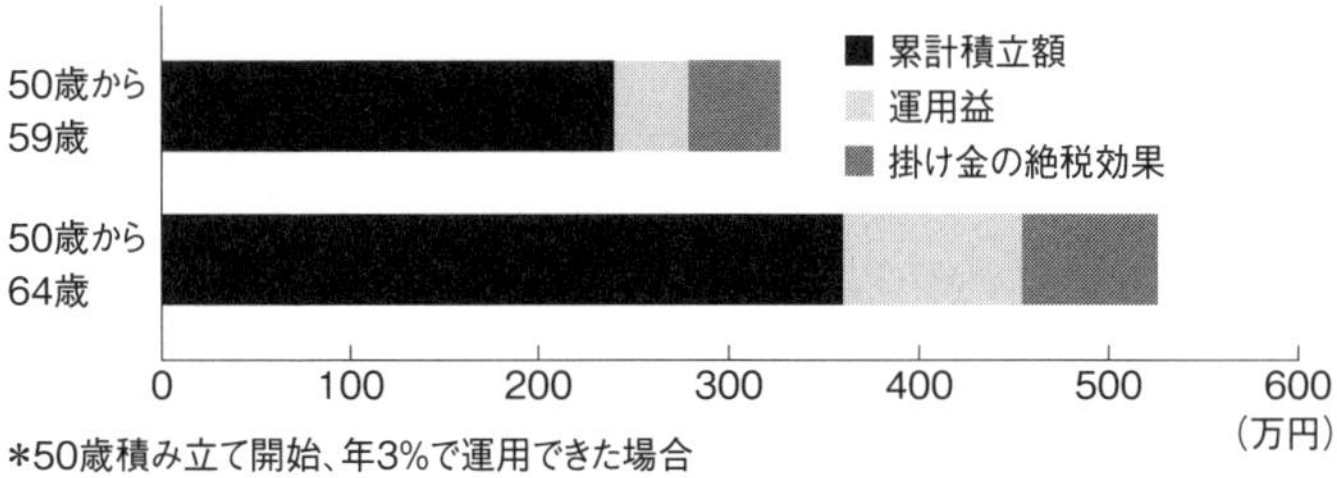

＊50歳積み立て開始、年3%で運用できた場合

●2022年10月、全会社員イデコ加入可能時代へ

2022年9月までは、企業型導入会社ではイデコは原則併用できません。税制の恩恵が大きいので、両方できると不公平とされたのです。企業型は他に確定給付企業年金（DB）などのない会社の毎月の上限額は5・5万円。この上限を引き下げる規約変更を労使で合意した会社だけ併用可能ですが、そうすると掛け金を多く積んでもらっていた年齢層や役職の高い人たちから文句が出ます。このため、そうした規約変更をした会社は数パーセント。つまりほとんど併用されていません。

しかし、実は会社が出してくれる掛け金はDBのない会社で平均すると1万円以下が半分です。1万円とすると4・5万円の枠が余っています。それにもかかわらずイデコを併用できないのは逆に不公平ということで、上限を下げてイデコを併用できるとする規約がなくても、イデコを併用できるようになります（解説は第5章第3節）。企業型の加入者は2021年2月で750万人、この人たちにイデコが併用できるようになるのはかなり大きな変化でしょう。

●2024年からは企業型DC、イデコの活用枠が多くの会社で拡大

DCの見直しはまだ続きます。2024年12月からは、将来の受給額が決まっている確定給付企業年金（DB）の導入企業の会社員（21年3月で約930万人）の9割程度で、企業型DCやイデコの拠出できる額が大きくなります。

ただ一方で、全体としてはごく少数ですが、DBの額が大きな恵まれた会社員はイデコの掛け金上限額が減ったりゼロになったりします。そうした人は、イデコが2022年10月から併用可能になった場合、併用をしないでおく（どうせ将来また削られるのですから）ことも選択肢になります。24年12月の改正はかなり内容が複雑なので、第5章第4節で詳しく説明します。

●NISAも5年延長へ

次はNISAです。現在は新たに投資できるのは、一般NISAは2023年まで、つみたてNISAは2037年までですが、それぞれ5年間の延長が決まっています。つみたてNISAは単純な延長ですが、一般NISAは2024年以降は2階建ての新しい形（新NISAと呼ぶことにします）に変わって延長になります（解説は第6章第3節）。

新NISAは1階部分の枠は年20万円で、つみたてNISAの対象商品だけが買えます。投資手法は積み立てだけです。1階部分は5年の投資期間が終わればつみたてNISAにロールオーバーできます。

2階部分は今の一般NISAと同じように、個別株や株式投信、ETFなどを原則何でも買えます。ただし、指数の何倍も価格が変動するような高レバレッジ商品や監理銘柄に指定された個別株などリスキーな商品は除外されます。投資手法は積み立てでも一括でも大丈夫です。こちらの投資枠は年102万円で、1、2階合わせると、一般NISAに比べて2万円枠が広がりますね。

図表1-11　NISAは5年延長

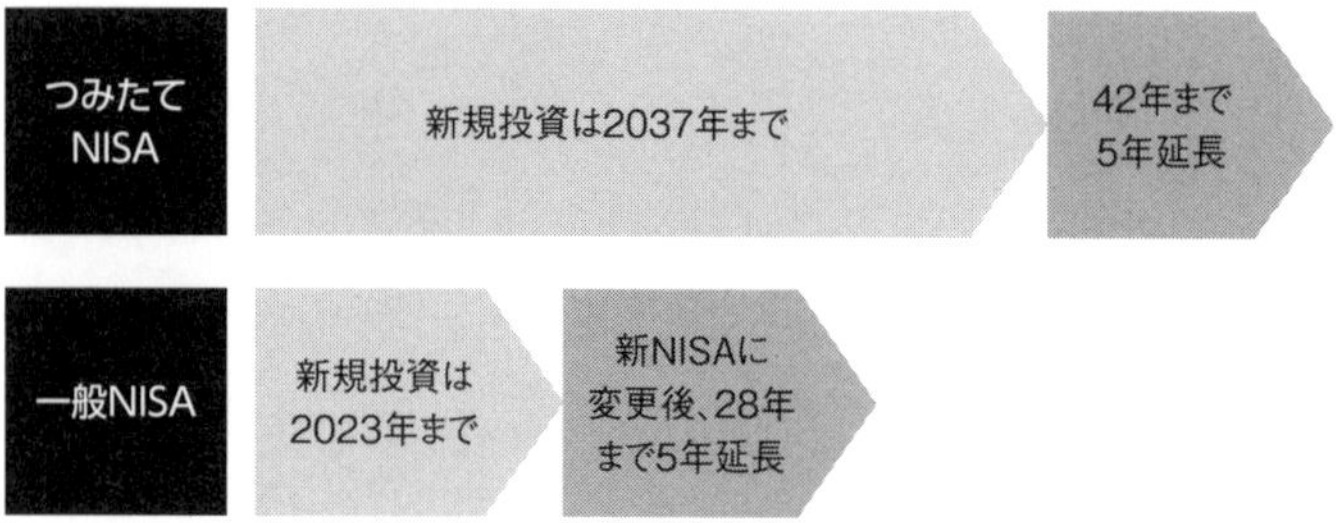

*ジュニアNISAは2023年までで廃止

使い方としては、原則はつみたてＮＩＳＡと事実上同じ１階部分を使う人だけ、２階部分を使えます（１階部分を丸ごと使う必要はなく、１階で数千円でも使えば、２階を使う権利を得られます）。

ただし２０２３年までにＮＩＳＡ口座を持っている人や個別株の投資をしている人は「経験者」とみなされ、１階を買わなくても２階部分だけ使えるようになります。この場合は個別株だけに限られ、１階を使わないのですから枠は１０２万円だけとなります。枠を丸ごと使いたければ、やはり１回部分のつみたてＮＩＳＡも併用しなければなりません。

要するに、金融庁は「長期で資産形成をするにはつみたてＮＩＳＡの手法が大事」というふうに強く誘導しようとしているものと思われます。これに対し、「ちょっとおせっかいが過ぎる」との批判もあるのですが、筆者個人としては金融庁の考え方に賛成です。貴重な国の税金を少なくしてまで導入する仕組みなのですから、普通の人の長期資産形成が進むように誘導するのはおかしくないと思います。

図表1-12　NISAはこう変わる

現行

一般NISA	つみたてNISA
〈非課税〉　年に120万円まで、5年 〈対象〉　個別株、株式投信など 〈新規投資〉　2023年まで	〈非課税〉　年に40万円まで、20年 〈対象〉　金融庁が認めた長期投資に適した投信約200本 〈新規投資〉　2037年まで

改正後

新NISA		つみたてNISA
2階部分	〈非課税枠〉　年に102万円まで、5年 〈対象〉　一般NISAからレバレッジ型投信、整理・監理銘柄を除外 〈新規拠出〉　2028年まで	仕組みなどは現在と同じ 〈新規投資〉　2042年まで
1階部分	〈非課税枠〉　年に20万円まで、5年 〈対象〉　つみたてNISAと同じ 〈新規拠出〉　2028年まで	

ともあれ、この新NISAについては使い方がかなり複雑です。具体的な仕組みや活用法は第6章第3節以降で説明します。

ちなみに今一般NISAを使っている人は、2024年になれば、自動的に新NISAに移行できます。つまり、新たにマイナンバーなどを取り直して口座開設の手続きをやり直すことは必要ありません。

●長生きリスクは主に公的年金に任せる選択も

さて、この本で考えたい最終目的は「安心老後」です。ここでちょっと発想の転換を考えてみたいと思います。過去は預貯金や運用などで作った自己資金は、老後に長く細く年金に上乗せして使う考え方が中心でした（図表1-13の上側）。

もちろん高齢期でもきちんと運用を続けながら

取り崩していくことで、自己資金を長く持たせるという選択肢もあります。資産運用のきちんとしたスキルを持ち、規律のある取り崩しができる人にとっては、これは有効な手法です。ただ認知症などの問題もあり、資産をあまり減らさないようにずっと運用を続けていくことは、それほど簡単ではありません。うまくいかない場合、長生きすると途中で底を尽く可能性があります。

最近注目が高まっているのが、「長生きリスク」は主として公的年金に委ねる考え方です。何しろ終身給付なのですから、途中で底を尽きません。

その有力な手段のひとつが、繰り下げによる増額。もちろん繰り下げている期間中は年金がありません。それを補うのが、できるだけ長く働くことに加えて、ＤＣやＮＩＳＡなど税制優遇を使った適切な長期分散投資により自己資金を増やしておき、それを主に年金受給開始までの期間の「継投資金」として使うことです。

この考え方の利点は、増えた公的年金は終身給付のため、いつまで長生きしても大丈夫ということです。それだけではなく、公的年金を、例えば繰り下げて70歳からもらうと考えた場合、「70歳まで年金なしで暮らせるために65歳時点で用意しておくべき金額はいくらか」というふうに自己資金づくりのめどをつけやすいという点も利点でしょう。「何千万円貯めても、長生きリスクが怖くていつまでも安心できない」という状態から脱却できるのです。

この戦略のカギは「長く働く」「継投策としての自己資金作りをしっかりする」「公的年金の額を増やす」という3つの柱です。これらを実行するための環境は、図表1-13で示すように、２０２２年からの公的・私的年金の改革で大きく改善されていきます。

このほかにも原則70歳までの就業確保を努力義務とした高年齢者雇用安定法が2021年4月に施行されていますし、資産運用の世界では長期の成績に影響を与えるコストが急速に低減されたりしています。環境はかなり整ってきていて「あとは自分のやる気次第」という状況です。

●具体的な金額での「安心プラン」の例

この「自己資金は継投に使う」「長生きは主に公的年金に任せる」という施策を具体的に金額ベースで考えてみましょう。2020年はコロナでやや特殊な状況だったので19年度の総務省の家計調査で考えると、高齢夫婦無職世帯の月の平均支出は、税金や社会保険料など非消費支出を合わせて約27万円。この水準の年金を確保したいとします。ただし将来的にじわりと給付を減らすマクロ経済スライドを考えると、厳しい経済前提（例えば実質経済成長率ゼロ）の場合は100歳までの総受給額でざっくり1割程度の減額を見込んでおいたほうがいいので（なぜ1割減かは104ページでお話しします）、目標額としては、1割減でも27万円を確保できる30万円で考えます。

年金額は人それぞれですが、ひとまず厚生労働省が示すモデル年金を例に考えましょう。40年働いた平均的収入の会社員と専業主婦の世帯で、月に22万円でしたね。これを目標とする30万円にするには36・4％増やせばいいことになります。

増やし方はいろいろで、例えば会社員などの厚生年金は高い収入で長い期間加入するほど増えます。

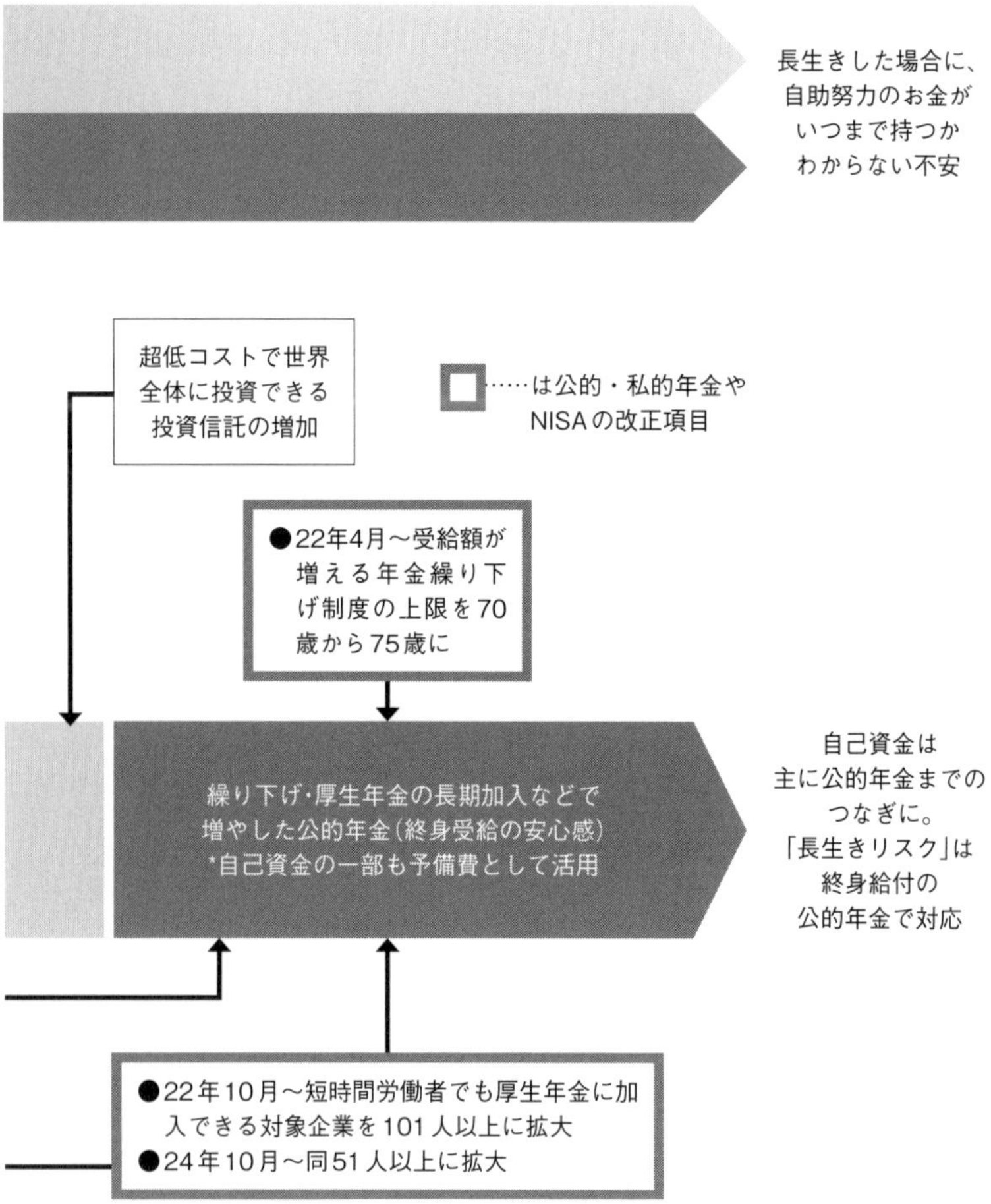
長生きした場合に、
自助努力のお金が
いつまで持つか
わからない不安
超低コストで世界
全体に投資できる
投資信託の増加
……は公的・私的年金や
NISAの改正項目
●22年4月～受給額が
増える年金繰り下
げ制度の上限を70
歳から75歳に
繰り下げ・厚生年金の長期加入などで
増やした公的年金（終身受給の安心感）
*自己資金の一部も予備費として活用
自己資金は
主に公的年金までの
つなぎに。
「長生きリスク」は
終身給付の
公的年金で対応
●22年10月～短時間労働者でも厚生年金に加
入できる対象企業を101人以上に拡大
●24年10月～同51人以上に拡大

図表1-13　**人生100年時代の豊かな老後の過ごし方**

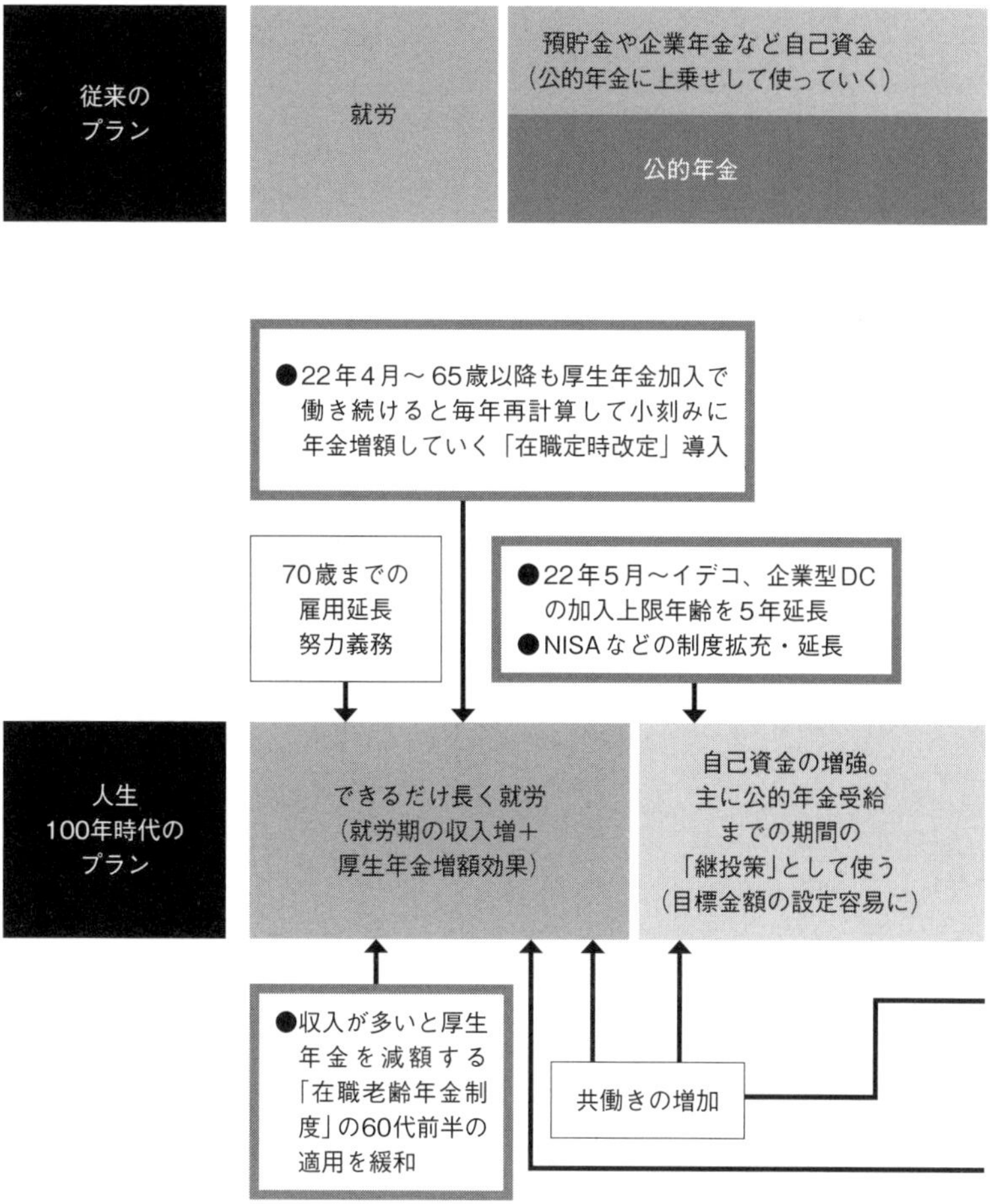

図表1-14　月30万円（マクロ経済スライドで1割減でも月27万円確保）をめざすには

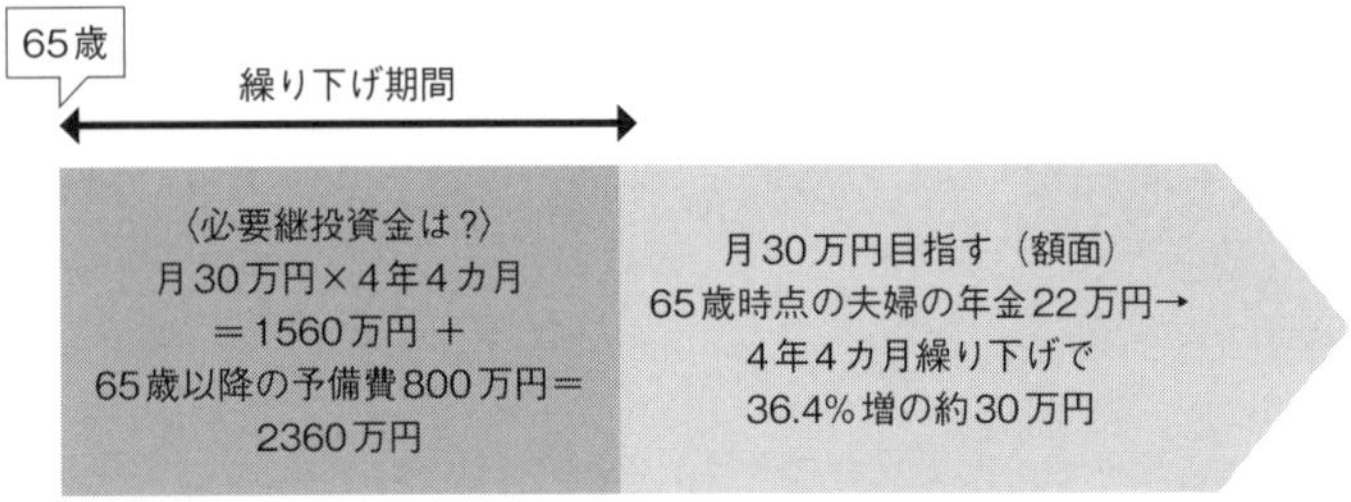

しかしここではシンプルに繰り下げ受給による増額で考えます。１カ月繰り下げれば０・７%増えますから、36・４%増やすには52カ月、つまり４年と４カ月繰り下げればいいことになります。すると、自分の考える生活費30万円（1割減でも月27万円、図表1-14）をまかなえる年金を基本的には終身で期待できるようになります。

次に64歳まで働く場合を想定し、65歳になった時点で年金受給開始までの継投資金がいくらあればいいか考えます。65歳から年金繰り下げで年金収入がない４年４カ月分の生活費も月30万円とすると１５６０万円です。

もちろん、受給開始後に公的年金だけに頼るのは、今後経済情勢の変化などで減額幅が大きくなることもあり得ますから、あまりにもリスキーです。さらに介護費やリフォームなどの一時的な支出もみておきたいところです。このため受給開始後の予備費としてざっくり８００万円を考えます。実は家計調査は幅広い年代の平均なので、介護費もリフォーム費も家計調査の支出の中には広く薄く含まれています。別途計算する必要はな

図表1-15　先進国株指数に1981年から40年間月2万円積み立て投資できていたら

…（対象はMSCI WORLD指数、投信の信託報酬は年0.2%と想定）

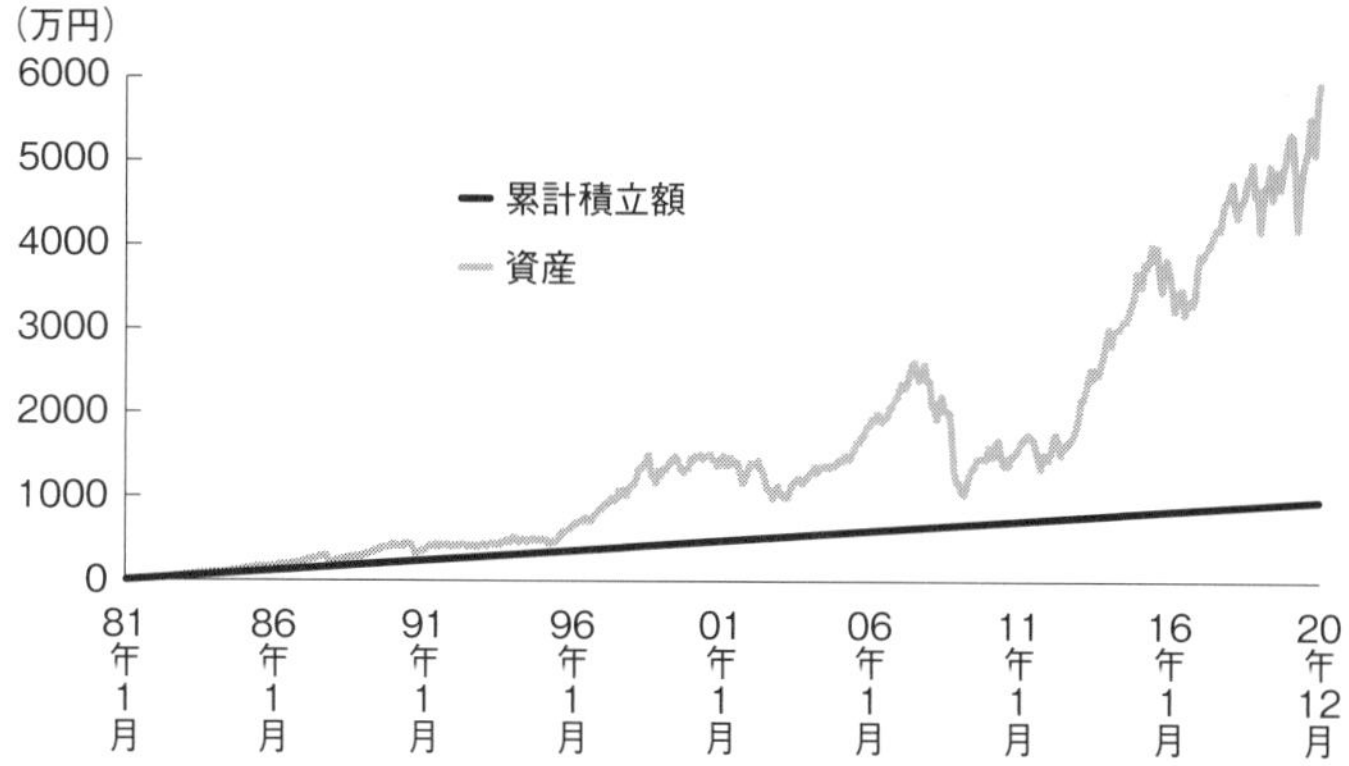

いのかもしれませんが、ここでは余裕をもって考えます。すると65歳で必要継投資金は２３６０万円ということになります。

２３６０万円なんて無理、と思うかもしれませんが、若い時期から準備すれば大丈夫です。生活費などは別途預貯金で用意するとして、余裕資金を運用でどう増やすか試算しましょう。

通常は「年○％で運用し続けられたとしたら……」などと仮定を置いて試算しますが、「○％など無理」というふうに信じてもらえないこともよくあります。そこでここでは、データが長期でとれる先進国株価指数（ＭＳＣＩ　ＷＯＲＬＤ、配当込み、円ベース）の２０２０年までの実績で考えます。

投信のコスト（信託報酬）を最近の低コスト投信を例に年０・２％とすると、１９８１年に25歳だったとして64歳の２０２０年まで月２万円を40

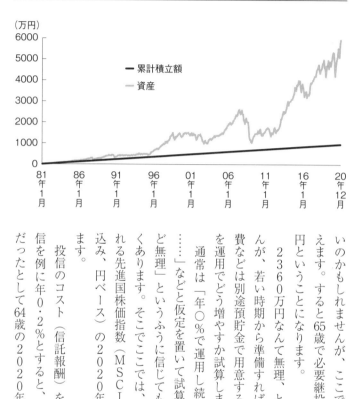

図表1-16 「継投」資金は作れたか

資産形成手法	65歳時点の資産額（万円）	目標達成 2360万円
25歳から月2万円	5611	○
35歳から月2万円	2626	○
35歳から月3万円	3939	○
45歳から月3万円	1872	×
45歳から月4万円	2497	○
50歳から月2万円	817	×
50歳から月4万円	1633	×
50歳から4万＋300万	2405	○
50歳から月5万円	2041	×
50歳から5万＋1000万	4100	○

年積み立てできれば、累計積立額960万円に対し資産は約5611万円になっていました。必要継投資金2360万円の倍以上ですね。税金のコストは考えていませんが、DCやNISAを組み合わせていけば、税負担はかなり抑えられます（図表1-15、16）。

運用開始が遅れて1991年の35歳から月2万円なら、30年間の累計積立額720万円に対し資産は2626万円で、やはり必要継投資金の目標額を上回りました。しかし運用開始がずっと遅れて2006年に50歳から始めていたら、月4万円でも、15年間の積み立てで作れた資産は1633万円で足りません。

ただ、ある程度の年齢なら余裕資金もできているケースが多くあります。手元の余裕資金が50歳時点で300万円あればそれで運用を開始し、同時に月4万円で積み立てしていけば、20年の65歳時に資産は約2400万円になり目標を達成できていました。

つまり若い時期から早く始めておけば、少ない積立額でも必要継投資金を作れました。ただし50歳で始めても、積立額を増やして余裕資金などを生かせば大丈夫だったということです。

以上はあくまで過去の値動きに基づくものですし、このプランも一例にすぎません。老後資金を倹約でもっと少なく想定したり、共働きなどで年金が多かったりすれば必要継投資金は減ります。64歳で働くのをやめずにもっと働き続けた場合も、やはり必要継投資金は少なくてすみます。退職金がある人なら、65歳時点での必要継投資金の額から退職金のうち老後資金に回せる金額を引いた額が、必要継投資金の目標額になります。こうした様々なケースは、最終章で改めて考えることにします。

●株主になることが大切な時代

「継投資金を用意するためといっても、投資なんて怖い」と思っている人もまだ大勢います。その要因のひとつは「投資というのは何がいつ上がるか当てなければならない」というイメージを多くの人が持っているからです。しかし普通に堅実に資産を作ろうと思えば「長期・分散・積み立て・低コスト」という4原則を守るだけでいいのです（具体的には第4章「運用で堅実に増やすセオリー」をお読みください）。低コストの中にはもちろん税のコストも含まれます。だからこそDCやNISAをフル活用する意味があります。「投資税制優遇制度＋公的年金」をともにフル活用することがとても大事です。

図表1-17　企業の付加価値に占める株主への配分比率と人件費の比率

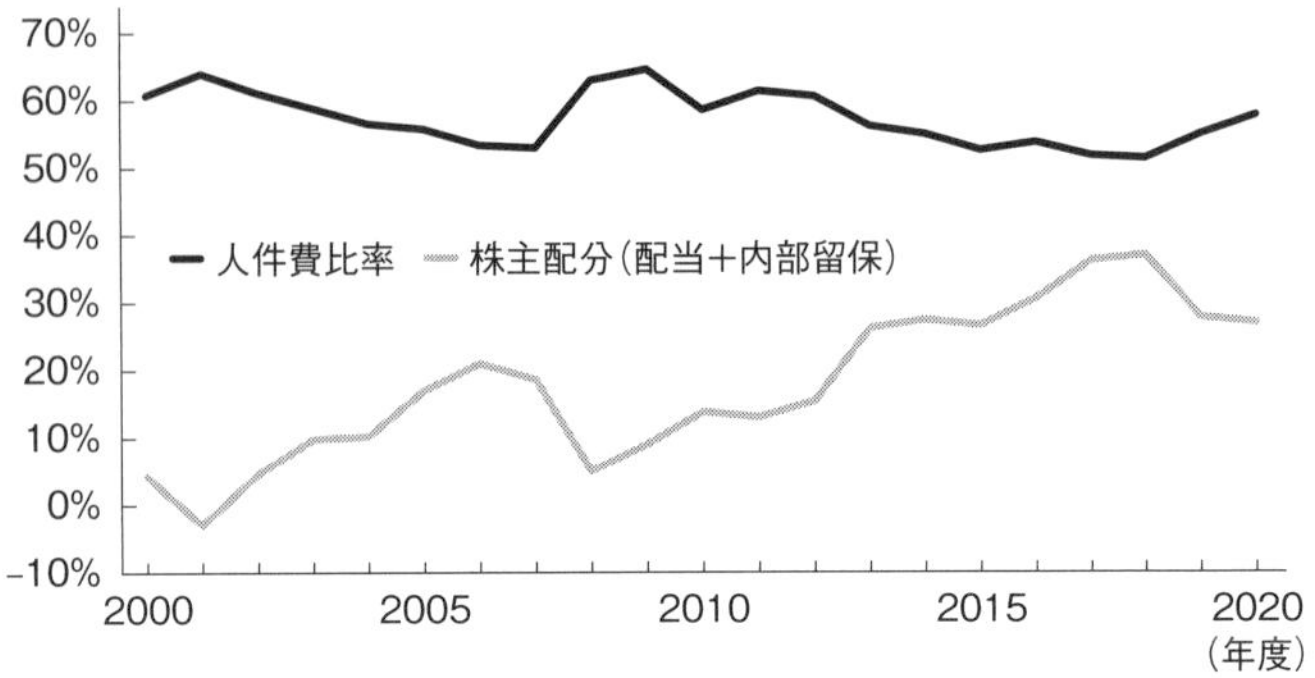

そしてもうひとつ、投資が多くの人にとって重要性を増している環境変化も知っておいてください。

法人企業統計で２０００年以降（図表1-17）をみると、企業が作り出す付加価値に占める賃金や福利厚生費など人件費の比率は低下基調です（人件費はある程度硬直的なので企業業績が悪かった２００８年度や２０２０年度は一時的に上昇しますが）。一方、株主への配分（配当＋純資産への内部留保）比率は大きく高まり、付加価値の配分は従業員から株主にシフトしています。この傾向は特に２０１０年前後以降で顕著です。ちなみに内部留保も結局は株主のもので、１株当たり純資産が増えると結果的に、株価は上がっていきます。株主への配分の比率の高まりは世界的な傾向でもあります。

この結果、何が起きているか。株価の長期的な上昇です。後で第４章の図表4-1でみるように、世界全体の株価の上昇率が、かなり長い間、世界全体のＧＤＰの上昇率を上回り続けています。２０１０年前後以降の日本株も同様です（ともに執筆時点の2021年秋現在。ただし今後もときおり急な下落は訪れると思われます）。そうしたなかで個人が企業の稼ぐ付加価値の配分を享受し続けるには、従来通り従業員として懸命に働くだけでは不十分です。

従業員への配分比率が下がって株主への配分比率が上がる結果、株価がより大きく上がるのであれば、株主として付加価値の配分を受ける「もうひとつのルート」を確保することが重要になっています。その有力な手法のひとつがDCやNISAなどを通じて株式投信を持つことです。現役時代からきちんと投資をし続けておくことの重要性が高まっているのではないでしょうか。

●年金の保険料収入伸び悩みとGPIFの好調は裏表の関係

同じことが年金に関しても起こっています。日本においても配分の原資（パイ）となる労働者の時間当たり付加価値（実質GDP）は長期で増加しています（第2章コラム「賃金が物価を上回るのは世界的に普通の姿」参照）。それにもかかわらず現役時代の賃金が上がらない傾向が続けば、基本的に賃金に連動する年金保険料も年金支給額も上がりにくい状況が続くことになります。しかし株主への配分比率の高まりで国内外の株価が上がることで、長期的に年金を運用する年金積立金管理運用独立行政法人（GPIF）の運用成績が上昇しやすい状況が続くことになります。

要するに、「年金保険料・支給額の伸び悩み」と「GPIFの運用好調」も、やはり表と裏の関係です。どちらかひとつだけ、例えば「賃金と保険料収入が伸び悩むので年金財政は悪化し続ける」などとしか考えないと、全体像を見誤ってしまいます。現実には「賃金と保険料収入が伸び悩むなら、GPIFの運用好調は続きやすい」という可能性は高いということです。

この本が、年金と資産運用を一緒に考えているのも、そうした意味があります。もちろん株主への配分比率がずっと上昇を続けるかどうかはわかりません。いずれかの時期に反転する可能性もあります。そのときもやはり、両方の側面をみておくことが大切です。

第2章

年金は人生のリスクに備えるお得な総合保険

【1】30分でわかる公的年金

●本質は「保険」であることをまず理解

そもそも年金とは何なのか。それを考えるには、法律の条文をみることが早道かもしれません。厚生年金保険法の第1条にはこう書かれています。

「この法律は、労働者の老齢、障害又は死亡について保険給付を行い、労働者及びその遺族の生活の安定と福祉の向上に寄与することを目的とする」

要するに、「老齢のリスク＝長生きで老後資金が途絶えてしまうこと」「障害のリスク＝病気やケガで働けなくなること」「死亡のリスク＝一家の大黒柱が亡くなったときに遺族の生活を守ること」という人生の3大リスクから生活を守るための仕組みだということです（図表2-1）。

そして、この法律の名前は明確に「保険」となっています。世の中では年金のことをあたかも金融商品のように取り扱い、払った金額に対して得か損か、という切り口でみる傾向があります。この本

図表2-1　公的年金は人生のリスクを総合的に保障する仕組み

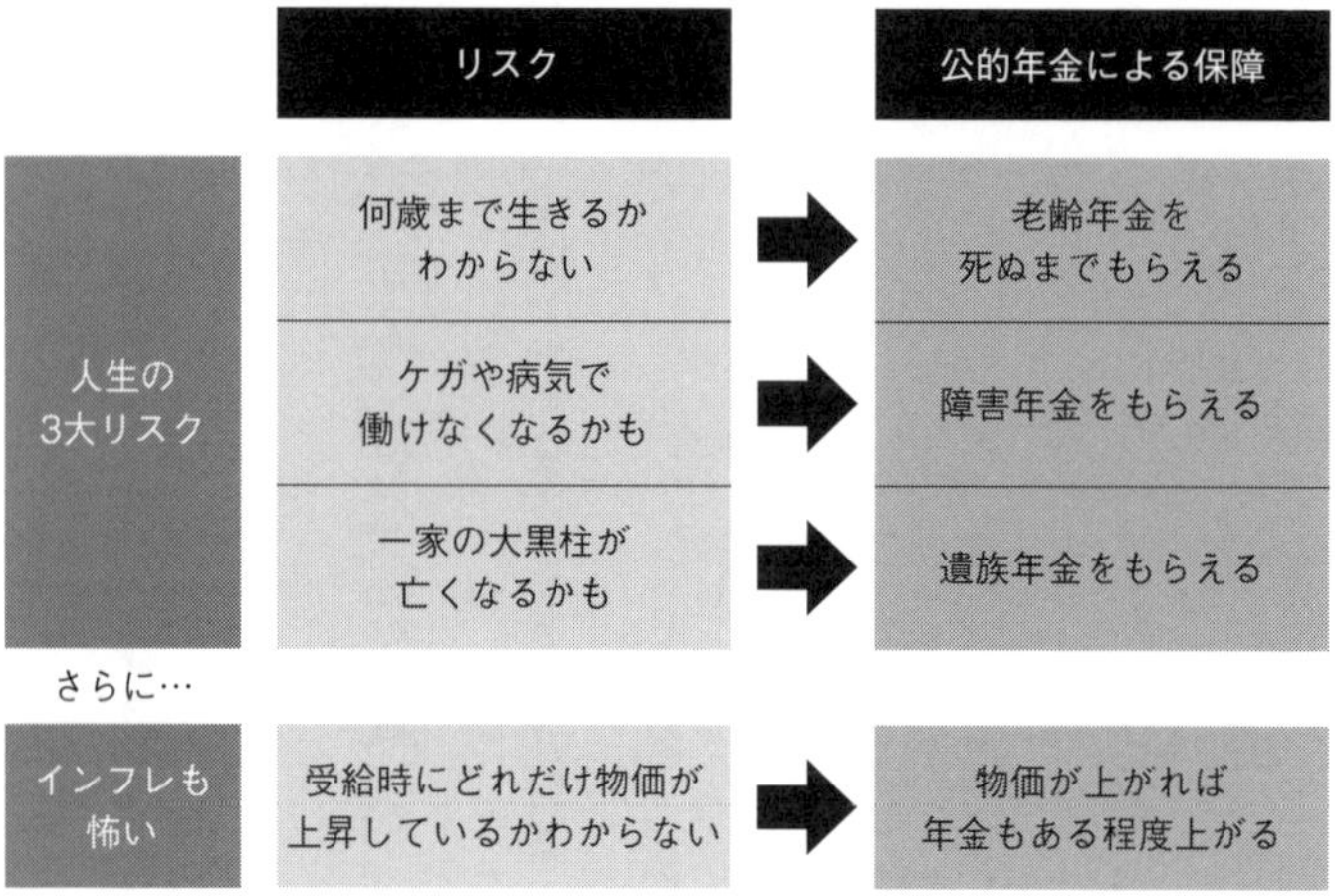

でも折に触れ、そうした切り口でも考えていきます。年金保険料を払うことが後にきちんと報われるかどうかは、多くの人にとってリアルな関心事であると思うからです。

それでも、少なくとも現状の制度において、年金の本質は「保険」であることを、やはり忘れてはいけないと思います。実際に、私たちが払っているのは国民年金「保険料」であり、厚生年金「保険料」という名前のお金ですよね。

保険とは、大きなリスクに襲われたときに、互いに助け合う「共助」の仕組みです。例えば自動車保険で死亡事故を起こしたときに払われる1億円超もの保険金は、他のたくさんの人の保険料でまかなわれています。自分が最後まで事故を起こさず保険料が無駄になる側になったとしても、文句を言う人はいないはずです。公的年金も、誰かが人生のリスクに陥ったときのためにみんなが助け合う「保険」であるわけです。公的年金への様々な不満の多くは、これが保険であることを忘れているところからきているようにみえます。

●生きることで遭遇しうる「リスク」に備える

保険では、「事故」が起きたときに保険金が払われます。年金における事故の1番目は「長生き」です。長生きが事故というのも変な話ですが、老後資金が枯渇しかねないという意味では事故といえます。最近、「人生100年時代」という言葉がよく聞かれるようになりました。長寿化は本来喜ばしいことですが、「何歳まで生きるかわからない」ことは、老後資金を考えるうえではリスクでもあります。老後資金を考えるうえで、例えば80歳までと100歳まででは大きな差があり、自分がどうなるかはいくら考えても正確に予測できるものではありません。ここで一番頼りになるのは、なんといっても公的年金です。終身でもらえるのですから、いつ途絶えるかを心配せずにすみます。長生きする「事故」に備えられるわけです。

年金が対象とする2つ目の「事故」、それは突然、病気やケガに襲われることです。これは文字通り事故っぽいですね。そうしたときに公的年金加入者は、障害年金をもらえます。障害年金はその障害の重さによって1～3級に分かれていますが、会社員時代に初診日があったときに受給できる障害厚生年金の2級（夫婦と18歳未満の子2人）なら、障害基礎年金と合わせて月16万～22万円程度にもなります。そして、障害の程度が変わらない限りずっと給付が続きます。

3つ目の「事故」は、一家の大黒柱が亡くなること。そんなとき、家族には遺族年金が出ます。子どもがいる会社員の妻では、遺族年金の生涯の受給総額が4000万円強に達することもあります。障害年金にしても遺族年金にしても、あるとないとではどれほど大きな差になるでしょう。

●インフレリスクにもある程度対応

最後に、法律には書かれてはいないけれど重要な4つ目のリスクがあります。インフレリスクです。「日銀がこれほど金融緩和してもあまり変わらない。インフレなど起きない」と思うのは少し危険です。生産年齢人口の低下でサービス業などは賃金を上げざるを得なくなっていて、これはインフレ要因です。また、財政の健全度が下がるなかで日本円への信認が下がって円安になれば、輸入品を中心にモノの値段が上がることになります。

こうしたリスクは、将来高まる公算が大きくなっています。コロナ禍で各国政府ともに大きな財政出動を繰り返し、お金を大量に発行しているからです。例えば2020年以降の1年半で米国の連邦準備制度理事会（FRB）の総資産はほぼ2倍に拡大。欧州中央銀行（ECB）は7割増、日銀も720兆円程度と25％積み増しています。3つの中央銀行の資産増加額は、リーマン・ショック後の1年半の3〜9倍にも達しているのです。

モノに対してお金の増え方が大きくなれば、いずれお金の価値は下がり、同じモノを買うのに多くのお金が必要になる可能性があります。つまりインフレです。必ずそうなるとはいえませんが、老後までの数十年という長期間になるのですから、リスクを考えておくべきです。インフレで生活に必要なものが買えなくなるとすれば、これも「事故」といえますね。

公的年金の金額は、基本的に受給開始初年度の水準は現役世代の賃金の変動に連動し、既にもらい始めた後は物価の変動に連動する仕組みです（ただし第2節「毎年の年金の決まり方は2ステップ」でお話しするように賃金が物価より下落する場合は賃金です）。つまり、もらい始めた後は物価が上がっても年金のモノを買う力（購買力）が維持されるようになっています。

現役世代の被保険者の減少度合などに応じて給付を抑制するマクロ経済スライド（詳細は後述）という仕組みが導入されたため、物価上昇率よりも年金増加率が小さくなるようになりました。それでも基本的には、物価が上がればある程度年金額も上昇します。こうした物価連動の仕組みは、民間の死亡保険では原則的に無理です。

公的年金にそれが可能なのは「仕送り＝賦課方式」だからです。インフレが起きている状態では、現役世代の賃金も通常は上がっています。そのぶん現役世代からの保険料収入も大きくなり、給付額を増やせる仕組みです。実は日本も、そして米国、フランス、ドイツなど諸外国の年金も、最初は積立方式で始まりましたが、高インフレになかなか対応できなかった経験などから、賦課方式を基本とする運営に変わった経緯があります。しかし最近、再び積立方式に戻すのが適正ではないかという議論も一部あります。

これまででわかるように、公的年金は「長生き」「病気やケガ」「大黒柱の死亡」という人生の3大リスクにおける事故発生に備えるだけでなく、「インフレリスク」における事故発生にもある程度対応する総合的な保険です。保険であることが理解されれば、「払った分だけもらえないことがある」ことに対して文句を言う人は減るかもしれません。

●年金と生活保護を単純比較してはいけない

ちなみに、ときおり「生活保護より基礎年金が安い」などと問題視されます。基礎年金の水準を上げることはとても大切ですが、一律の比較は適切ではありません。生活保護は保険ではなく、資産のすべてを使ってもなお困窮する人の最低の生活水準を、税金を原資にまかなう「公助」の仕組みであり、保険料を出さずに一方的に給付を受けられます。

しかしその見返りに、所得だけでなく資産も厳密に調査されます。自動車や高額の住居などの資産があれば原則的には処分することを求められ、貯蓄も数十万円程度を上限に厳しく制限されます。つまり貧困状態に陥ってしまい、資産の大部分を手放したことを前提に給付を受け、最低限の暮らしを保障されるのが生活保護です。そうした縛りがなく、保険料を原資にまかなう「共助」の仕組みであり、現役時代に蓄積した資産と併せて老後の生活水準を向上・安定させるのが公的年金です。

この2つははっきりと別の機能であり、給付額だけで単純比較するのはバカげています。しかし著名な大学教授や評論家の中でも、「基礎年金は生活保護より額が低い。これなら年金保険料を払わずに生活保護になったほうがお得」という人がけっこういます。そういう人たちは、ご自身も、自宅や預貯金などの資産を基本的に持たない状態で生活保護費だけ受ける生活を望ましいと思っていらっしゃるのでしょうか。生活保護と年金の違いを正確に理解せずないまぜにする人たちが話すことは、他の内容も含めてかなり疑って聞いたほうがいいと思います。

●老齢年金はいくらもらえる？

ここで年金の制度について知っておきましょう。まず公的年金は2階建てです。1階部分は国民年金（大まかに言えば、保険料を払うときは国民年金と呼び、受給時には基礎年金という言葉に変わります）といって、原則20歳から60歳になるまで全員加入します。

この国民年金加入者は3つに分かれています（図表2-2）。自営業者や無職、学生、フリーランスの人たちは第1号被保険者（2021年3月末で1449万人）、会社員や公務員などは第2号被保険者（同4498万人）、第2号の妻の専業主婦などは第3号被保険者（同793万人）です。国民年金で支払う保険料は2021年度で月に1万6610円。一方で、受給時は40年フルに保険料を支払った場合で2021年度に年78万900円（月約6万5075円）を受給できます。国民共通の1階部分に2階部分が上乗せされるのが、第2号被保険者です。収入に応じて保険料が変わる厚生年金にも加入することで、同時に1階部分の国民年金の保険料も払っています。厚生年金保険料は収入の18.3％（国民年金の保険料を含む）ですが、事業主との折半なので実質的には収入の9.15％です。

厚生労働省が使ういわゆる「モデル年金」の例で、老齢年金の受給額を考えてみます。40年間、平

図表2-2　公的年金の仕組み

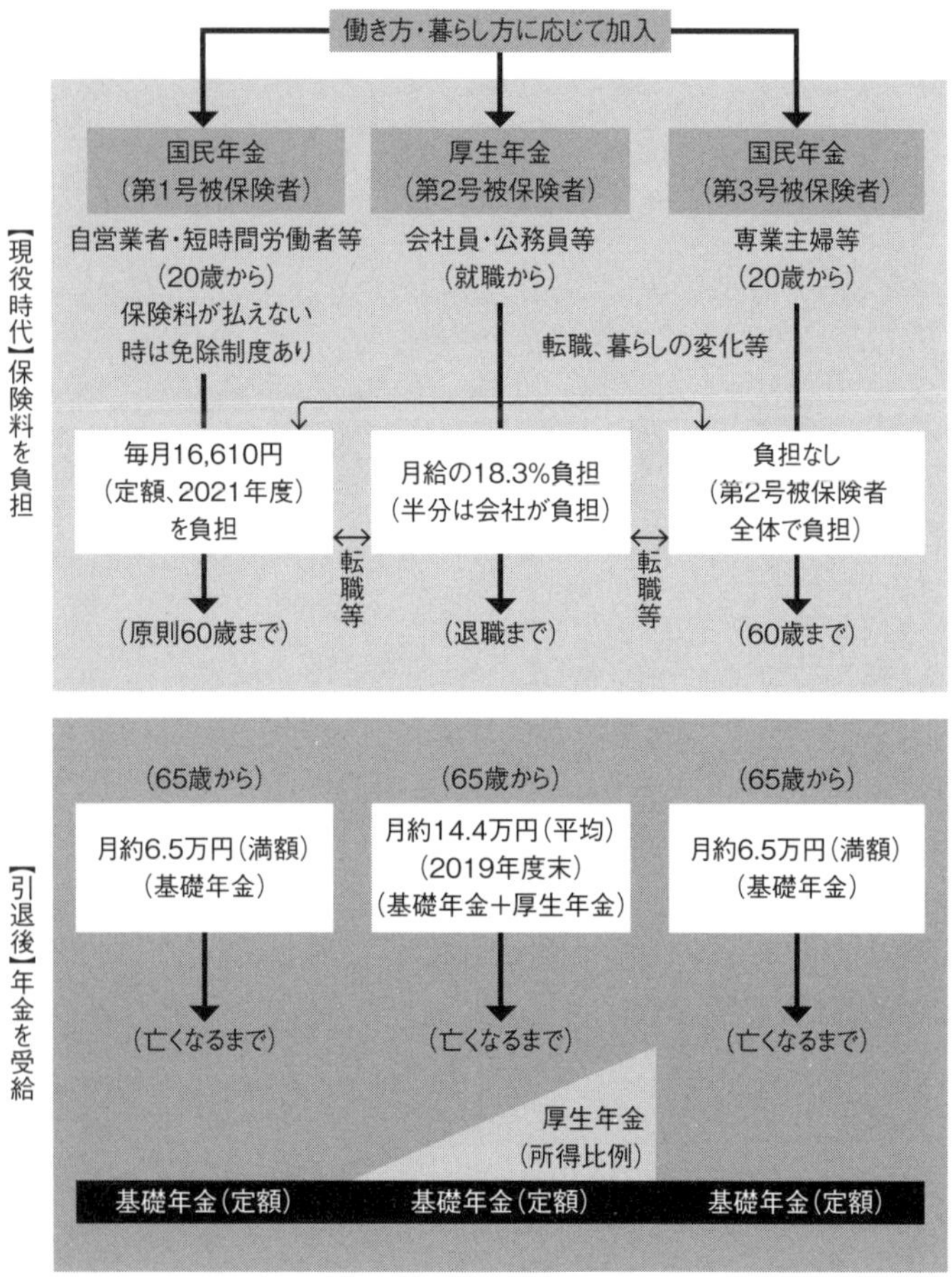

働き方・暮らし方に応じて加入
国民年金
（第1号被保険者）
厚生年金
（第2号被保険者）
国民年金
（第3号被保険者）
【現役時代】保険料を負担
自営業者・短時間労働者等
（20歳から）
保険料が払えない
時は免除制度あり
会社員・公務員等
（就職から）
専業主婦等
（20歳から）
転職、暮らしの変化等
毎月16,610円
（定額、2021年度）
を負担
月給の18.3%負担
（半分は会社が負担）
負担なし
（第2号被保険者
全体で負担）
転職等
転職等
（原則60歳まで）
（退職まで）
（60歳まで）
【引退後】年金を受給
（65歳から）
（65歳から）
（65歳から）
月約6.5万円（満額）
（基礎年金）
月約14.4万円（平均）
（2019年度末）
（基礎年金＋厚生年金）
月約6.5万円（満額）
（基礎年金）
（亡くなるまで）
（亡くなるまで）
（亡くなるまで）
厚生年金
（所得比例）
基礎年金（定額）
基礎年金（定額）
基礎年金（定額）

均的な収入（賞与含む月額換算で43万9０００円、手取りなら35万7０００円）で会社員として働いた場合、２階の厚生年金部分が月約9万円。国民年金と合わせると約15万5０００円です。その配偶者が40年間専業主婦（夫）だった場合、配偶者の国民年金約6万5０００円を合わせた世帯の年金収入は月約22万円となります（図表2-3）。

●年金制度に組み込まれた所得再分配機能

このように1階部分が定額であるということは、実は年金制度の重要な役割である所得の再分配機能と密接に結びついています。モデル年金の夫の収入は賞与含む月額で43万9０００円。2階部分は報酬に比例して変化しますので、仮に収入が半分の人であれば、厚生年金はモデル年金の夫の9万円の半分の4万5０００円になります（実際は標準報酬という仕組みで一定の給与水準ごとにまとめて計算されたり再評価率で変わったりするので、金額はやや異なります）。夫婦の基礎年金13万円と合わせて夫婦で17万5０００円です。

モデル年金は夫婦で22万円でしたから、2割減にしかなっていません。収入が半分になったのに減り方が小さいのは、基礎年金部分は収入がいくらであっても定額だからです。これが年金の所得再分配機能です。現役時代に低収入だった人は私的年金や貯蓄も少ないことが多いので、現役時代の収入に比べた公的年金の比率を高めにしておく必要があるということです。

この所得再分配機能は、年金制度の大きな柱のひとつです。しかし、年金の伸びを抑えるマクロ経

図表2-3　厚生労働省のモデル年金とは

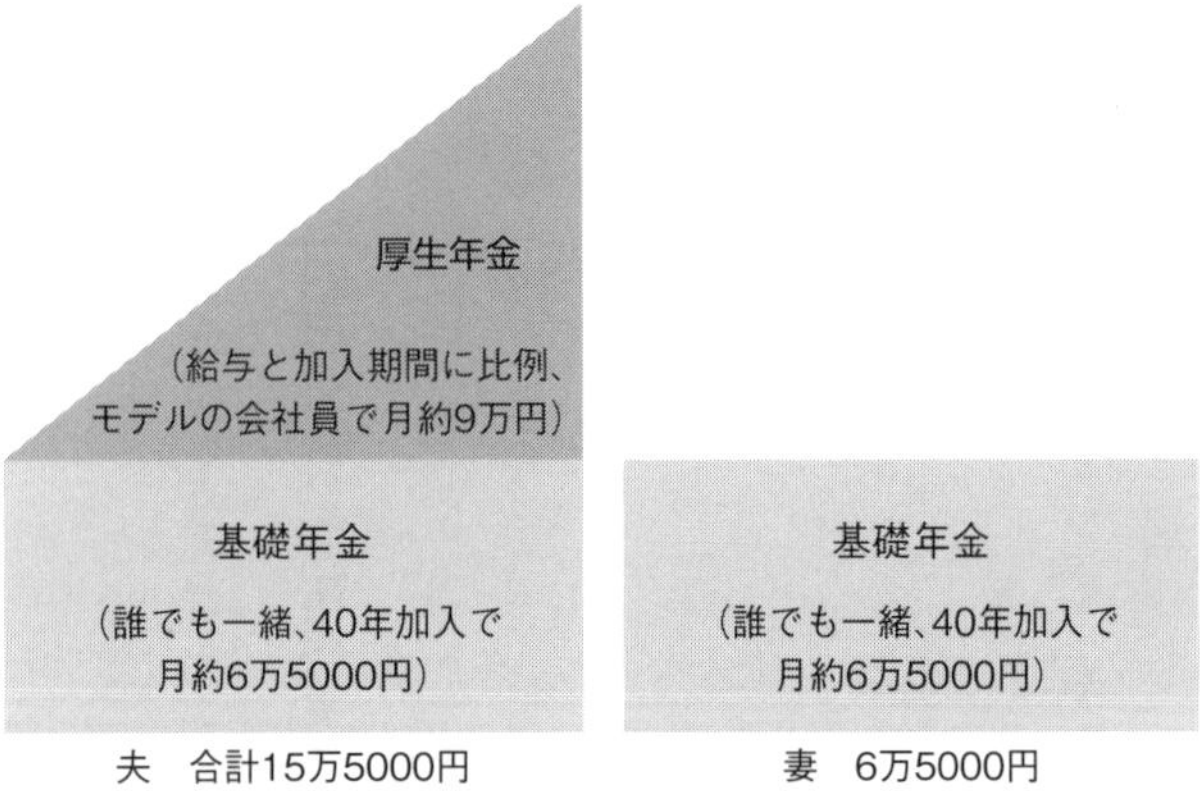

2021年度、平均的な収入（賞与含む月額換算、43万9000円）で
40年間就業した夫と40年間専業主婦の妻の年金額

済スライドでは、厚生年金よりも基礎年金のほうが減り方が大きくなる見通しです。基礎年金が大きく減ると所得の再分配機能が弱まります。だからこそ、やはり章末のコラムにあるような様々な改正案が、今後検討されていきます。

●自分の受給額は「ねんきん定期便」や「ねんきんネット」で簡単にわかる

ここで示したのはあくまでもモデル年金。自分はいくらもらえるかをまず知りたいところです。だいたいの年間の受給額は、毎年誕生月に日本年金機構から送られてくる「ねんきん定期便」をみればわかります。

50歳以上の人は、そのまま今と同じ条件で60歳になるまで働いた場合の年金見込み額が記されています。ちょっと難しいのが50歳未満の人。これまでの納付実績に応じた年金額が載っているだけです。つまり、今の時点で働くのをやめたらこれだけもらえる、という金額です。「少ないな」と驚く人が多いのですが、実際はこの先も働いて保険料を納め続けるので、もらえる年金額は増えていきます。

では、どれくらいになるのか。図表2-4の47歳の人を例に、ざっくりした計算方法を知っておきましょう。まずAの金額である117万2500円。これが今までに納付した保険料に基づく基礎年金と厚生年金の年間の合計額です。これから13年間、60歳になるまで年収平均600万円で働くとします。まず、老齢基礎年金はいくら増えるでしょうか。

老齢基礎年金は40年間フルに納めてもらえる金額が2021年度で年間78万900円ですから、1年あたりの納付では、その40分の1である約1万9500円増えます。あと13年納付しますから、老齢基礎年金の増加額は13倍の、①約25万3500円です。

次は、収入に応じて決まる老齢厚生年金です。今後平均600万円で13年間働く予定なので、図の②に基づいて

13年×600万円×0.005481（年金計算のために国が決めている数字）

と計算すればよく（あくまで概算ですが）、約42万7500円です。この人の65歳以降の年金額は、A＋①＋②で、年に約185万3500円になります。

先ほど50歳以上の人に関しては、その時点での給与のまま60歳まで働いた場合の見込み額を載せてくれていると説明しました。このため、通常は特に計算する必要はありません。最近は、大企業を中

心に、55歳前後で役職定年となり給与が下がる会社もかなりありますが、減額が予想される場合は、減額が年金に与える影響を試算できます。「減額される年収×減額の期間（例えば55歳以降なら5年）×0・005481」でいいのです。

例えば55歳以降、200万円減額されるのなら、

5年間×200万円×0・005481＝約5万5000円

この金額を「ねんきん定期便」に載っている見込み額から引きましょう。

以上は、あくまで簡易計算であり、厳密には少し違うのですが、どのみち将来の年収額の見込みも正確にはわかりません。ざっくりつかむにはこの方法でいいと思います。

ただし高収入の人はちょっと注意が必要です。年金保険料には上限があって、月の収入が63万5000円以上は一律になっています。ボーナスも1回150万円以上は一律です。保険料がそれ以上上がらないということは、もらえる年金もそれ以上多くならないということです。

このため、50歳未満の人で将来の実際の年収がかなり多いと見込む場合でも、将来年収はざっくり1062万円（63万5000円×12カ月＋150万円のボーナス2回）を上限に計算しましょう。実際の将来年収が1500万円でも2000万円でも変わらないからです。

ここまでは定期便を使った簡易計算です。日本年金機構が運営するインターネットサービス「ねんきんネット」を使えば、より正確に、より詳細に、自分の年金額の見込みがわかります。

「ねんきんネット」には「ねんきん定期便」に書かれているアクセスキーや基礎年金番号を使って登

図表2-4　ねんきん定期便

2. これまでの加入実績に応じた年金額と
【参考】これまでの保険料納付額（累計額）

		加入実績に応じた年金額（年額）
		老齢基礎年金
（1）国民年金		487500円
（2）厚生年金保険		老齢厚生年金
	一般厚生年金被保険者期間	685000円
	公務員厚生年金被保険者期間（国家公務員・地方公務員）	円
	私学共済厚生年金被保険者期間（私立学校の教職員）	円
（1）と（2）の合計		A 1172500円

会社に25年勤務の47歳の例

●これから増える金額の簡易計算の方法は？

- 基礎年金①…
  （60歳－今の年齢）×1万9500円
- 厚生年金②…
  （退職予定年齢－今の年齢）×今から退職までの平均年収×0.005481

●65歳から受け取る年金の目安は…A＋①＋②

（例）現在47歳で今後60歳になるまで平均年収600万円で13年間働くなら
①＝13年×1万9500円＝25万3500円
②＝13年×600万円×0.005481＝42万7500円

●65歳から受け取る年金額の目安＝
117万2500円＋25万3500円＋42万7500円＝185万3500円

録します。アクセスキーを使う場合は、定期便到着後3カ月だけ有効なので早めにやりましょう。ちなみに会社員の場合、基礎年金番号は勤務先の総務部などに聞けば教えてもらえます。

登録後は「年金見込額試算」のところで2つの試算方法を選べます。「かんたん試算」では、現在と同じ条件で60歳まで年金に加入した場合の見込み額がわかります。

「詳細な条件で試算」では、自分が今後何歳までどれくらいの収入で働くかなど、設定を自由に変えられます。例えば60歳まで働いた年金額が少ないと思えば、例えば63歳まで月〇〇万円で働き続ければどれくらい増えるかなど、一瞬でわかります。

高収入で働いた場合に厚生年金の減額の対象になる在職老齢年金（第3章第2節参照）には該当しないか、受給開始年齢の繰り上げ（毎年の金額は減ります）や繰り下げ（毎年の金額は増えます）をした場合に見込み額がどう変わるか、変化もわかります。あるいは、納めていなかった年金を追納した場合の効果なども計算できます。

それぞれの方法の試算結果はグラフなどわかりやすい形で表示され、人生設計に役立てることができます。「ねんきんネット」を使いこなすことも「人生100年時代」には効果的です。

●厚生年金、男性は月16・5万円が平均

自分以外の人も含めた平均的な金額はどうでしょう。先ほどモデル世帯の金額をみましたが、それはあくまでモデル。実際にもらっている人の平均額は少し違っています。2019年度の実際の受給

図表2-5　厚生年金（基礎年金含む）ではいくらもらっている？

厚生年金月額（万円）	年額換算（万円）	男性（%）	女性（%）
～5	～60	1.4	5.9
5～10	60～120	9.2	44
10～15	120～180	24.5	41
15～20	180～240	41	7.8
20～25	240～300	21.1	1.2
25～30	300～360	2.7	0.1
30～	360～	0.2	0
全体の平均月額 14.4万円	全体の平均年額 173.1万円	男子の平均月額 16.48万円、平均年額 197.8万円	女子の平均月額 10.32万円、平均年額 123.8万円

出所）厚生労働省2019年事業年報

額をみてみましょう。

まず基礎年金。平均では5万6000円です。モデル世帯の基礎年金（月に6万5000円）はあくまで40年間加入した金額ですが、実際には1991年3月までは大学生などの加入が任意だったり、第1号被保険者できちんと年金を納付していない人がいたりして、実際の受給額はモデル世帯より低くなっています。基礎年金しかない専業主婦が離婚した際などは、生活が苦しくなることが多いということです。基礎年金を含めた厚生年金は、男性の場合、モデル世帯より多くなっている一方、女性は少なくなっています。男性に比べて平均勤続年数が少なくなりがちなうえ、平均年収も低いことなどが影響しています。

●高収入の男性でも月20万円程度、生活レベル維持に困ることも

平均の次は図表2-5で2019年度の厚生年金（基礎年金含む）の受給額の分布をみてみましょう。若い時代から保険料の上限に張り付いていていたような人であれば年額換算で300万円を超えますが、ごく一部です。男性では年額換算で0~240万円までの人が累計で76%を占めます。人よりもかなり高年収だと自分で思っている人でも、年金は年240万円くらいにとどまるケースが大半ということです。

逆に言えば、現役時代の収入がかなり高くても、年金額は現役時代の収入ほどの格差はつきません。高収入だった人は老後の生活資金も多くなりがちです。老後資金をその分多く準備しておかないと、生活レベルの維持に困るかもしれません。

●払った保険料の数倍を受給

そもそも年金は、支払った保険料に対してどれくらいの額を受給できるのでしょうか。

この章の冒頭で書いたように、公的年金は金融商品ではなく人生の様々なリスクに備えてみんなが支え合う「保険」なので、本来は払った保険料と受け取りの倍率の損得を考えること自体が少しおかしなことではあります。

例えば住宅の火災保険に入った人が、数十年後まで火災が起こらず保険料が無駄になったといって

も、普通は怒らないのと同じです。とはいえ年金が「保険」であることがあまり知られておらず、あたかも金融商品であるかのように思われているなかでは、年金への不安を減らすためにこうした数字をみておくことも大事だと思います。

●国民年金の半分は税金、厚生年金保険料の半分は事業主負担

「払った保険料ほど年金はもらえない」というイメージは多く広がっています。しかし、図表2-6でわかるように、会社員と専業主婦のモデル世帯では、2015年時点で40歳なら老後、平均余命まで生きた場合に受け取る年金の総額（定額の国民年金と収入に応じて変わる厚生年金の合計）は、払った金額の2・4倍になります。

ただし、専業主婦は保険料を払わずに国民年金をもらえるので、モデル年金は計算上有利です。そこで夫の分だけを独自試算すると、1・8倍でした。国民年金だけの人も1・5倍もらえます。

現役世代が減り受給世代が増えているため、今の高齢世代に比べると倍率は小さくなります。しかし高齢世代の年金が多いことで、今の若い世代は親を扶養する負担が少ない面があります。負担と給付の関係は総合的に判断する視点も大切です。

なぜ払った保険料を給付が上回るのでしょうか。国民年金は、財源の半分が税金でまかなわれていますし、厚生年金は保険料の半分を会社が負担しています。ともに自分が出している保険料は半分だからこそ、その数倍の金額がもらえるのです。

図表2-6　一生に受け取る老齢年金の総額は払い込み保険料の何倍？

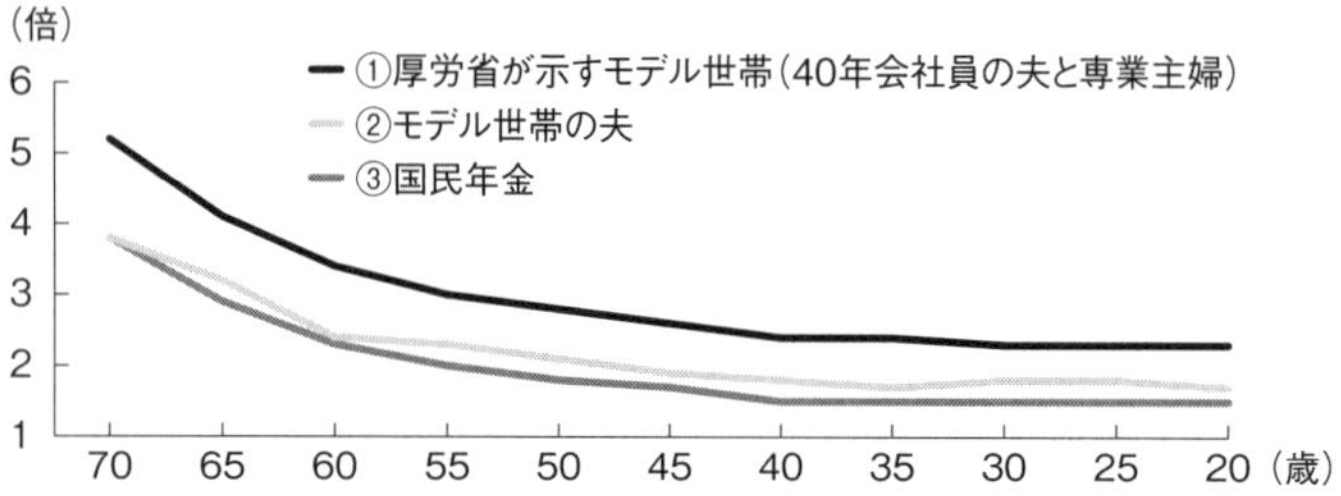

注)①③は厚生労働省の2014年財政検証(実質経済成長率年0.4%のケース)、
②は日本経済新聞社による簡易試算。年齢は15年時点。
老齢年金総額は60歳時点の平均余命まで生きた場合。

自営業やフリーターの人で国民年金保険料を払ってない人は、将来年金を受け取れません。一方で、現役時代に消費税をはじめ様々な税金は払っています。ということは、自分の払った税金のなかからほかの人の国民年金保険料を負担し、自分は将来、その恩恵を受けられないということになり損をする、ということを認識しておくことが大事です。

週刊誌などは「2・3倍もらえるというのはまやかしだ」と書くことがあります。その理由として、「会社は保険料を払わなければその分を給与で払ったはずだ。会社負担の分も自分が払った保険料とみるべきであり、そうすると倍率は大幅に下がる」という議論がよくなされます。

これはたしかにひとつの考え方です。実際、企業の会計を考える場合、会社負担分の厚生年金保険料も人件費として計上されます。会社の社会保険料負担が引き上げられ続けてきたことが、労働者の賃金上昇を抑えてきた面もあるとは思います。

だからといって会社が年金保険料を払わなかったら、その分を給与として全額払うというのはかなり非現実的でしょう。そんなことはしないからこそ、これまで多くの会社は、厚生年金の対象となる従業員の範囲を拡大する制度変更に反対を続けてきました。反対の理由は、厚生年金に加入していないパートなどであれば折半の会社負担がいらない、つまり「安く使える」からです。

会社に保険料負担をしてもらっていないパートさんに、その分を給与として上積みしているのなら、厚生年金の対象拡大に反対するはずがありません。保険料の会社負担がなくなればそれは従業員にすべて還元されるのではなく、かなりの部分は内部留保や株主還元、設備投資などに回るでしょう。

そう考えると、会社の折半負担まで実質的な自分の保険料負担というふうにみなす必要はないと思います。第1章でもお話したように、損得をあえて考えるのは、例えば短時間労働者が厚生年金へ加入するかどうか、などの判断材料にするためだからです。ただし気になる場合は「会社の保険料負担まで含めて考えると、厚生年金の受給と負担の倍率はやや落ちるな」とざっくり理解しておけばいいかもしれません。

ここでのお得度の計算は、60歳時点での平均余命（時期により異なりますが83～85歳）まで生きた場合です。平均余命より長く生きた場合は、さらに有利さは高まります。「長生き保険」としてのメリットをより大きく受けることになります。

●年金だけで世代間格差を考えるのは不適切

年金受給者に対して保険料を納める現役世代の人口は減っています。このため支払った保険料に対してもらえる保険料の比率は、先ほどみたように、2015年の40歳は2・4倍ですが、70歳は4・3倍でした。世代間の格差はかなり大きなものがあります。ただし現在の高齢者の多くが、若い時代に自分のお金で親を扶養していたことも考え併せ、年金だけで格差を判断しないことも大切です。また、今の高齢者がかなり多くの年金を受給しているからこそ、子供の世帯は親の世帯の生活費援助をあまりせずにすんでいる側面もあります。

それでも、少ない給与から苦労して保険料を払っている若い世代が、こうした説明だけで本心から納得するのは難しいと思われます。やはり世代間の格差は少しでも圧縮するか、これ以上の拡大を防ぐ努力が必要です。後述するマクロ経済スライド（現役世代の減少に合わせて受給者の支給額を自動で抑制する仕組み）の強化もそのひとつでしょう。

ここまでは、あくまで自分が年をとったときにもらえる老齢年金の話でした。そして年金は老齢年金だけでなく、病気やケガをしたときの障害年金などもセットになった総合的な保険なのでした。それを考えると、公的年金の「お得度」はさらに大きくなります。

●公的年金は現役世代から高齢世代への「社会的な仕送り」

日本を含め世界中の国の大半の公的年金は「賦課方式」という形が基本です。現役世代の人が生み出したお金を、高齢世代が受け取る形です。かつては同じ家族の中で子供夫婦が年老いた両親を扶養していた方式を、いわば社会全体に広げたのが公的年金です（自分が積み立てたお金を将来もらうのが公的年金と思っている人がいますが、それは誤解です）。年金は現役世代から高齢世帯への「社会的な仕送り」なのですね。ただし日本では、受給者が増える一方で現役世代が減るので、世代間の仕送りだけでは給付をまかなえません。そのため巨額の年金積立金（2020年度末で約186兆円）を使って足りない部分を少し補います。

積立金を一部使う仕組みなので純粋な賦課方式ではないともいわれます。もっとも今後100年間でみて、給付の財源のうち積立金で充当されるのは約1割にすぎず（長期的な財源の比率は117ページ、図表2-24）、原則的には賦課方式であることは変わりません。

賦課方式の最大のメリットは、インフレに強いということです。自分で保険料を積み立てて老後に取り崩す方式であれば、例えば老後までに3000万円貯めていたとしても、その後高インフレが起これば買えるモノが少なくなってしまい、暮らしの水準が低下してしまいかねません（例えば年2％のインフレが30年続くと、今の3000万円のお金の価値は約1660万円に下がります）。

しかし賦課方式であれば、インフレが起きている状況では現役世代の賃金も通常は上がっています。

そうすると賃金の一定比率を徴収する年金保険料も多くなります。その分、高齢世帯への支給額を、インフレにある程度対応した金額に引き上げることができるわけです。

一方で賦課方式の弱点は、少子高齢化で受給世代に対して現役世代が少なくなると、保険料収入が減少して財政が厳しくなることです。しかしこれも何度もお話したように、少子高齢化は何十年も前からわかっていたことなので、すでに年金財政でかなりの対策がうたれています。今後もさらなる改正案が検討されていきます。

●積立方式への転換に危険性

賦課方式は少子高齢化のもとでは持続できず年金破綻、というのは年金批判の上ではいかにもわかりやすく、積立方式に転換すべきだという意見も多くみられます。２０２１年の自民党総裁選でも厚生年金を積立方式に、という案が出されました。

しかし積立方式の弱点はきちんと認識しておくべきだと思います。まず第1は、今までお話したインフレに弱いという点。これはかなり致命的であり、だからこそ先述したように、主要国がいずれも積立方式から賦課方式に転換してきたという歴史は忘れてはいけないでしょう。

2番目は公的年金の最大の利点である「終身給付」への安心感が揺らぐ点です。自分の積み立てた資金はもしかすると85歳まではもっても、１００歳まではもたないかもしれません。第1章で、自己資金で死ぬまで生活を支えることのリスクを書きましたが、年金が積立方式になれば同様のリスクを抱えます。一方、賦課方式であれば、現役世代の保険料収入により何歳まで生きても給付が可能です。

3番目はいわゆる「二重の負担」問題。今の高齢者は積立方式による年金資産をもっていないので、今の現役層は高齢世代に賦課方式での負担を続けざるを得ず、一方で自分の将来に向けて積み立てなければならないというのが二重の負担の問題です。

4番目は2番目とも関連しますが、積み立てでいくら増えるかは時期によりかなり大きく変動することです。世界的な低金利のなか、積み立てでの運用はある程度株式に頼らざるを得ません。しかし図表4-3で示すように、例えば同じように30年間世界株に積立投資した場合でも、時期により3〜7倍という大きな資産の差が出てしまいます。年金の受給額が時期により大きく異なってしまうことを、どう調整するのでしょうか。

公的年金を運用するGPIF、あるいは個人の確定拠出年金だって、時期により資産の差が出るではないか、との意見もあると思います。しかしそれらはあくまで老後資金の補完的な役割です。老後資金の中心的な支えである公的年金額が数倍も変動するというのとは、危険度の大きさが違います。仮にいったんプールしておいて全世代に再配分するというのであれば、今のGPIFの機能をはるかに大きなものにするのと同じで、もはや積立方式とは言えなくなるでしょう。

また、全額を積み立てにした場合、そんな巨額の資金を市場が受けきれるかは大きな疑問です。2021年10月に出版された『知らないと損する年金の真実』（ワニブックス）という本の中で、著者の経済コラムニストの大江英樹さんは「仮に毎年入ってくる年金保険料を全部積み立てると40年分で

図表2-7　老齢基礎年金の受給資格

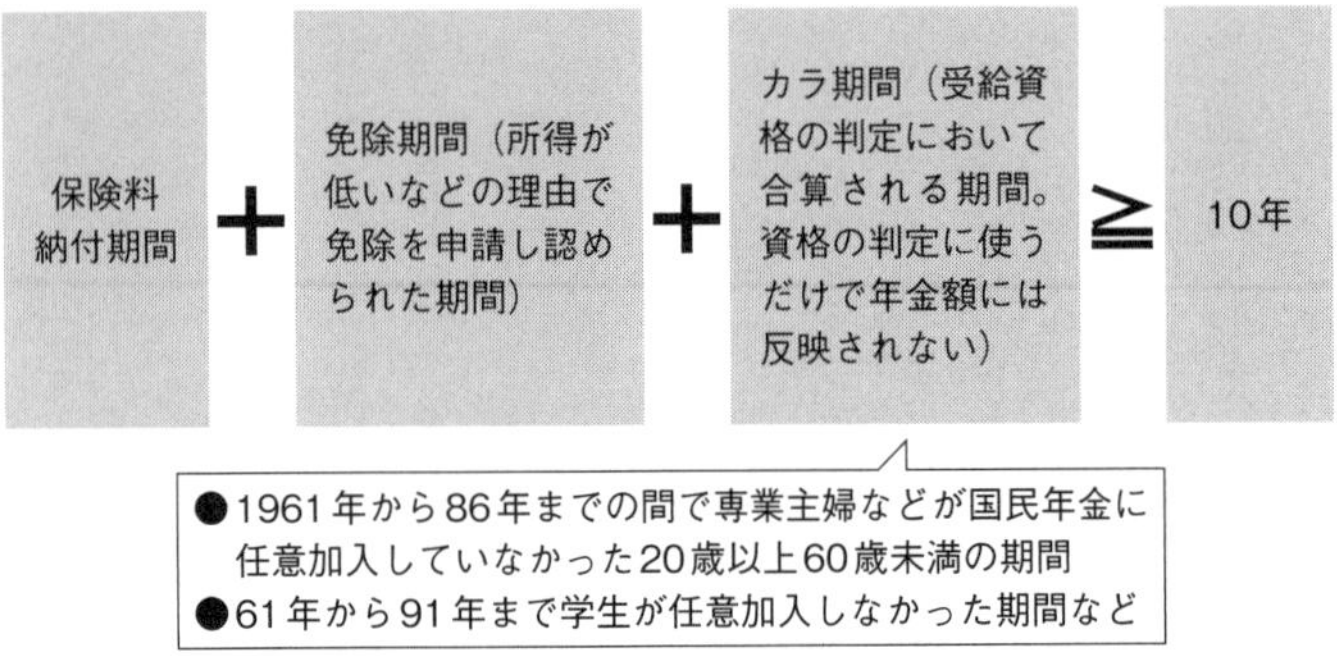
保険料納付期間
＋
免除期間（所得が低いなどの理由で免除を申請し認められた期間）
＋
カラ期間（受給資格の判定において合算される期間。資格の判定に使うだけで年金額には反映されない）
≧
10年
●1961年から86年までの間で専業主婦などが国民年金に任意加入していなかった20歳以上60歳未満の期間
●61年から91年まで学生が任意加入しなかった期間など

1500兆円強となりGPIFの運用額の10倍弱。一方で、2021年3月の世界の株式市場の時価総額は約6800兆円。現実的にはあり得ない話」と指摘しています。実際その通りだと思います。

ちなみに大江氏のこの著書は、年金に対する様々な誤解を一つひとつ丁寧に、わかりやすく説きほぐしています。「公的年金は信用できない」と思う人がこの本を読むと、年金に対する見方ががらりと変わるのではないでしょうか。

より本質的なことを言えば、老後に本当に必要なのはお金ではなく実際の財やサービスであり、それは少子高齢化で現役世代の数が減れば供給が減ってしまうものです。賦課方式であれ積立方式であれ、影響を受けることは同じ（「output is central」＝大切なのは実際の財やサービス）だという考え方もあります。

●老齢年金をもらうには10年以上の加入が必要

老齢年金を受け取るには従来、25年以上の加入が必要でした。この期間に少しでも足りなければ、1円ももらえなかったのです。しかし法改正によって、2017年8月以降は、10年以上の加入でよくなりました。ただ、加入期間が短いと受給額も当然少ないことは要注意です。自営業者など第1号被保険者では、40年間保険料を払った満額の場合でも、65歳以降にもらえる額は月約6万5000円でした。20年加入なら同3万2500円、10年なら約1万6000円です。とうてい暮らしていける額ではありません。

もうひとつの注意点は、10年以上で受給できるようになったのはあくまで老齢年金だけの話であり、遺族年金や障害年金の受給条件は変わっていないということです。例えば、遺族・障害年金は引き続き加入中の死亡または過去に25年以上の加入などが要件です。加入中の死亡についても「必要納付期間の3分の2以上納付か、過去1年間未納がないこと」という納付要件は変わっていません。

●支給開始年齢の一律引き上げはもはや検討すらされていない

現在、年金の支給開始年齢は原則65歳です。しかし60代前半は特別支給の老齢厚生年金（かつて60歳だった厚生年金の支給開始年齢を引き上げたための経過措置）として、2階部分に相当する報酬比例の年金をもらえている人がいます。男性で1961年4月2日生まれ以降、女性で1966年4月2日生まれ以降は、特別支給もなくなり原則の65歳となります。

2022年4月以降は、自分の判断で受給開始を遅らせる代わりに年金額を増やしてくれる「繰り下げ制度」が延長になります。それまでは最大70歳まで繰り下げられますが、75歳まで遅らせること

図表2-8　年金の受給開始年齢

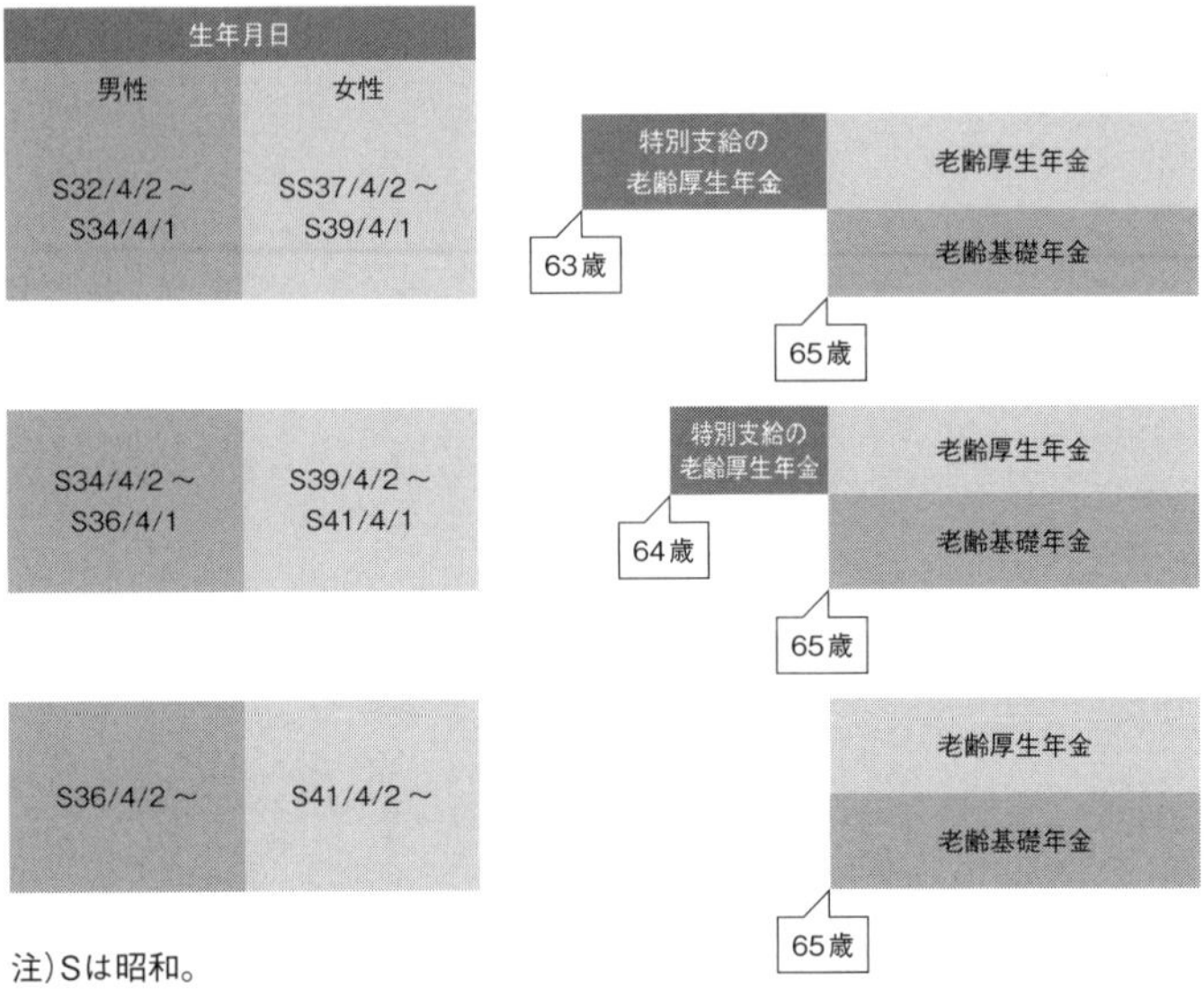

注）Sは昭和。

ができるようになります。これは一律で支給開始年齢を遅らせるのではなく、あくまで個人の選択範囲が広がるという話です。米国や英国、フランスなど他の先進国の多くは支給開始年齢を67～68歳へ移行予定です。ただこうした国には日本のマクロ経済スライド（第2節で解説）のような機能がないので、財政健全化のために一律の支給開始年齢引き上げしか手段がない面があります。

日本が導入済みのマクロ経済スライドは、現在の受給者にも痛みを負担してもらえるので、本来もっと早くもらえるはずだった若い世代に負担が偏る一律の支給開始年齢引き上げより公平性が高いとも言えます。デフレ下では効きづらい弱点があって過去は十分機能しませんでしたが、この仕組みを強化することで年金財政を健全化していくというのが、国の立場です（海外には珍しく自動調節機能があるスウェーデンも一律引き上げでなく61歳以降に自分で受給開始年齢を選べる仕組みです）。

このため国は支給開始年齢の一律の引き上げはもはや、検討すらしていません。「支給開始年齢の一律引き上げが検討されている」などと書く社労士さんやFPさん、メディア、金融機関はいまだに多いのですが、憶測や思い込み、もしくは金融商品を売るための意図と考えていいと思います。「自分はどうせいつまでたっても年金をもらえない」などと怖がって年金を未納状態にしたり不必要に繰り上げ受給したりするのは、極めて危険なことだと認識しておきましょう。

●「65歳時点で老後資金○千万円」と一律に考えても意味がない

よく老後資金はいくら必要か、という議論がされます。「□□の調査では2000万円必要」「いや5000万円でも足りない」など様々な数字が飛び交います。2019年の金融庁のリポートでは「2000万円足りない」というやや誤解に満ちた伝わり方がなされ、国民に不安感が広がりました。しかし一律に「65歳時に○千万円」などと考えるのはあまり意味がありません。老後にどれくらいの出費があるか、公的年金でそのうちどれくらいをまかなえるかは、暮らし方や年金のタイプによってまるで異なるからです。

以下は2018年の前著でも示した、世帯の働き方や老後の支出などタイプごとにみた老後の必要資金です。前著では平均的な支出として、家計調査の支出に予備費を加算したり、年金額の将来の減少を織り込んだりなど、もう少し詳細に計算しました。しかしやや複雑になるうえ、あくまでタイプ別に大きな差がつくことを示すのが目的なので、今回は簡略した数字にしています。

●ゆとりのある生活なら老後は5000万円の不足も

まずは持ち家の人を前提に、94歳まで生きるとして支出を考えます。総務省の2019年の家計調査（2020年はコロナ禍でやや特殊だったので2019年の数字を使います）では、高齢夫婦無職世帯の1カ月の支出は約27万円。これを「平均的な生活」とみなすと30年で9720万円です。

先ほど「持ち家を前提」と書いたのは、家計調査の回答者は9割強が持ち家で、住居費が月1万4000円程度しかかかっていないからです。持ち家でない場合は、別途賃貸費用がかかってくるので、後ほど考えます。

一方、生命保険文化センターの意識調査で「ゆとりある老後生活のための費用」を聞いたところ、月36万円です。旅行や趣味などにお金をかけたければ、必要額は増えるからです。この場合支出総額は1億2960万円となります。

老後を支える年金は、夫婦の職業などで大きく変わります。会社員（厚生年金と基礎年金）と専業主婦（基礎年金のみ）という厚生労働省が想定するモデル年金は月22万円。30年で7920万円です（実際にはマクロ経済スライドという仕組みで今後変化します。実質経済成長率0％の厳しい見通し

図表2-9　老後の必要資金は?

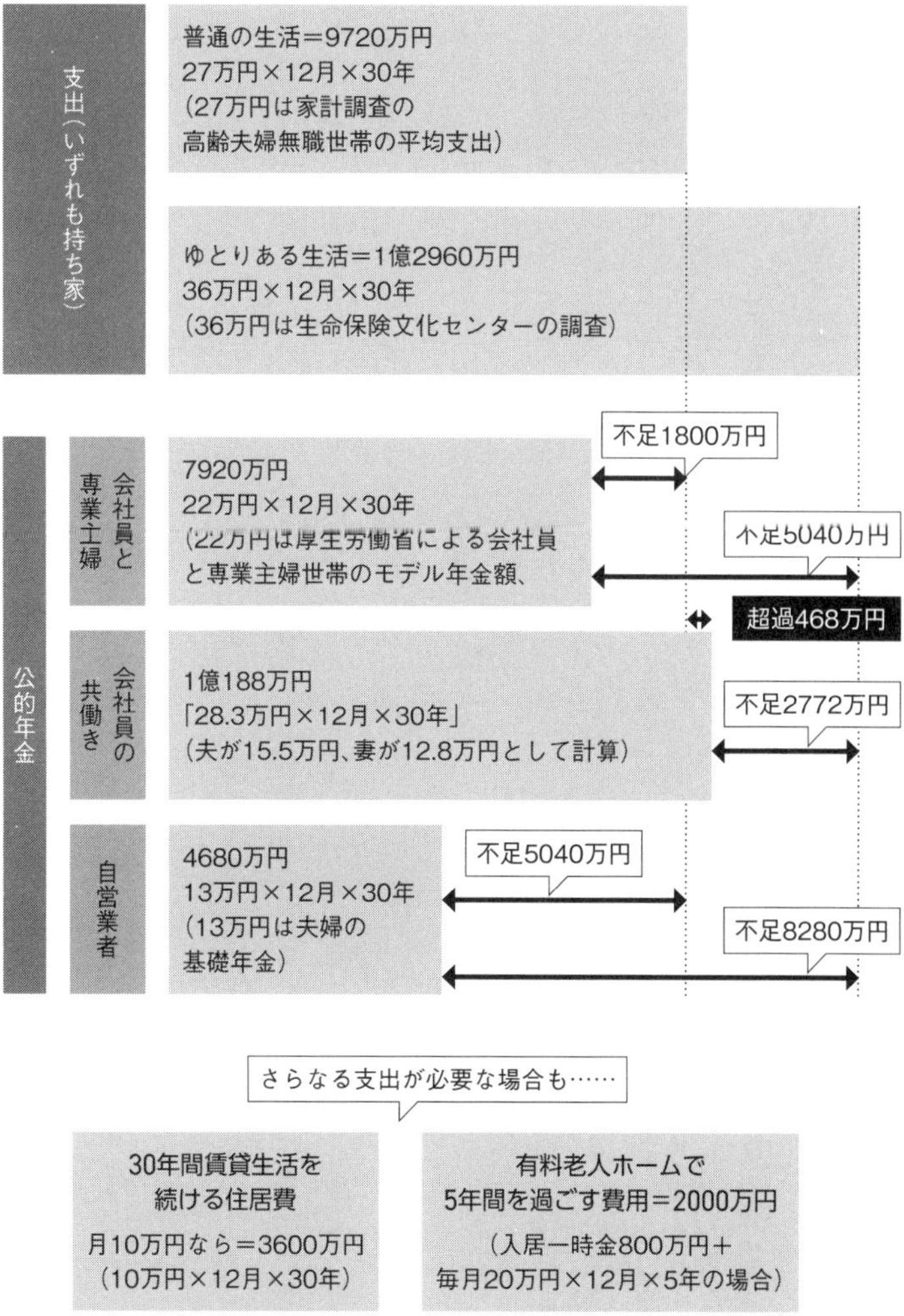

注)いずれも概算。現在65歳の夫婦を想定、65～94歳までの30年を対象。

だと今の物価に直した総受給額が約1割減（104ページ）ですが、実質経済成長率が年0・4％の見通しだと逆に総受給額は5％増が見込まれるなど経済前提で変わってきます。通常イメージされているほど多くは減らない可能性が高いことに加え、タイプ別の家計の比較が目的なので、22万円というモデル年金額が続く前提で概算しました）。

平均的な生活には1800万円、ゆとりある生活には5040万円足りません。大企業の会社員の退職金は平均2000万円強なので、平均的な生活なら退職金のうち住宅ローン返済など以外で1000万円老後に回せるなら800万円ですみます。一方、ゆとりある生活は退職金1000万円を含めても4000万円強の準備が必要なことになります。

●最強はパワーカップル、自営業者は早期の備えを

共働きで夫婦ともに厚生年金があると、老後資金は余裕が出てきます。女性の賃金は男性の7割程度なので、厚生年金も男性の7割として計算すると、夫婦の厚生年金は月に28万3000円に増えます。すると30年で1億円強です。支出が27万円のままだと、年金額のほうが上回りますので、30年合計でも468万円の超過になります。

ゆとりある生活でも、不足額は約2700万円とかなり減ります。夫婦の退職金のうち計2000万円を老後資金にあてられるのなら、ゆとりある生活でも別途準備する金額は700万円とかなり少なくていいことになります。

今は女性の年金を男性より少し低く計算しましたが、男性と同じようにフルに働いている「パワーカップル」なら年金は合計31万円。30年でも不足額は1800万円です。2人合計の退職金などを考えれば余裕でしょう。高所得の共稼ぎの「パワーカップル」こそが、人生100年時代の最強の生き残り策といえそうです。ただし、出産などを機にいったん退職すると年金額も退職金も大きく減りがちです。妻が正社員として働き続けることが重要です。

逆に基礎年金だけの自営業者など第1号被保険者は、厳しい状況が予想されます。夫婦合わせた基礎年金を月13万円とすると30年で4680万円。平均的な生活を考えても5000万円強も足りません。しかも第1号被保険者は、未納期間などもあって満額支給されないケースが多いほか、マクロ経済スライドでは基礎年金の削減が厚生年金より大きいので、実態はもっと厳しくなるケースが多いはずです。

一方で、自営業者は65歳以降も従来通りの仕事を続けやすいケースも多いでしょう。65歳以降も事業収入を減らさない工夫を早めに考えておくことが必要です（自営業者やフリーランスの年金を増やす方法は第3章第7節）。

●賃貸派はプラス3600万円？

忘れがちなのが、持ち家でない場合の老後の賃貸費用です。先ほど書いたように、家計調査での住居費の支出は月に約1万4000円、これは持ち家の比率が9割超だからです。賃貸の人が月10万円の家賃で30年暮らすと、3600万円かかります。現役時代に住宅ローン負担が軽い分を貯蓄し、老後の住居費を確保しておくことが不可欠です。

家計調査は各年代の平均なので介護費も広く薄く織り込まれてはいますが、状況しだいで平均より多くかかることはもちろんあります。いずれ有料老人ホームへ入居を希望する場合は、別途大きな支出が生じます。施設によってまちまちですが、入居一時金と、平均で5年程度の費用を合わせると2000万円程度が必要なケースも多くみられます。

なお、今回のタイプ別にみた試算は、「一律に○千万円」などとする考え方よりは現実的ですが、それでも数字そのものを絶対視しないでいただきたいと思います。必要資金などは、個人によってまちまちだからです。例えば米国では、老後資金は「退職直前の生活費のだいたい7割」と言われているそうです。家計調査や生命保険文化センターなどの数字を使うより、退職前の自分の収入の7割を前提に考えるほうがより実態に近くなると思います。ここで提示したかったのは金額そのものではなく、「年金や暮らし方のタイプによりまったく異なってくる」という考え方の大切さです。

●老後資金があまりいらないタイプは？

年金以外の老後資金が少なくてすむタイプとは結論的にいえば、図表2-10のように「夫婦ともに高所得でともに厚生年金の金額が大きいパワーカップル」「持ち家で住宅ローンを完済」「子供や親族の助けが見込め、介護にあまりお金をかけなくてすみそう」などのタイプが考えられます。自分がどう

図表2-10　老後は年金だけで生活できる?

65歳時点の老後資金が少なくていい人（年金だけで生活できる可能性がある人）は?	65歳時点での老後資金が多く必要な人（年金だけで生活できない可能性がある人）は?
●夫婦共に厚生年金の額が多いパワーカップル ●持ち家で住宅ローンを完済 ●子供や親族の助けがあり介護にあまりお金をかけなくてすみそう	●会社員で妻は基本的に専業主婦 ●賃貸暮らし、または住宅ローンが多く残る ●自営業者など第1号被保険者、特に年金保険料を納めていない期間が長い ●子供や親族の助けがなく介護にかなりお金がかかりそう

なのかを判断し、当てはまりそうになければ、現役時代にせっせと蓄えを積み増すことが大事です。それと同時に重要なのは、年金の受給額自体が所与のものではなく、自分の働き方や繰り下げによる増額などで変わってくるということです。この点は、第3章で具体的にみていきます。

【2】誤解だらけの年金財政

●毎年の年金の決まり方は2ステップ

この節は、主に年金財政について、現行制度がきちんと運用される限り破綻しないということを書いています。年金活用を考えようとしても、年金が破綻すると誤解していると、やる気がしないからです。やや難しい内容も含みますので、財政に特に興味がなく、実践的な年金活用策を知りたい方は、そのまま第3章以下に進んでいただいて大丈夫です。

そもそも毎年の年金額は2ステップで改定します。ステップ1は「物価・賃金の変化を反映する本来の改定」、ステップ2は「高齢化に対応するため伸びを調整するマクロ経済スライドの適用」です。つまり年金額の改定率は「本来の改定率＋マクロ経済スライド調整率」（調整率は必ずゼロ以下なので、実際には引き算となる）となります。例えばその年度の本来の改定率がプラス0.5％、マクロ経済スライド調整率がマイナス0.3％であれば、その年度の改定率はプラス0.2％というわけです。

本来の改定率は賃金変動率と物価変動率の関係で決まります。賃金変動率が物価変動率を上回っている場合は、新規受給者は現役世代の収入の変化に合わせた賃金変動率、継続受給者は年金のモノを買う力（購買力）を維持できるよう物価変動率で改定されます。ただし2021年度以降、賃金変動率が物価を下回っている場合は、新規受給者も継続受給者も一律に賃金変動率で改定されるようになっています。少し後でお話しするように、賃金変動率の計算に2〜4年度前の遅れた数値が使われることから、計算の必要上、67歳以下の受給者を新規受給（裁定）者、68歳以上の受給者を継続受給（既裁定）者として扱います。

昔は新規・継続受給者ともに賃金変動率で改定されていましたが、2000年の改正で継続受給者は物価変動率での改定に変更されました。賃金の伸びより物価の伸びが低かったため（これは世界の常識です）、連動対象を物価とすることで給付の伸びを抑える狙いもありました。しかしやがて賃金の伸びが物価の伸びを下回るようになったのが日本です。このため継続受給者についても、賃金も物価もともに上がっているものの物価上昇率のほうが大きい場合は賃金で改定するなど、特例ルールを一

図表2-11　毎年の年金額は2段階で決まる

STEP1　本来の改定率を算出		
	新規受給者	継続受給者(68歳以降)
賃金変動率*1＞物価変動物率*2なら…	賃金変動率	物価変動率
物価変動率＞賃金変動率なら…	賃金変動率	
STEP2		
本来の改定率がプラスのときだけ、マクロ経済スライドを適用し伸びを抑制		

＊1は名目手取り賃金変動率(2〜4年度前の実質賃金変動率の平均＋前年の消費者物価変動率)、＊2は前年の消費者物価変動率

部導入していました。そして2021年度からは、新規も継続も賃金変動率が物価変動率を下回る場合は、どちらかが下落している場合も含めて一律で物価でなく賃金変動率で改定するように変更したのです。例えば物価が上がっている一方で賃金が下落していれば、賃金をベースに年金額は下がるので、モノを買う力は低下します。2021年度からの変更を決めた2016年の国会で野党が「年金カット法案」と呼んで反対したのはこのためです。

とはいえこの場合、物価が上がっているのに賃金が下がって生活が苦しくなっているのは、現役世代も同様です。保険料収入は賃金に連動しますから、それより高い物価変動率で年金額を改定すると年金財政を悪化させ、若年層の将来の給付に悪影響が出ます。年金生活者も現役世代と一緒に痛みを分かち合うという意味で、やむを得ないルール変更だと思います。

●賃金変動率は2〜4年度前の平均で計算

もう少し詳しくみましょう。「すでにややこしいので、詳しくみたくない」と思われそうですが、例えば2020年度のコロナ禍

による今後の影響などを考えるためには必要な知識です。

先ほどから賃金変動率と言っているのは前年度の数字ではなく、正確には2〜4年度前の3年度分の名目手取り賃金変動率の平均です。例えば2021年度の年金額が決まるのは1月ですが、この時点で前年度である2020年度の名目手取り賃金率（2021年3月までの1年間）の数字はまだ出ていません。しかも1年だけの数字では経済変動の影響を大きく受けてしまうので、ならすために3年度分の平均を使うことになっています。

●年金財政健全化のためのマクロ経済スライド

ではステップ2のマクロ経済スライドはどう計算されるのでしょうか。そもそもマクロ経済スライドとは、年金財政の健全化を目指して2004年に導入された仕組みです。被保険者（現役世代）が減って受給者が増える分、ステップ1の本来の改定率から差し引きます。差し引く調整率は「被保険者（現役世代）の増減率マイナス平均余命の伸び率」（計算結果がプラスの場合はゼロとみなすため、必ずゼロ以下となる）です。2021年度の場合、現役世代の増減率が女性や高齢者の労働参加によってプラス0・2%でした。平均余命の伸び率はマイナス0・3%と一定値を設定しているので、2021年度のマクロ経済スライドはマイナス0・1%ということになりました。

ただしマクロ経済スライドには、受給者の生活に配慮した特例ルールがあります。これは名目下限ルールとも言われています。要するに、先ほどまで説明した本来の改定率がプラスのときだけ、その

図表2-12　マクロ経済スライドの弱点

マクロ経済スライドの弱点＝下限措置って？

〈ある程度、賃金・物価が上昇した場合〉

賃金や物価について、ある程度の
上昇局面にあるときは、完全にスライドの
自動調整が適用され、
給付の伸びが抑制される。

↓

スライド調整率分の年金額調整が行われる。

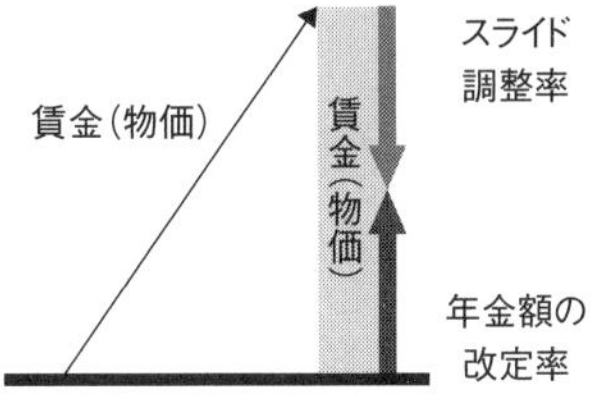

〈賃金・物価の伸びが小さい場合〉

賃金や物価について伸びが小さく、スライドの
自動調整を完全に適用すると、
名目額が下がってしまう場合には、
名目額を下限とする。

↓

スライド調整の効果が限定的になる。

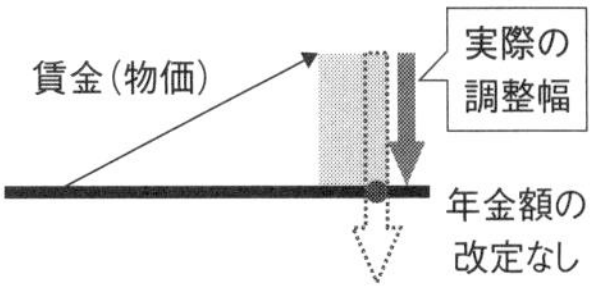

〈賃金・物価が下落した場合〉

賃金や物価の伸びがマイナスの場合には、
賃金・物価の下落率分は、年金額を
引き下げるが、それ以上の
引き下げは行わない。

↓

スライド調整の効果がなくなる。

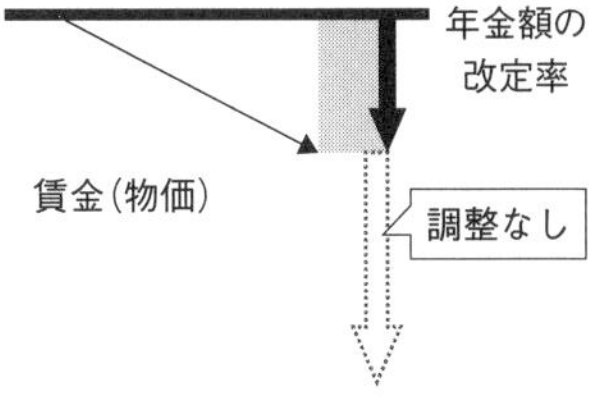

＊18年度以降は、十分実施できなかった分はためておき、
賃金（物価）上昇率が大きな年にまとめて実施することに

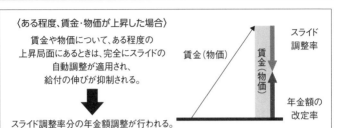

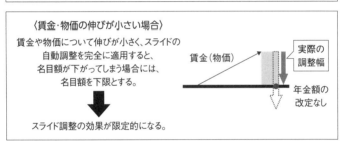

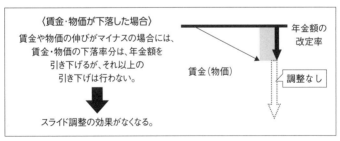

範囲でマクロ経済スライドを適用するということです。本来の調整率がマイナスなのに、さらにマクロ経済スライドを適用すると年金生活者の生活に影響を与えるとして、それを避けるルールです。

本来の改定率がマイナス0・1％だった21年度は適用せず、本来の改定率のマイナス0・1％が最終的な改定率になりました。年金額のマイナス改定は4年ぶりで、会社員の夫と専業主婦世帯のモデル年金月額は前年度より228円下がり22万4996円となりました。国民共通の基礎年金は同66円減の6万5075円です。

ちなみに2021年度のようにマクロ経済スライドが適用されなかった場合は、その分の調整率は次年度以降に繰り越され、本来の改定率が高い年にまとめて適用する「キャリーオーバー（繰り越し）」というルールが2018年度から導入されています。例えば、ある年度に本来の改定率が1％、その年度のマクロ経済スライドの調整率がマイナス0・5％、前年度からの繰り越し分が0・2％であれば、その年の年金額は1％マイナス0・5％マイナス0・2％で0・3％にとどまります。将来、賃金や物価の上昇で本来の改定率が上向く年でも、繰り越し分がたまり続けていた場合は、最終的な年金の増額は小さくなる可能性があることも頭に入れておきましょう。

●新型コロナによる2020年度の賃金減、影響は22年度から3年間に

さて、こうした改定の仕組みを知ることは、新型コロナの年金への影響を考えるヒントにもなります。例えば2020年度の賃金は、毎月勤労統計によると、コロナの影響で前年度比約2％の減少で

図表2-13　スライド調整

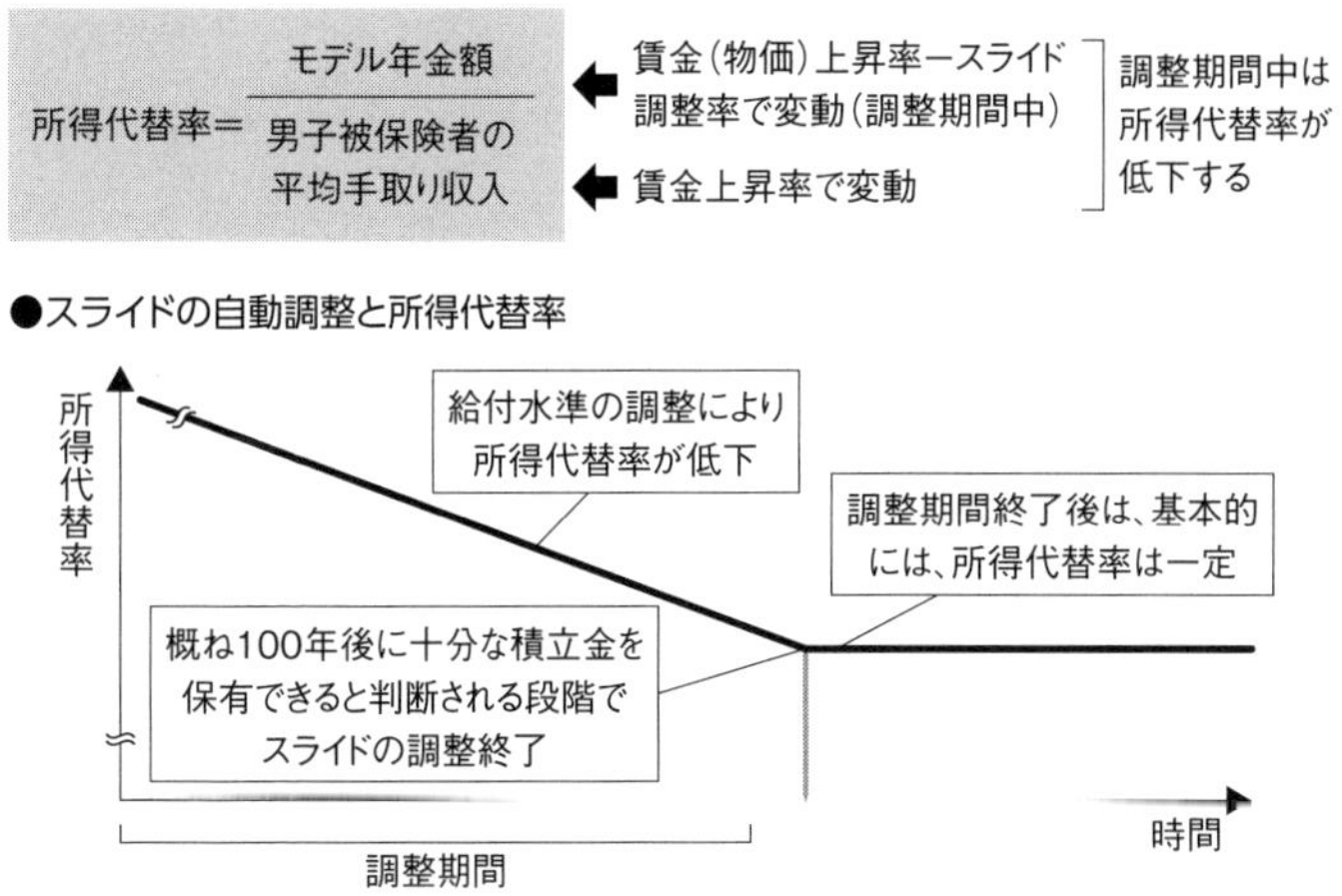

した（実際に年金計算に使う賃金変動率は標準報酬という別の数字が使われますし、それをさらに厚生労働省が補正するので外部からはかなり後にならないとわかりません。ここでは毎月勤労統計をベースに考えます）。

要注意なのは、本来の改定率に影響する賃金変動率は先ほど説明したように2～4年度前の平均を使うことです。つまり、コロナによる2020年度の大きな賃金減は2021年度ではなく2022～24年度に、3分の1ずつじわり効いてきます。このため2022年度以降しばらくは、賃金や物価がこの2020年度の賃金減少の影響を補えるくらい上昇しないと、本来の改定額の要素である賃金上昇率はプラスになりづらいということです。

コロナの影響が長引けば制度改革の議論も高まるかもしれません。例えばマクロ経済スライド。

2018年度以降はキャリーオーバーの仕組みが導入されていますが、これだけでは不十分です。なぜかというと、1つは繰り越しが累積した場合、本来の改定率がそれを十分まかなえるほど大きくなる時期が来るか不透明なことです。物価などが大きく上がった年に改定率の多くが繰り越しで消えれば受給者の不満が高まるため、政治的に実行がためらわれる懸念もあります。

2つ目は繰り越しが実現した年度に改定率を引き下げられても、効果はそれ以降にしか寄与せず、適用できなかった年度に過剰給付された額は消えずに残ることです。

本来の改定率がマイナスでも毎年マクロ経済スライドをフル適用する改正は、かねてより重要とされてきました。コロナ禍を機に、本来の改定率が伸び悩む公算が出ているなか、その必要性は一層高まっているともいえます。

●「現役世代との差」は長期で拡大

さてここからはより長期で年金財政を考えていきましょう。スライド調整率の計算式は「公的年金の被保険者(現役世代)の増減率－平均余命の伸び(0・3%の一定率)」でしたね。スライド調整率は、2018年度以降は0・3%以下という低い数値ですんでいましたが、今後は被保険者数の減少が本格化し2019年の財政検証のケースⅣの場合、2030年度前後は1%台後半になる見込みの時期もあります。

スライド調整率の分だけ賃金・物価に対して給付額の伸びが低い状況が続くと、現役世代の平均の

図表2-14　2019年財政検証結果

		19年度(参考)	I	II	III	IV	V	VI
経済前提など	物価上昇率(%)	—	2	1.6	1.2	1.1	0.8	0.5
	実質賃金上昇率(%)	—	1.6	1.4	1.1	1	0.8	0.4
	実質経済成長率(%)	—	0.9	0.6	0.4	0.2	0	-0.5
	運用利回り(賃金に対する実質、%)	—	1.4	1.5	1.7	1.1	1.2	0.4
	マクロ経済スライド終了(年度)※	—	2046	2046	2047	2053	2058	—
所得代替率%	※の年度における受給開始時の所得代替率	61.7	51.9	51.6	50.8	46.5	44.5	36~38
	うち夫婦の基礎年金	36.4	26.7	26.6	26.2	23.4	21.9	-
	うち夫の厚生年金	25.3	25.3	25	24.6	23.1	22.6	-
物価で割り引いた19年度換算の年金額(万円)	マクロ経済スライド終了年度の夫婦の年金額	22	26.3	25.3	24	21.9	20.8	18.8
	年金額の内訳(上段が厚生年金、下段は夫婦合計の基礎年金)	9.0 13.0	12.8 13.5	12.3 13.1	11.6 12.4	10.9 11.0	10.6 10.2	7.6 11.1

出所)厚生労働省、Ⅳ～Ⅵは所得代替率が50%を下回る場合も機械的に計算しているが、実際はマクロ経済スライドの停止などの措置が取られて下回らないようにする。

手取りに対する受給額（これを所得代替率といいます）はだんだん下がっていきます。どれくらいのペースでいつまで下がるかは経済の状況によります。

2019年の財政検証では、経済が好調なケースから不調なケースまでⅠ～Ⅵの6種類を想定して計算しました。Ⅰ～Ⅲが経済成長や女性や高齢者の労働市場への参加が進むケース、ⅣとⅤが一定程度進むケース、Ⅵが進まないケースです。図表2-14でわかるように、経済が好調な場合は、スライド調整は比較的早い時期に終わりますが、ケースⅤのように経済の不調が続くとスライド調整は2058年度まで続いてしまい、その分、所得代替率の低下は大きくなるという試算です。最悪のケースⅥが「—」となっているのは2052年度に積立金が底をついてしまい、その後は保険料だけで給付を賄う事態になるので、終了年度という概念そのものがあてはまらなくなります。

●前回財政検証後の実際の経済は予想よりやや上振れて推移

5年に1度の財政検証が発表されるたびに、「年金制度が事実上破綻していることを隠すために、甘すぎる見通しを使っている」という批判が一部で必ず巻き起こります。実際、「経済再生ケース」の上位のほうの前提は「いくらなんでも楽観的過ぎるだろう」（笑）と思います。

実際に過去の経済前提は「大甘」だったのでしょうか。2019年の財政検証の中身を2014年と比べてみました。2014年の財政検証後の実際の経済をみると、物価や賃金の上昇率は予想を下回る一方、女性や高齢者などの労働参加が進んで被保険者が予想より増えています。このほかGPIFの運用も予想を大きく上回っています。

マクロ経済スライドの調整率も、2015年以降をみてみると、いずれもその前の財政検証時点で予想された調整率より小幅で済んでいます（図表2-15）。調整率は「被保険者数の増減－平均余命の伸び（0・3％で一定）」で、被保険者数の増減の部分が、女性や高齢者の就労増加で予想を上回ったからです。

2019年財政検証における将来の最終的な所得代替率は、多くのケースで賃金上昇率などの経済前提を2014年より厳しめに設定したにもかかわらず、2014年における予想よりやや改善する見通しになりました。所得代替率が上向くということは、年金の実質的な削減が少なくてすむという

図表2-15　労働参加でマクロ経済スライド調整率は見込みより好転

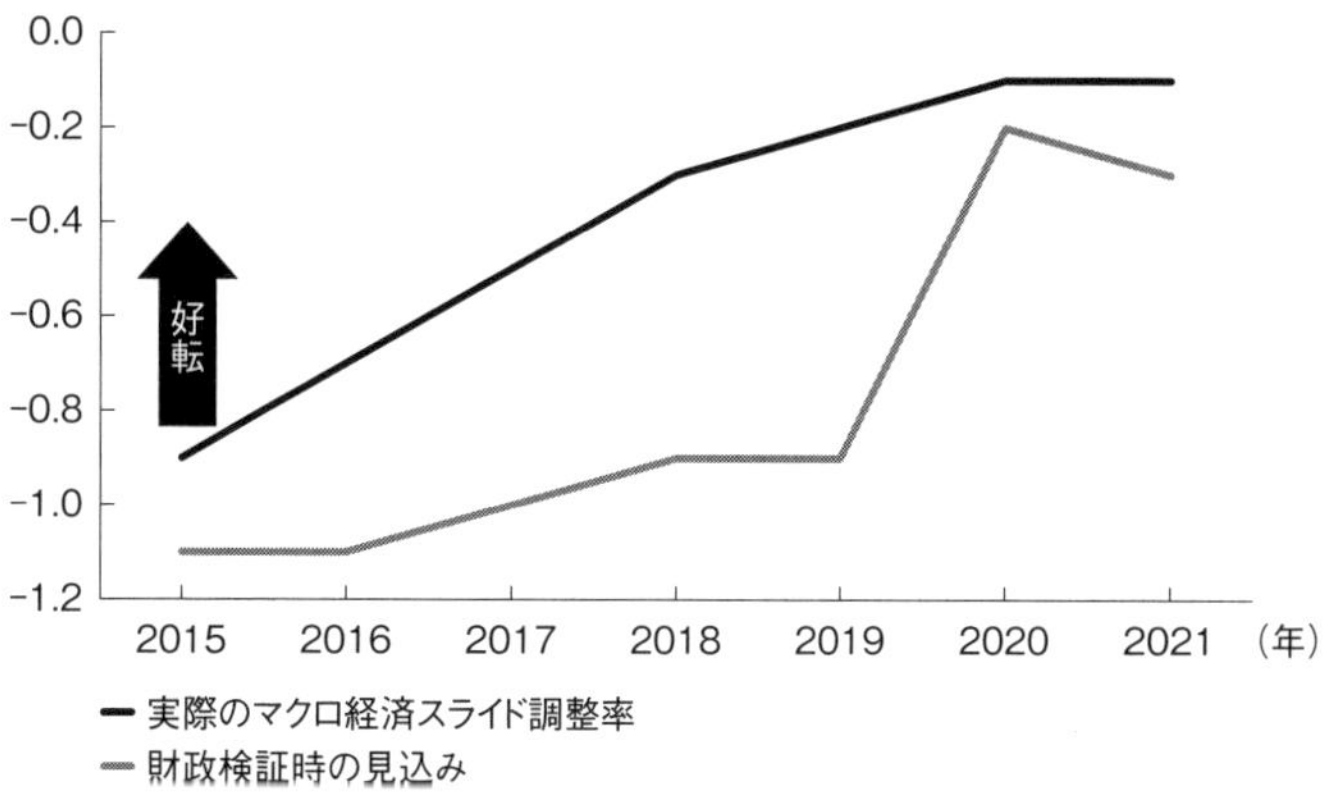

見込みは19年度までは14年財政検証ケースE、20年度からは19年財政検証ケースIII

ことです。

もちろん、今後、被保険者数の減少はより大きな時期に入っていきます。ただその厳しい数値はすでに財政検証の所得代替率などの見通しの数値に織り込まれています。それを少しでも上回れるように、労働参加が進む経済社会の状況を維持することが大事です。年金は年金だけで独立して存在しているのではなく、むしろ経済社会全体の状況の結果なのですから。

●「近く枯渇」と言われた積立金は大きく増加

結果的に2019年時点の積立金は厚生・国民年金合わせて213兆円と、前回の2014年財政検証の最大楽観シナリオA（名目賃金上昇率年4・3％（笑））の2019年度の予想である181兆円をすら、32兆円も上回りました（積立金の額がＧＰＩＦの運用資産より多いのは、ここでは共済の積立金も含んでいるためです）。２０２０年度もＧＰＩＦは約38兆円の評価益を出しているので、足元の積立金はさらに予想を上回っているはずです。

年金の積立金については、破綻論が盛んだったわずか10年ほど前、多くの大学教授や雑誌などが「積立金は早ければ２０２０年代後半にも枯渇する」と恐ろしい予想を書き立てていました。現実とは大きな乖離があります。

もちろん積立金の大幅増は国内外の経済が好調だったわずか数年の推移であり、コロナ禍で落ちた出生数がどう変化していくかなど懸念要因もあります。ＧＰＩＦの運用成績をはじめ、数字は今後も大きく変化していくでしょう。今後も長期でチェックを続けることが大事です。ただし現状をみる限り、「年金の破綻を隠すために前提を大甘にしている」という指摘は少し違う気がします。

●所得代替率は約2割低下するが、年金の実質額は所得代替率の低下ほどは減らない

次に２０１９年の財政検証をもとに将来の受給額を考えてみましょう。２０１９年の財政検証の様々な経済前提のなかで中間的な想定としてよく使われるのが、上から3番目のケースⅢ（実質経済成長率０・４％）です。ただ、厳しい想定を考えておくという意味で、図表2-16で、下から2番目のケースⅤ（実質経済成長率０％）の例をみてみましょう。

所得代替率（通常は受給開始初年度の数値を指します）は２０１９年は61・7％なのに、２０１９年時点での45歳が受給を開始する20年後の２０３９年度には52％へ減ることになっています。61・7％

図表2-16　ケースⅤ（実質経済成長率0%）の例

2019年度の65歳 所得代替率61.7% （厚生25.3%、 基礎36.4%）	➡	2019年度の45歳（2039年度の65歳） 所得代替率51.8% 基礎の夫婦の基礎年金 （厚生22.6%、基礎29.2%）

様々な誤解と正解	
①	×所得代替率の変化率は約▲16%。ならばモデル年金額は22万円から16%減の18.5万円に急減 ○年金額は22万円から20.8万円へ5%減にとどまる
②	×将来の年金額20.8万円はインフレでかさ上げされた金額 ○現在の価値に換算した金額
③	×低下した所得代替率51.8%がそのまま続く ○所得代替率はあくまで受給開始初年度の額。通常は受給開始後さらに下がる。ただしかなり先では上向くことも

から52%への低下は、変化率でいえば16%の減少です。財政検証では他の様々な経済前提でも受給開始初年度の所得代替率は50%程度を見込むことが多く（それ以上下がった場合は制度の見直しをすることになっています）、いろいろなところでざっくりと「将来の年金は2割は減る」と語られるのは、こうした所得代替率の低下を表しています。

ここでいくつかの大きな誤解が生じるようになりました。これからお話しするポイントは、実は年金の専門家と思われている社会保険労務士さんやFPさん、多くのメディアや政治家でもあまり理解されていません。それだけ財政検証というのは、わかりづらい仕組みです。

まず第1の誤解。2割の減少というのは、あくまで所得代替率（年金額÷現役男子の手取り収入）の話なのですが、世の中一般には年金額そのものの減少と受け取られています。年金額は、財政検証の2019年

図表2-17　2039年度にはどうなる？

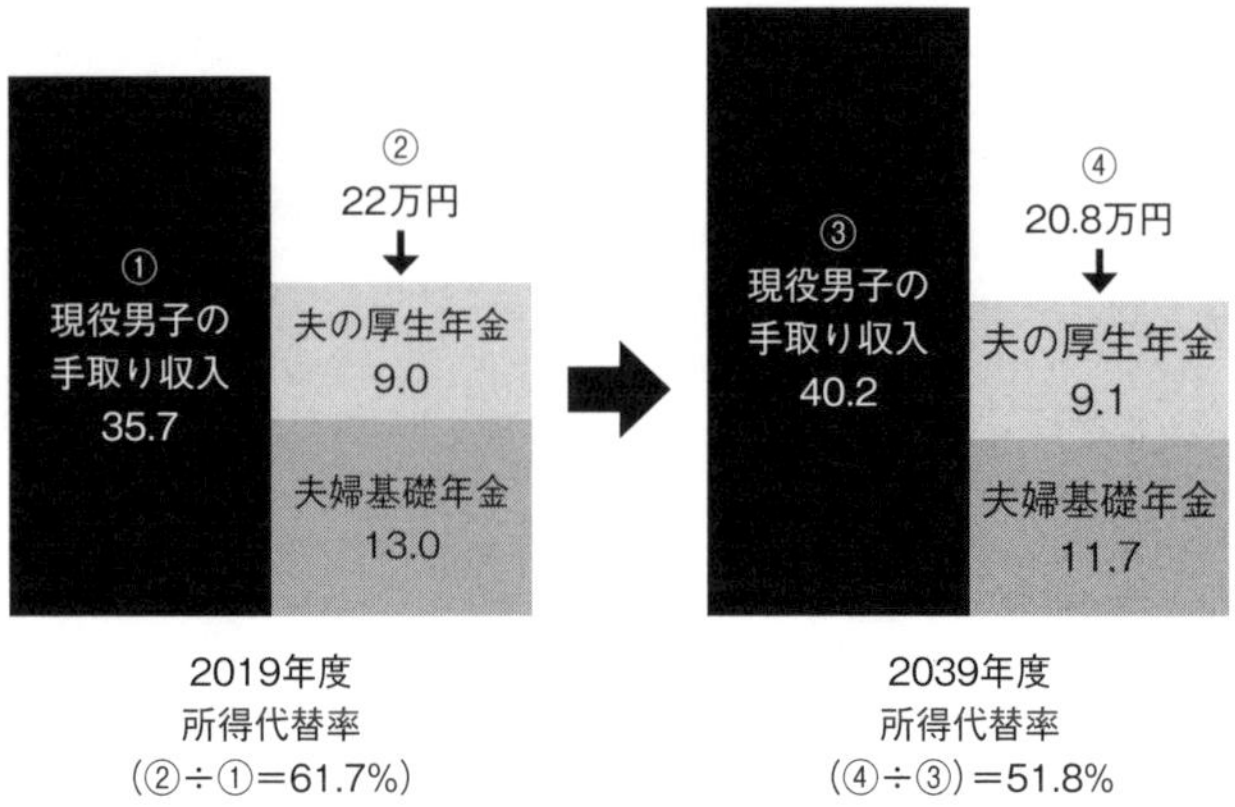

度に22万円でした。先ほどのケースVの2019年に45歳だった人の場合、年金額も所得代替率と同じ16%減るとすれば、18・5万円になる計算です。19年の家計調査（20年度はコロナ禍で特殊なので19年度でみます）によると、高齢夫婦無職世帯の毎月の支出は約27万円で、年金を含めた様々な収入（23・7万円）で足りない分、平均で3・3万円、毎月取り崩しているのが現状です。

ところが年金の額が22万円から18・5万円に3・5万円も減るのなら、毎月の不足額は6・8万円に膨らんでしまいます。「年金生活がかなりきつくなる」となります。

しかし財政検証の実際の年金額の予想（財政検証詳細結果）をみると、例えばケースVでは39年度に受給開始初年度を迎える人の場合、経済前提の物価や賃金などを前提にするなら20・8万円と5%減にとどまっています。では、なぜ所得代替率が急減しているのでしょうか。

所得代替率は、年金額÷現役男子の手取り収入、という割り算でしたね。分子の年金額は小幅減でも、分母の現役男子の手取り収入が大きくなれば所得代替率は下がります。

ケースVで、2039年度までの長い期間に現役男子の手取り収入は40・2万円に大きく増加しています。所得代替率が大きく下がるのは、主に分母が大きく増えている結果なのです。

●年金額の予想はインフレを織り込んで現在の価値に直した金額

ただしこれを知っている人でも、その多くは、財政検証で示された年金額はインフレでかさ上げされた金額だと思っています。「年金額があまり変わらなくても、インフレが続いてお金の価値が下がっているので、実質的な使いでは大きく下がる」というわけです。しかし、これもまた誤解です。ここでの受給額は物価上昇分を割り引いて現在の価値に直した文字通りの実質額なのです。

図にはありませんが、2019年度から2039年度まで20年間もの長い時間が経ちますから、ケースVの毎年の賃金上昇率の前提である1・6％を反映させた名目の年金額は、マクロ経済スライド調整した後でも2039年度には、はるかに大きな金額になっています。それを物価上昇の影響を取り除いて2019年度の価値に割り戻したのが、20・8万円というわけです。現在の価値に割り戻した金額が5％減にとどまるというのは、受給開始初年度でみて、モノを買う力＝購買力も5％減にとどまるということです。

現在の価値に直した年金額が示すモノを買う力（購買力）はあまり減らなくても、現役世代の手取りとの差が開けば相対的に貧しさを感じるケースも増えるでしょう。豊かさは実質的な年金額ではなく、やはり所得代替率の変化で考えるべきだという意見もあります。一方、年金で大事なのは購買力の維持なのだから、所得代替率が下がっても、現在の価格に割り戻した金額が小幅減にとどまるのなら、それでいいという考え方もあります。

これは両方とも正しいと考えていいのではないでしょうか。生活実感としては現役世代の手取りとの差が意識されるでしょうから、所得代替率をもとに「年金は実質的に減っていく」と考えておくことは大事だと思います。

それでも受給開始時点の現在の価値に割り戻した実質的な金額は、所得代替率の低下率とは別であることは正確に知っておく必要があります。

●将来の50％という所得代替率はあくまで受給開始初年度のもの

要注意なのは「所得代替率が2割下がる」「50％を下回らない」などと言われているのは、あくまで受給開始初年度に関する説明だということ。2019年に45歳の人の所得代替率と年金額を、経済の実質上昇率が0％という厳しいシナリオであるケースVでみていきましょう。2019年の65歳なら受給開始時点の所得代替率は61・7％ですが、図表2-18が示す2019年に45歳の受給開始初年度（2039年）の所得代替率の線②は52％から始まっています。この初年度の数値が先ほど説明した

図表2-18　2019年に45歳の将来は？

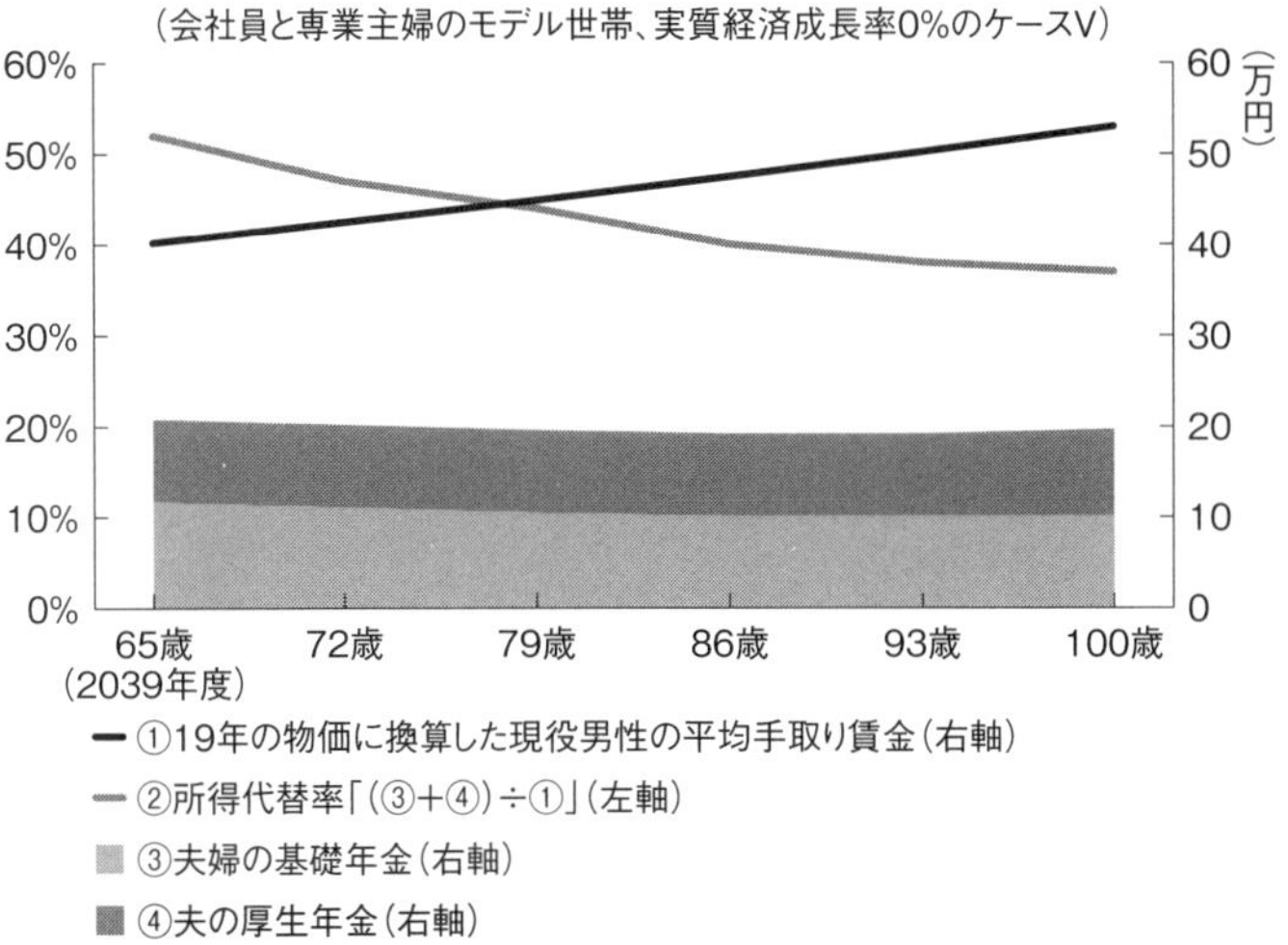

「所得代替率が2割下がる（ここでは16％低下）」という説明です。

しかし多くの場合、所得代替率は受給開始後もさらに下がっていきます。②の線でわかるように100歳になるころには代替率は40％弱に下がります。受給開始後もスライド調整が続くことが多いうえ、そもそも各ケースともに所得代替率の式の分母を左右する賃金上昇率が、式の分子である継続受給者の年金額を左右する物価上昇率より大きい前提なので、割り算の性質上、数値が小さくなるからです。

一方で、面で示した基礎年金と厚生年金の合計額（夫婦のモデル年金－③+④）はじわりとした減少にとどまり、代替率の低下ほどは落ちないのがわかります。先ほどみた初年度の金額と同じように、現役世代との差である所得代替率は低下していくけれど、モノを買う購買力そのものは受給後も所得代替率ほど大きくは下がらないということです。

●厳しい経済前提の場合、受給総額はざっと1割減

ただし2019年に45歳の場合、65歳の受給開始（2039年）の段階でモデル年金額（③+④）はすでに20万8000円と19年度の22万円より減っています。そこからさらにじわり減るのでそれなりの減少ではあります。財政検証の資料を基に計算すると、100歳までの受給総額（19年の物価に換算）は、19年のモデル賃金である22万円が今後マクロ経済スライドの調整がないまま100歳まで続くと仮定するのに比べると、ざっと1割減となります（第1章で、将来の年金額の目減りをざっと1割としたのもこのためです）。

グラフにはありませんが、2019年時点の65歳の場合も、受給初年度の所得代替率こそ62％ですが、やはり時間が経つにつれ代替率は下がり、100歳時点では4割まで落ちます。受給開始が39年であるケースⅤの45歳はマクロ経済スライドの調整（基礎年金で58年まで）が途中で終わるのに対し、19年の65歳は全期間が対象となるため、受給開始後の低下ピッチが大きく、100歳時点の所得代替率では並んでしまうのです。マクロ経済スライドがなくモデル年金の22万円が100歳まで続くと仮定した場合の金額に比べ、19年の65歳が100歳まで生きる場合の受給総額（19年に換算）もケースⅤでは9％減で、19年の45歳と似た減額率です。

よく今の高齢者は「逃げ切り世代」と言われますが、このように今の65歳も、受給開始後にはマクロ経済スライドなどの影響を受けます。つまりマクロ経済スライドは、現在の高齢者にもガマンを求め、子や孫の世代の給付を支える仕組みなのです。この点が、一律に若い世代だけの給付減となる支給開始年齢の一律引き下げよりも、公平さという意味でマクロ経済スライドのほうが優れていると個人的に考える理由です（もちろん制度をより強化することが必要です）。

ただし「受給総額1割減」はあくまで厳しい経済前提の場合です。経済前提が変われば受給総額も変わってきます。

●経済好調なら実質額増加も

これまではあえて厳しい経済環境である実質経済成長率0％のケースⅤをみてきました。標準ケースとしてよく使われるケースⅢ（実質経済成長率0・4％）では、また別の結果になります。図表2-19は財政検証の詳細結果をもとに計算した、ケースⅢ（上段）とケースⅤ（下段）の将来の受給開始初年度の所得代替率と年金額（2019年の物価に換算）です。

所得代替率こそ各世代ともに減るものの、ケースⅢでは若い世代に関しては、2019年の価格に換算した年金額自体はむしろ増える結果となっています。新規受給者の年金額はおおむね賃金に連動しますが、ケースⅢでは財政検証の前提は名目賃金上昇率が2・1％と物価上昇率1・1％より1％大きく（つまり実質賃金上昇率が1％ということです）、物価の上昇を割り引いて現在の価格に換算した

図表2-19　2019年の価値に換算した年金月額は？

2019年時点の年齢	受給開始（65歳）	10年後	20年後	30年後
65歳	22(62%)	21(54%)	20(45%)	20(41%)
	22(62%)	21(55%)	20(49%)	19(43%)
45歳	23(54%)	22(46%)	22(42%)	24(41%)
	21(52%)	20(46%)	19(41%)	19(38%)
35歳	25(51%)	25(46%)	25(41%)	27(41%)
	21(47%)	20(42%)	20(39%)	20(36%)

注）上段はケースⅢ、下段はケースV。万円、カッコ内は所得代替率。
出所）財政検証資料、モデル年金

年金額もマクロ経済スライドでの削減分を差し引いても少し増えるという理屈です。

「実質賃金上昇率は過去20年くらい下がり続けてきた。今後はプラスなんて予測はおかしい」と思うかもしれません。しかし実質賃金が長期的には上向くのは世界的には普通のことであり、むしろ過去20年の日本は特殊な状況にありました。私たちはどうしても未来を過去の延長で考えてしまいますが、1990年から下がり続けた日経平均株価は、逆に2010年以降は21年9月までに3・5倍（配当込みで計算）に大幅上昇しています。「過去下がり続けた実質賃金」も未来は異なるかもしれません。そのあたりは次のコラムをお読みください。

とはいえ、「賃金>物価」という前提があてはまらなかった場合のことも知っておきましょう。第一生命経済研究所の主任エコノミスト、星野卓也さんの試算では、財政検証ケースⅢを前提にした場合、もしも賃金

＝物価という状況が続くと、2019年当時の35歳の将来の年金額は受給開始の65歳時点で17・6万円へ、もしも賃金が物価を年に0・5％ずつ下回り続けると15・1万円へ、ともに図表2-19で示した35歳の年金額を大きく下回ります。

よく勘違いされるのですが、実は財政検証は予測ではありません。あくまで「それぞれの経済前提ならこういう結果になる」という、経済状態の投影（プロジェクション）」です。年金は年金だけで独立しているのではなく、むしろ経済や人口構成の変化の「結果」です。

将来の自分の年金額は厳しめにみておいて、それに合わせて将来設計することは大事です。それとともに、世の中全体の努力で実質賃金が上昇するような経済状況を作っていけば、将来の年金額も増やせるということは知っておいていいと思います。

コラム

賃金が物価を上回るのは世界的に普通の姿

実質賃金が長期的にプラスとなるのは通常の経済の状態では普通です。例えば、インターネットの活用などで同じ時間でたくさんの仕事ができて生産性が上がれば、その分賃金は高くできるからです。実際、実質賃金指数は他の先進国では1995年以降、おおむね2～3割、大きく上

図表2-20　1995年以降の労働時間当たり実質GDPの推移（1995=100）

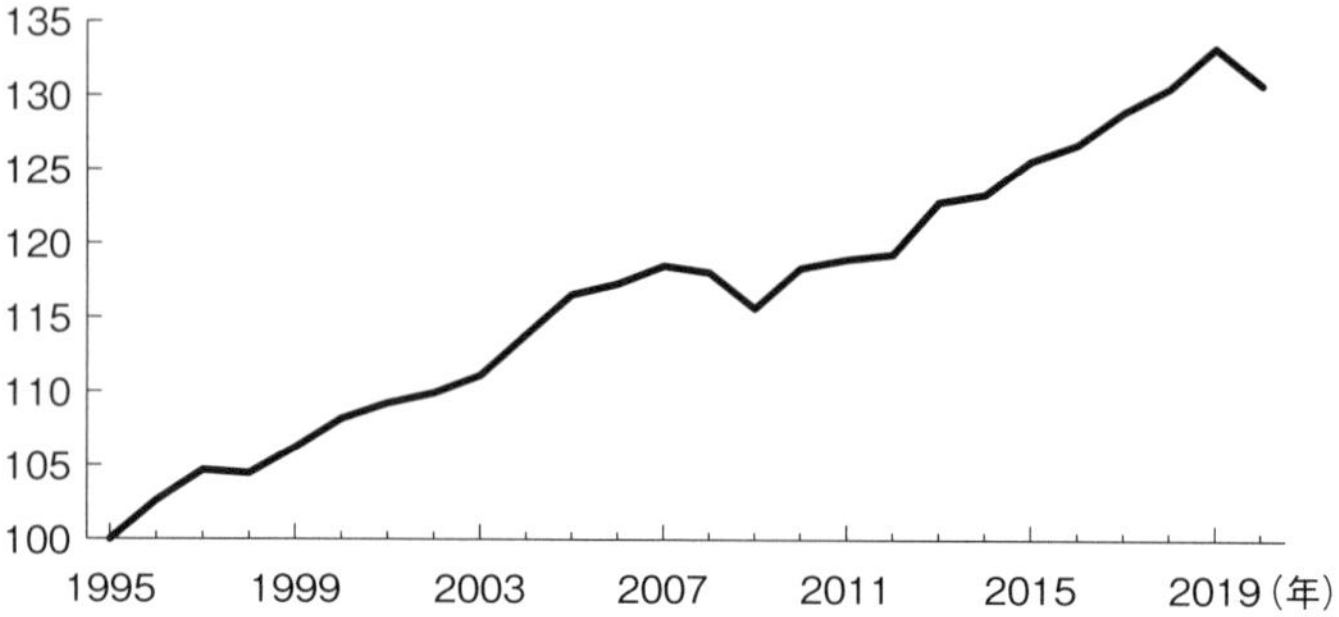

出所）国民経済計算、毎月勤労統計（従業員30人以上の企業）から筆者計算

昇しています。

　では日本だけ実質賃金の低下は今後も長期的に続くのでしょうか。賃金は労働で生み出した付加価値の見返りとして受け取るものなので、長期的には、労働時間あたりの実質ＧＤＰの伸びと同じだけ、実質賃金は上がるのが通常の姿と思います。

　そこで１９９５年以降の労働時間当たり実質ＧＤＰの推移を計算してみました（図表２-20）。１９９５年以降、平均で年に１・14％、計３割の伸びとなっていました。本来は労働時間あたりの実質賃金もこれくらい上がるはずです。

　なぜそれが逆に長期で低下したのか。ひとつはこの20数年間、低収入の非正規雇用者の割合が高まり続けたことで労働分配率（付加価値のうち賃金に分配される比率）が低下したことにありそうです。実際、非正規雇用の比率はこの間、大きく上昇しました。

　もうひとつは、２００４年から２０１７年にかけて

図表2-21　**非正規労働者の比率上昇や会社の厚生年金保険料負担は上昇が一服**

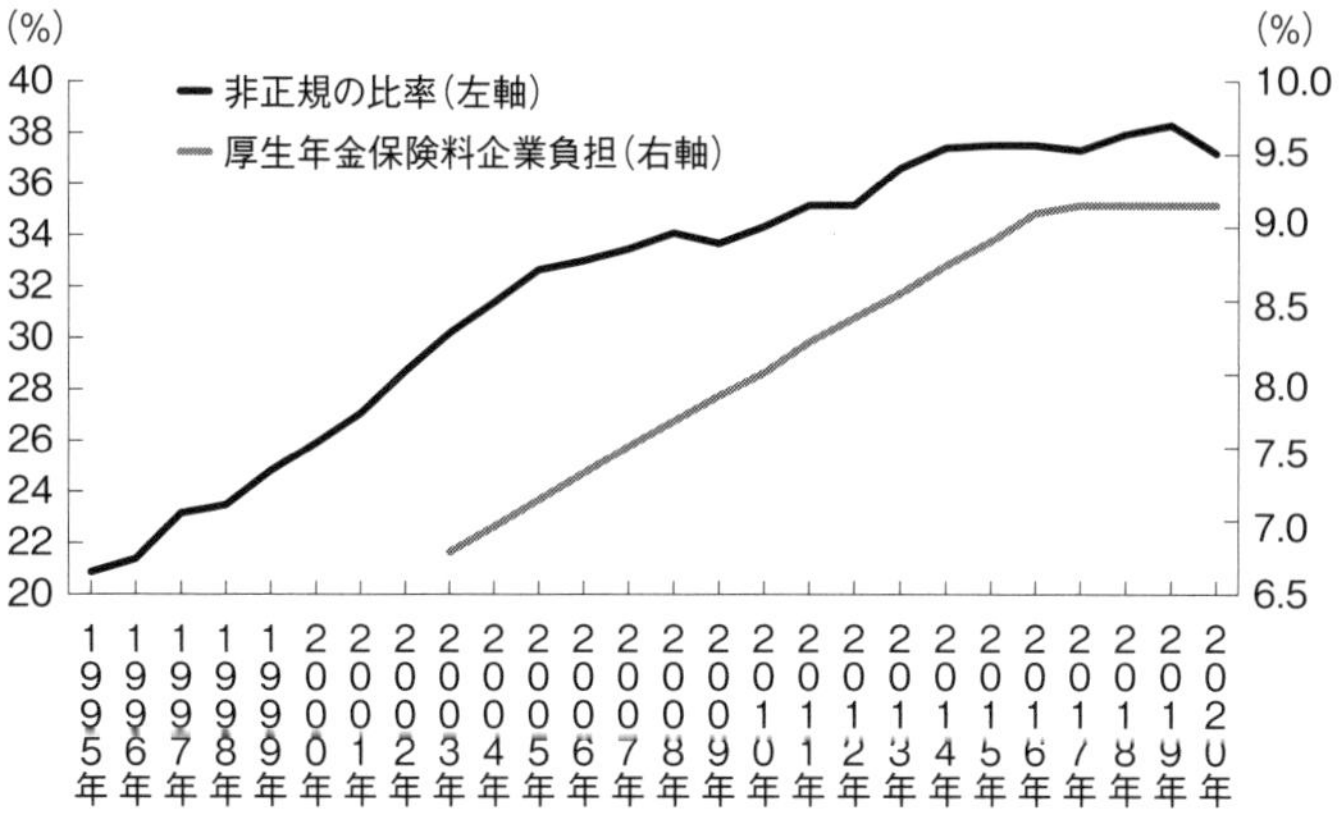

厚生年金保険料など社会保険料が大きく上昇したことです。企業は社会保険料を原則折半負担しますから、これが賃金の抑制要因になった可能性も大きいと思われます。

しかし、労働分配率の低下が今後、永続するとは限りません。実際、非正規雇用の比率はここ数年頭打ちになっています。また社会保険料上昇の大きな要因であった厚生年金保険料の引き上げもすでに２０１７年度で終了していて、この要因も今後はなくなります。

コロナ禍でサービス業の経営は一時的に厳しくなりましたが、長期的には働く人の減少が設備の効率化投資を促し、生産性は高まる方向に動くと思います。人手確保のための賃上げで労働分配率も底打ちすると考えるのが普通でしょう。長期的に実質賃金上昇率のプラスを想定するのはおかしなことではありません。

ただし、賃金が上がりにくい背景には、解雇を抑えるために賃金減をがまんしたり、労働組合が基本的に会社ごとであるために賃金増を要求する力が強まりにくいなど、日本独特の労働環境の要因もありそうです。各経済前提におけるプラス幅の値が大きすぎるかどうかは見方が分かれ、今後も経済実勢を考慮した継続的な検証が必要です。

●年平均収益率3・6％、合計収益額95兆円
――GPIFはきちんと年金資産を増やしている

公的年金の積立金の運用を担い、国内最大級の機関投資家でもあるのが、年金積立金管理運用独立行政法人（GPIF）です。このGPIFについても様々な誤解があります。ひとつは「運用が下手なうえに、2014年に株式の比率を増やしたせいで大きな損失を出している」というもの。もうひとつが「GPIFで大きな運用損が出ると、ただでさえ危ない年金財政はすぐ破綻する」というようなものです。しかしそれはかなり違う、ということを、2021年7月に発表した2020年度運用報告をもとに考えていきましょう。

GPIFの運用資産（2021年3月末で186兆円）は、GPIFが厚生労働省から預かり、金融市場で運用しています。2000年度までは厚生労働省は積立金を旧大蔵省に預けて金利を得ていましたが、2001年度からはGPIFに運用させる形に変わりました。これを自主運用といいます。

自主運用を始めてからの成績はどうでしょうか。平均収益率をみると年3・6％です（図表2-22の

②）。そして20年間で95兆円もの累積の収益額をあげています。
ところが、一般的なＧＰＩＦに対するイメージは、「運用が下手でよく損をしている」というものだと思います。メディアも政治家も、運用環境が悪いときだけ、ＧＰＩＦの成績をやり玉に挙げて非難することが多いからです。

例えばＧＰＩＦは２０１４年10月末に資産配分を大きく変えました。それまで60％としていた国内債券の比率を引き下げ、代わりに国内外の株式を合計50％に引き上げたのです。極端に利回りが低下した国内債券中心では運用が難しくなったからです。翌２０１５年度は、国内外での株価下落を背景に５・３兆円の運用損が発生しました。すると、当時の野党だった旧民主党は「株式の比率を上げて国民の年金資産を危険にさらした」として「５兆円損失プロジェクト」と題した責任追及を始めました。メディアも損失額の大きさを盛んに取り上げました。

ところが２０１６年度は約７・８兆円、２０１７年度は10・１兆円の計18兆円の運用益になっています。すると野党はまったくＧＰＩＦの運用のことを口にしなくなり、メディアの報道も比較的小さなものになりました。

同様に、コロナショックで市場が揺れた２０２０年７月に発表された２０１９年度の成績も、８兆２８３１億円の赤字。やはり野党は「国民の年金に大きく損害を与えた」と批判しましたが、翌２０２０年度に38兆円もの利益を出したときはやはり口をつぐみました。

このように、ＧＰＩＦの運用は悪いときにだけ大きくたたかれ、良いときは黙殺されがちです。結

図表2-22　GPIFの運用成績と新旧配分比率の影響

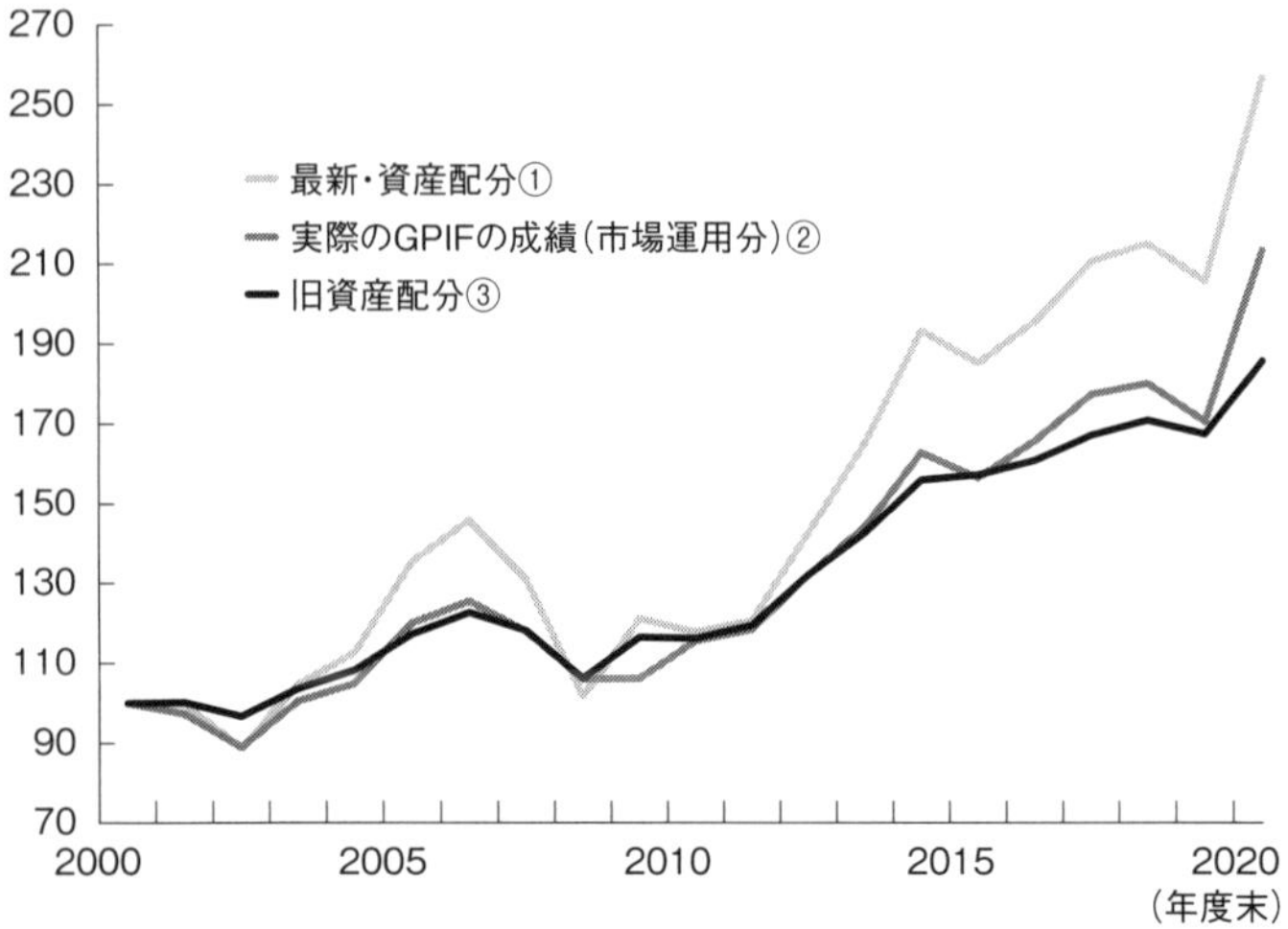

注）新旧配分比率の成績は、GPIFが各資産の目安としている指数（配当込み、円ベース）を基に筆者概算。短期資産は考慮せず、2000年度末＝100。

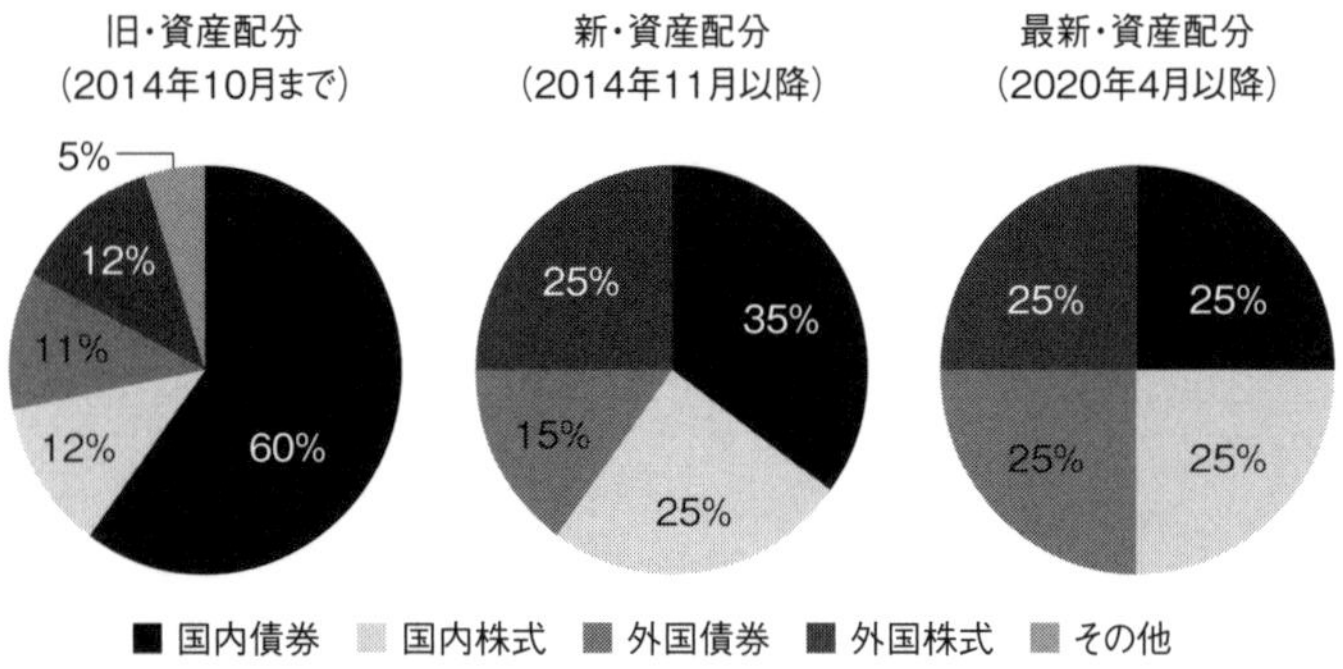

果的にＧＰＩＦが年金資産を棄損しているかのようなイメージを持っている人が多いのですが、そうではないことをまず知っておきましょう。

●株式を増やすと長期では大きなリターンに

では、そもそも２０１４年秋に株式の比率を約半分に増やした配分変更は間違いだったのでしょうか。第4章で考える運用のノウハウにも大きな示唆があることなので、長期の成績変化をここでみておきましょう。２０２０年度からは株式半分、債券半分にさらに修正しているので、これを最新・資産配分とします。ＧＰＩＦは、例えば日本株なら配当込みの東証株価指数、外国株なら日本を除く世界株指数（ＭＳＣＩオールカントリー・ワールド・インデックス）など、資産ごとの運用の目安とする指数を決めています。これらの各指数を使って、新旧の配分比率で自主運用開始初年度の２００１年度から運用していたらどうなったか試算してみました。

株式を増やした最新・配分比率（図表2－22の①）では値動きのブレが大きい半面、資産が大きく増えています。株式の比率を増やせば、値動きは激しくなる一方で長期では大きく資産を増やしやすいというのは運用のセオリーであり、その通りの結果が生まれているということです。年金運用は長期です。利率がゼロに近づいた債券の比率を減らし株式の比率を高めた選択は妥当な判断でしょう。

もうひとつ大事な点は、第1章の最後に書いたように、労働分配率が低下し賃金が上がりにくい（つまり年金保険料が増えにくい）状況は、一方では資本分配率（株主への配分率）を高め株高につな

図表2-23　GPIFの運用は目標を上回っている

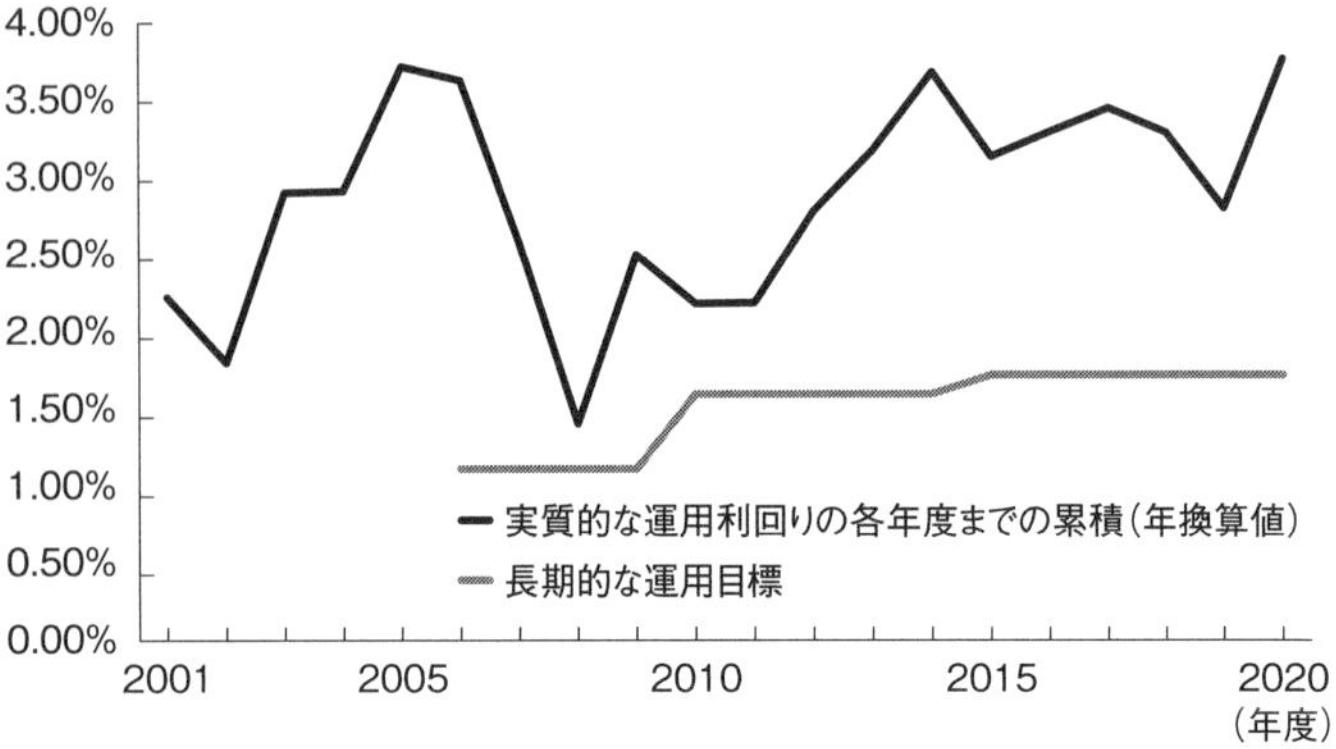

がりやすい面があるということです。その意味でも、株式比率を高めたのは正しかったと思います。

●名目利回りよりも、賃金変動率との差が大切

ＧＰＩＦの運用成績を考えるとき、注意すべきことがあります。ときおり年金運用への批判材料として、「想定する名目利回りが高すぎる」との指摘がされることです。しかし、このような名目の利回りは、あまり重要ではありません。

年金の支給額は、基本的に賃金上昇率に合わせて変動します（継続受給者の場合は物価連動になるケースもありますが、67歳までの新規受給の時期に賃金連動で決まった水準がベースになるので、全体としてはやはり賃金変動の影響を大きく受けます）。ということは、ＧＰＩＦが賃金上昇率を上回る運用ができれば、年金財政にプラスだということです。ＧＰＩＦは当面、賃金上昇率を長期的に２００６年度から２００９年度までは

1・1％、2010年度から2014年度までは1・6％、2015年度以降は1・7％上回ることを目標に運用を続けています。

2020年度までの成績をみてみましょう。実質的な運用利回り（各年度までの累積の年率換算）は、長期的な運用目標を大きく上回っています。今後どうなるかはわかりませんが、少なくとも現時点でGPIFの運用は年金財政の持続性に大きく寄与しています。

このように、大事なのは名目の利回りではなく、年金の支給額を左右する賃金上昇率と実際の利回りとの差（スプレッド）です。例えば、経済の状態が悪く名目利回りが予定を0・5％下回っても、賃金が1％下がれば年金財政上はプラスです。冒頭でみたように、2001年度以降20年間の賃金上昇率の平均はマイナス0・13％だったのに実際の運用利回りが3・64％だったので、スプレッドは3・78％。十分な利回りを確保できてきたことになります。

●今後、一時的には巨額評価損も

一方で、知っておくべきこともあります。株の比率を高くした最新・資産配分で過去に遡って値動きを検証すると、リーマン・ショックの起きた2008年度だけで21％、2007年の高値から2009年の安値まででは35％の下落が発生していた計算になることです。

運用資産が180兆円なら、35％の下落は63兆円の評価損です。2015年度の5兆円の評価損でも大騒ぎになったことを振り返ると、「株を増やしたせいだ！　すぐ株を売れ」という議論が起きてしまうことが心配です。

長期の資産運用では、一時的に35%くらいの評価損は起きても不思議ではないですし、その後の値動きをみると、きちんと回復しています。安値の時期は株を売るどころか、逆に買い増して一時的に下がった株の比率を元に戻すのが運用のセオリーです(これをリバランスといいます)。今後訪れる下落局面で、個人は自分の運用でそうすることが大事です。

しかし、世の中全体に長期運用の理解がないなかでは、巨額の評価損が出れば大きな混乱も予想されます。下落局面で、もし株を売ってしまえばそれこそ年金資産の重大な棄損になります。GPIFの運用の考え方について、政府やGPIFは普段から政治家やメディア、そして国民全体への理解をもっと深めておくべきだと思います。

●財源に占める積立金は1割程度

年金積立金を巡る誤解はまだあります。運用の巧拙であたかも年金の存続が大きな影響を受けるかのような議論です。過去にも、「積立金の想定名目利回りが非現実的に高すぎる。そんな運用は無理なので、年金はいずれ破綻する」などの議論が、週刊誌などでなされました。しかし実際には、図表2-24でわかるように、年金の財源の大半は保険料と国庫負担(税金)です。積立金の比率は、全期間でみて財源の1割程度にすぎません。

運用の好不調は積立金の残高に影響を与えて、マクロ経済スライドの調整期間を短期化させたり

図表2-24　年金の財源

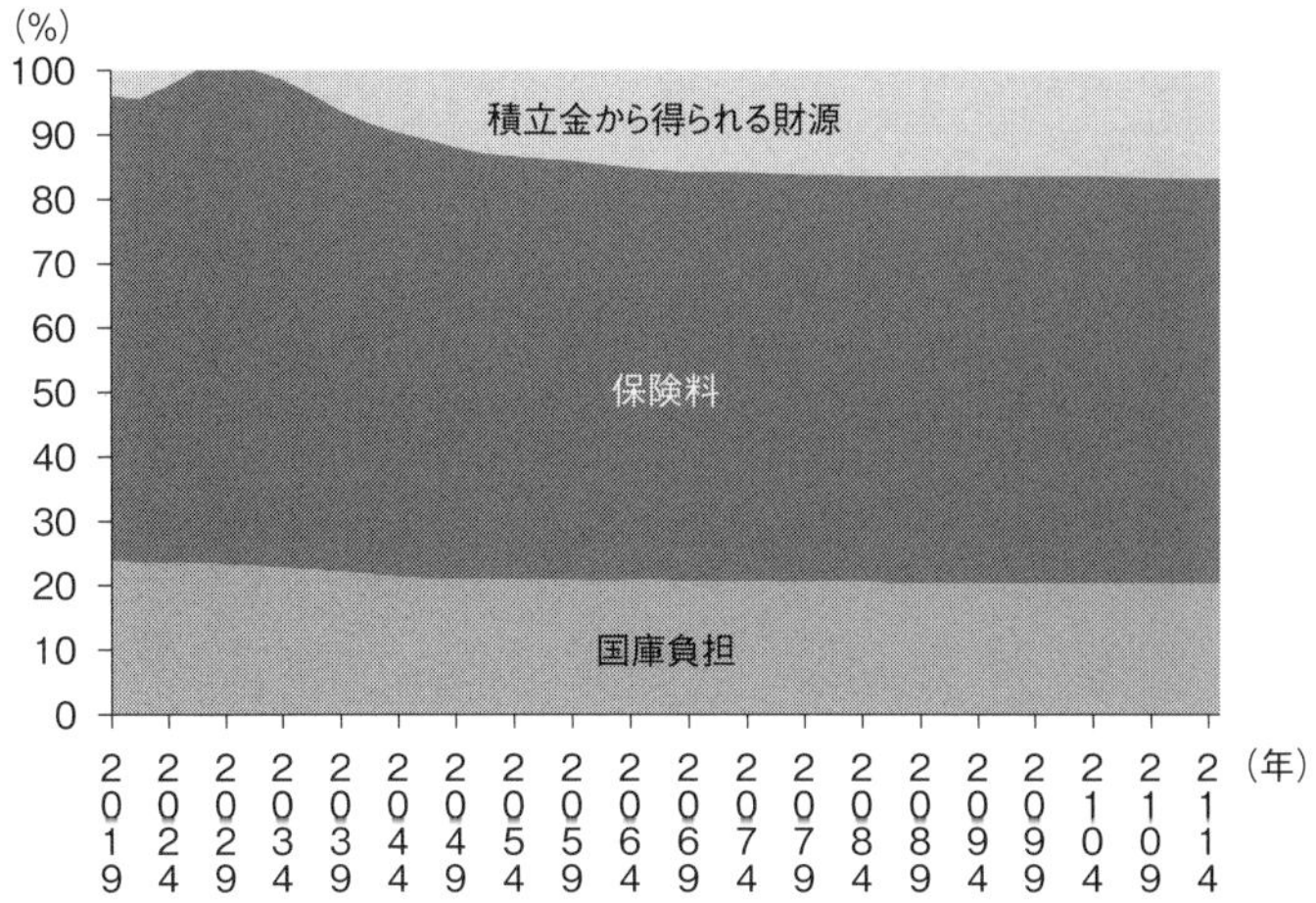

（好調のケース）、長引かせたり（不調のケース）することはあります。しかし、年金の支給額を短期的に増減させたり、ましてや年金制度を破綻させたりするものではありません。

●「国民の半分が未納」という誤解、実際は1・7％

年金を特集したあるテレビ番組で、司会者が「将来はただでさえ現役世代が減るのに、年金は現役世代の半分しか払っていない。制度がもつはずがない」と言っていました。しかし、これは間違っています。実際の未納者は、実は半分ではなく1・7％に過ぎないのです（図表2-25）。

まず、20歳以上の人が加入する国民年金の被保険者は3種類です。2021年3月時点で、自営業者や無職などの第1号被保険者が1449万人（全体の22％）、会社員や公務員など第2号被保険

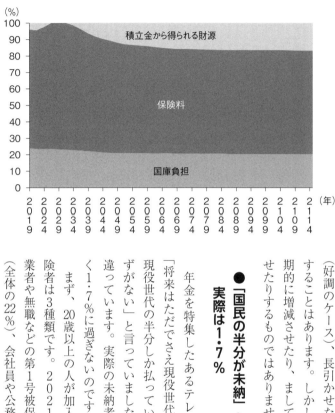

図表2-25　年金の未納者比率

未納者は全加入者の1.7％に過ぎない

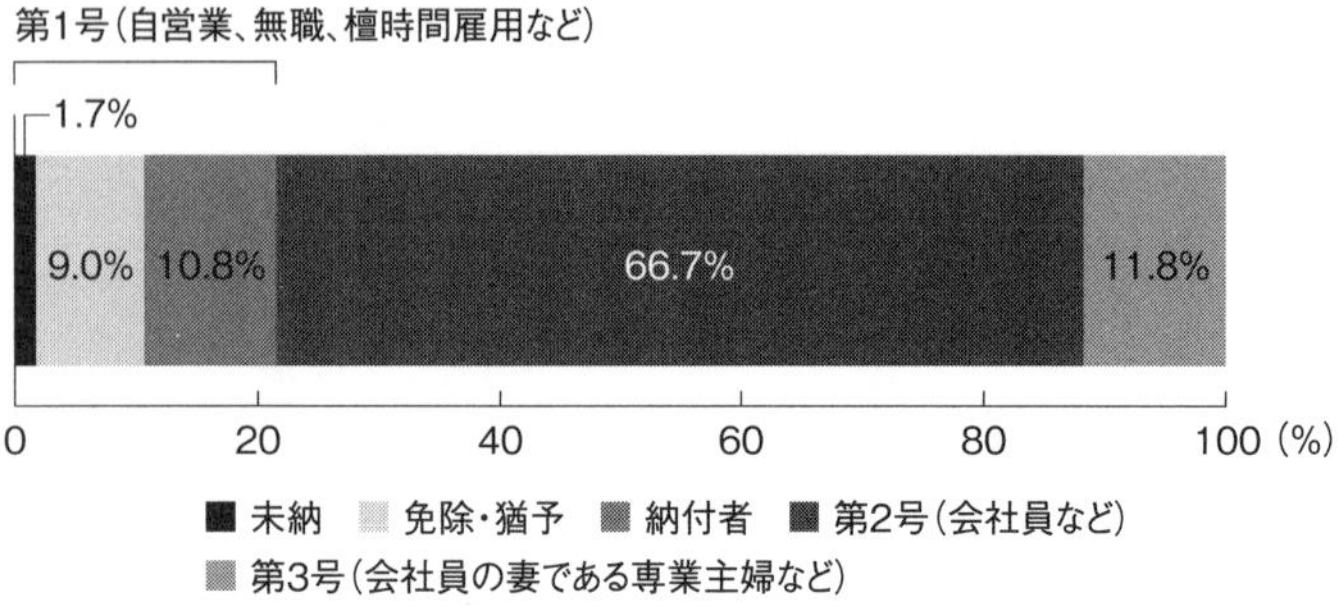

出所）厚生労働省、2020年度末時点

者が４４９８万人（67％）、第２号被保険者の妻（夫）である第３号被保険者が７９３万人（12％）です。第１号のなかで保険料を払っているのは７２６万人（第１号の50％）。第１号には収入が低いなどの理由で保険料を免除されている人が６０９万人（同42％）います。そして、免除などを申告していない未納者が１１５万人（同８％）います。

免除者と未納者を合わせると、第１号に占める比率は50％なので、これだけをみると確かに半分弱が未納ということになります。しかし、これはあくまで第１号の被保険者のなかだけでみたものです。年金財政の健全性は全体でみるべきです。会社員などの第２号は給与から強制的に保険料が徴収されているので、未納になりようがありません。第３号の保険料も第２号の人が払う保険料に含まれています。要するに、未納が生じているのは第１号だけです。

未納と免除を合わせた７２４万人を加入者の合計

である6740万人で割ると10%にしかすぎません。しかも免除者などは、未納とはまた別です。未納はまったく将来年金をもらえませんが、免除申告しておけば、免除されている比率によって本来の額の半分~8分の7は受け取れます。要するに本当の未納者は115万人なので、全体の加入者6740万人からみれば1・7%というわけです。

そして未納の比率は長期的にも減少傾向です。年金の大事さが少しずつ浸透しているものと思われます。ちなみに2018年の前著でも同様の分析はしましたが、そのときベースにした2017年度末の数字では未納の本当の割合は2・3%でした。わずか3年の間にも、未納の比率は改善を続けています。

未納の人は将来年金をもらえないので、長期でみる場合、年金財政への影響は大きくありません。未納者がいることが年金財政に与える影響は、「払われていたら運用でより多く増やせたはずの分が少しだけ減る」という程度のものです。

もちろん未納者が115万人もいることは大きな問題です。なによりも困るのは未納者自身です。消費税や所得税など様々な税金は支払ってそれが基礎年金の財源の半分に充当されているのに、高齢になったら税金分の年金すらもらえず、一方的に損をしてしまうという事態を再認識すべきです。

年金がもらえないとか、もらえても少額である人が増えれば、社会が不安定になりますし、結果的に生活保護の対象になれば、国全体の財政にも悪影響です。やはり未納者は少しでも少なくなるように、あらゆる努力が求められます。

図表2-26　もはや第1号は自営業者中心ではない

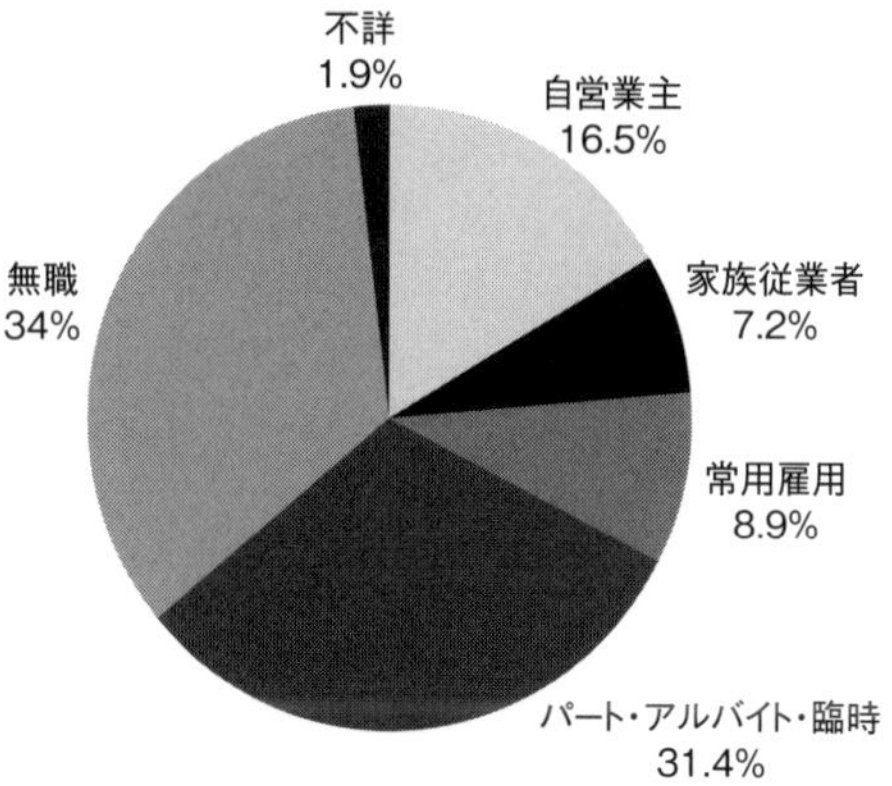

出所）厚生労働省「国民年金被保険者実態調査」2017年度

●もはや第1号の中心は自営業者ではなく短時間雇用者

図表2-26でわかるように、実は第1号でいま や最大の構成比なのは無職の人。次にパート・アルバイトなど短時間雇用者です。もはや自営業の人中心ではなくなっています。

短時間労働者は雇用されているにもかかわらず、厚生年金の対象からはずされて安価で働いています。夫が会社員である主婦だけでなく、就職氷河期以降は、本人が世帯主である男性や女性も多く含まれています。自営業者と違って定年があり老後の自営業収入も期待できません。

このため未納の有力な対策のひとつは厚生年金の対象拡大です。厚生年金であれば保険料は天引きですので、未納者はそれだけ減ることになります。雇用されている人たちが第1号から第2号に移れば、国民年金の積立金を第1号の人数で頭割りした資金が増えるので、第1号被保険者の年金の将来の減額はその分抑えられます。

短時間労働者を本来あるべき姿である厚生年金対象にするよう、厚生年金加入対象となる企業の適用拡大が進められていますが、さらにピッチを上げる必要があります。

●未納の背景に知識不足も

基本的にお得である年金保険料をなぜ払わない人がいるのか。もちろん経済的に余裕がないケースも多いでしょう。特に無職の場合は、保険料を納める経済的な余力がない人も多いのかもしれません。しかし、そんな場合は必ず免除申請をしておきましょう。そうすると少なくとも税金分は将来年金がもらえますし、ケガや病気の場合は障害年金が、亡くなった場合は遺族年金がもらえます（第3章）。

それでも免除の申請すらしていないのが未納の人の定義です。背景には年金の大切さ、有利さに関する知識不足もあるのではないでしょうか。例えば、物価上昇にある程度ついていってくれる仕組みであること、病気やケガのとき障害年金がもらえること、保険料は全額税金の対象から外れ税金が軽減されること——など様々な有利さについて、未納者は納付者より知識が劣っているとの調査結果が出ています（2017年度の国民年金被保険者実態調査）。実は世帯の所得が1000万円以上の第1号被保険者であっても、その約6％が未納です。年金が「お得な仕組み」であることを知らないで未納になっている人が多いとすれば、もったいないことです。

コラム

すでにほぼ出そろっている財政改革案

●「謎」の新改革案での基礎年金の大幅改善、カギは国庫負担の低下防止

2021年の自民党総裁選で河野太郎候補から、現状の年金制度では低年金・無年金者が多数出るので、基礎年金を税方式に変えるべきだという提案がなされ話題を呼びました。消費税率の7%程度の引き上げが必要で現実的に無理とされて棚上げされた、かつての民主党案に近いものだったので、やや唐突感がありました。

もちろん年金財政の改善、特に所得代替率の下落が大きい可能性がある基礎年金の底上げは重要な課題です。しかし実は、より実現可能性の高い改革案はすでにほぼ出そろっていて、2024年の次期財政検証を踏まえて法改正が検討される見込みです。

そのうち有力な案のひとつが「厚生・基礎年金のマクロ経済スライド調整期間の一致」案です。名前が難しすぎるのでネットなどでは「謎」の改革案とも呼ばれていました（笑）。

基礎年金と厚生年金の給付を抑制する調整期間を一致させて、結果的にほぼ全員の年金額を現行のままの将来予測に比べて底上げしようというものです。厚生労働省の社会保障審議会で2020年末に提示、2021年の総裁選の直前にも前厚労大臣が今後の改革案の重要な柱とし

て打ち出していました。ただ「調整期間一致」と言われても実際に訳がわからないと思いますので、かみ砕いて説明します。

これまでお話ししたように、本来は物価・賃金が上がれば年金額も上げていきます。でも年金財政が厳しいので、現役世代（被保険者）の減少や平均寿命が延びる分、年金額の上げ方を小さくするのが「マクロ経済スライド」という仕組みでした。

問題はマクロ経済スライドの導入を決めた２００４年時点では基礎年金の調整は２０２３年度で終わるはずだったのに、現状は２０４６年度まで続きそうなこと（２０１９年財政検証のケースⅢの例）。原因はデフレです。

年金保険料は基本的に賃金に連動しますから、賃金の低下で保険料は伸び悩みました。一方、年金額を抑制するマクロ経済スライドは物価・賃金が上がった年だけ発動する仕組みなので、デフレが続いたため発動はわずか3回で年金額は十分下げられなかったのです。この結果、基礎年金の財政が悪化、調整期間が長引く予想になっています。その分、実質的な減り方が大きくなるということです。

年金の実質的な水準を表すモノサシが所得代替率でしたね。会社員と専業主婦世帯のモデル年金額を、現役男性の平均的な手取り賃金で割って計算します。現状のままだと基礎年金（夫婦合計）の所得代替率は２０１９年の財政検証時の36・4％から、抑制が終わる２０４６年度には26・5％に大きく減ってしまいます（図表2‐27）。ずっと自営業者やフリーランスなど第1号被保険者だった人は基礎年金しかありませんから、老後がかなり不安定になります。一方で、厚生年金の所得代替率は25・3％から24・5％へと微減ですむ予定です。

しかし皆さんは「厚生年金だってデフレの影響を受けたはずなのに、なぜ違いが出るのか」という疑問が浮かぶと思います。これを詳しく説明するとかなり難しいので、ものすごくざっくり話します。

厚生年金の財源である「厚生年金勘定」の積立金は厚生年金の給付にだけあてられているのではなく、基礎年金の財源の一定割合も支えています。先ほどお話しした理由で基礎年金の額が長期で減っていくと、皮肉なことに厚生年金から基礎年金に流れる額も小さくてすみ、厚生年金はあまり財政が悪化しないということになるのです。だから図表2-28のように余裕のある厚生年金の調整期間を延ばす一方で、基礎年金を短くして一致させ、基礎年金の減り方を抑えるというのがこの改革案です。

「それでは会社員が損じゃないか！」と思う人が多そうで、ここがものすごく誤解されやすいところです。基礎年金は自営業者だけのものではなく、会社員や会社員の妻の共通の1階部分でもあります。計算してみると、改正で厚生年金はやや減っても、基礎年金の増え方のほうが多いケースが圧倒的なのです。結果的に基礎・厚生年金を合わせた合計の所得代替率は、現状のままだと51％に減るはずが、調整期間の一致により55・6％に、かなり改善します（図表2-28）。

さらに言えば、そもそも第1号期間しかない人は65歳の受給権者の3・6％で、多くは1号と厚

図表2-27　スライド調整の一致とは

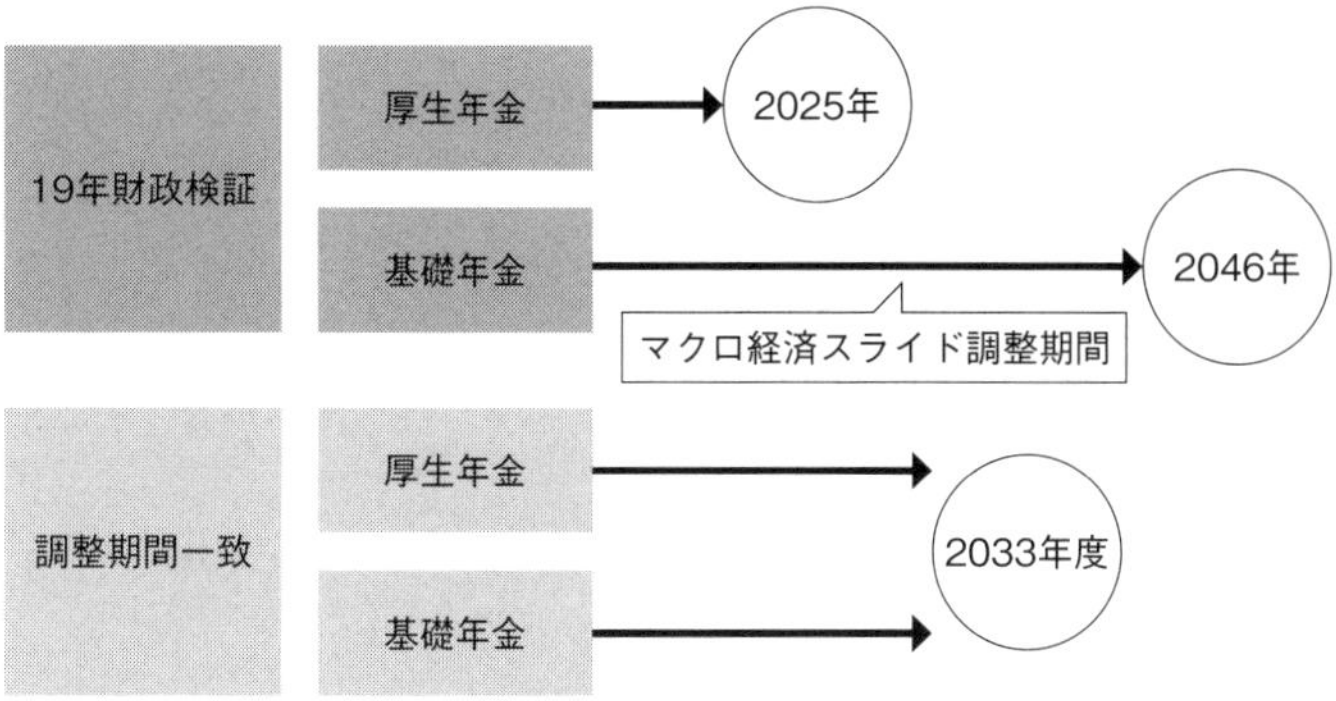

図表2-28　厚生・基礎年金の調整期間一致の効果

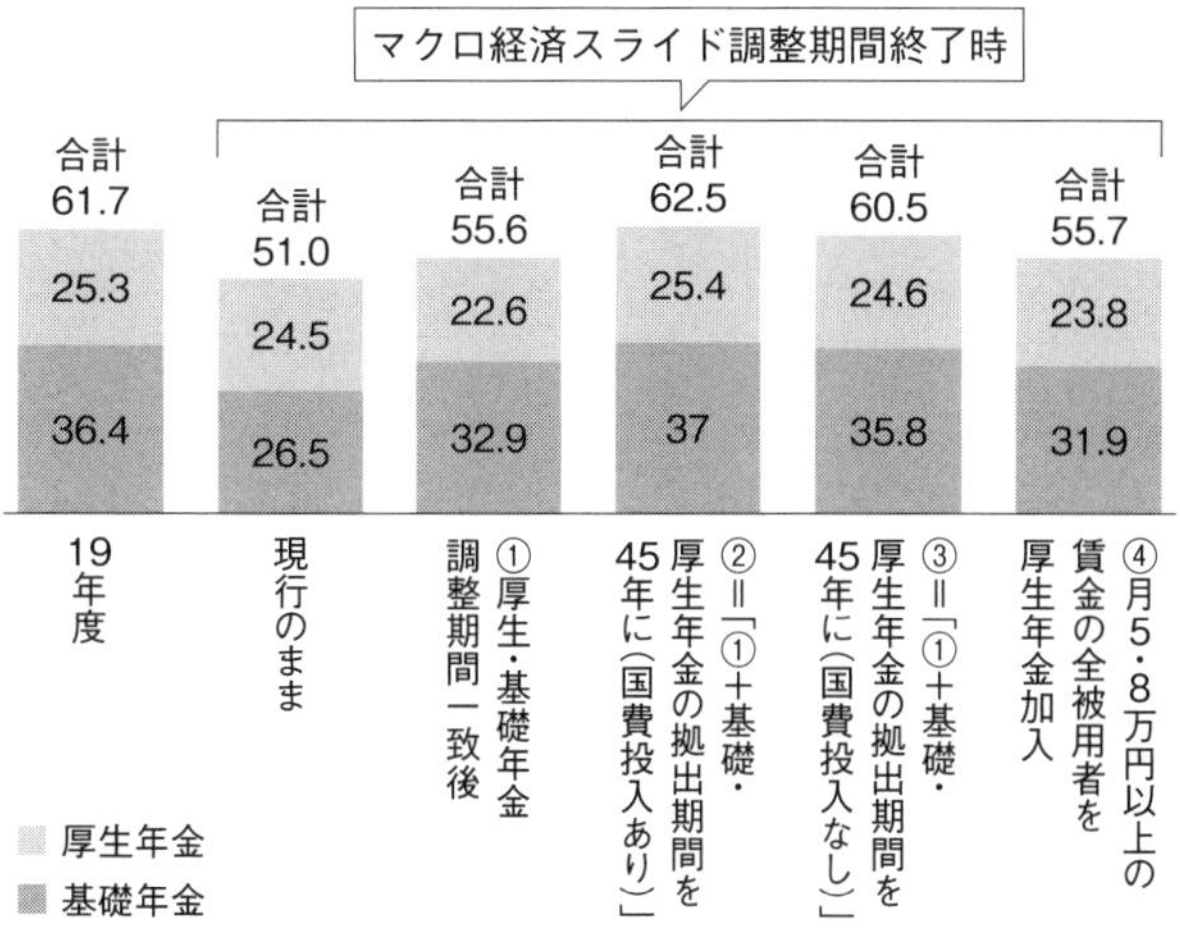

注）図表2-27、28ともに財政検証のケースⅢが前提

生年金の期間を併せ持っています。必ずしも対立構造のようにとらえるべきではないとも言えます。

ただし40年加入の全期間の平均年収が1790万円以上という極めて少数の超高所得世帯は、厚生年金の目減りのほうが大きく、合計の所得代替率もごくわずかですが下がります。

ここまで知っても、どうして調整期間の一致で大半の世帯の年金額が現行のままの将来予測より上がるのか「謎」のままだと思います。

その答えは、基礎年金の財源の50%は国庫負担だということにあります。改革案で基礎年金の目減りが小幅になると、本来大きく減るはずだった国庫から年金財政への資金が、あまり減らなくてすむのです。つまり、多くのケースで年金額が現行制度のままの将来予測に比べて改善するのは、国庫からの資金が現行のままの予測より増えることによって起きるのです。

ここがわからないと「自営業者の年金を増やす分、会社員の年金額が減らされる」みたいな誤解を含んだ判断をしてしまいます。実際、改正案が発表された後、テレビのワイドショーやツイッターなどでは同様の変な情報が飛び交っていました。今後も同様の誤解が語られそうなので、きちんと理解しておくことが大事です。同時に、調整期間の一致に伴い増加する国庫負担（例えば2040年度で約1兆円＝19年度の価値に換算＝と、それなりに大きな額です）をどう補うかという問題も含めて、政府は改正案の理由や意義を繰り返しきちんと説明すべきです。

●加入期間延長などと並行して議論、最重要は短時間労働者の厚生年金加入の適用拡大

基礎・厚生年金の調整期間の一致はもちろん他の年金改革案と並行して議論されます。例えばこの節の前半でお話した、マクロ経済スライドをデフレの際でも適用する改革は急がれます。

基礎年金の加入期間の延長も課題です。現在は20歳から59歳までの40年間。しかし長く働く時代になっていて、法律上も65歳になるまでは雇用義務があります。それに合わせて基礎年金も、現在の59歳まででなく64歳まで5年間延長しようというものです。

加入期間が延長になれば当然、給付水準も上げることができます。この案をスライド調整期間の一致と組み合わせれば、将来の所得代替率は図表2-28の②のように62・5%、つまり現状より高い所得代替率の水準に大きく上昇します。ただし難点は、基礎年金の財源の半分が税金であること。このまま加入期間を5年延ばすと1兆円強の国庫負担増が生じます。国庫負担増の実現は簡単ではありません。

国庫負担なしで（つまり加入者の保険料だけで）の5年延長と、今回のスライド調整期間一致を組み合わせると、図表2-28の③の60・5%と、②よりはやや低いものの現状のままより大きく改善します。今後こうした組み合わせも検討されていきます。

そして他の改革案のうち最重要なのは厚生年金の適用拡大です。基礎・厚生年金の調整期間の一致は効果的ですが、あくまでこの適用拡大と同時に、あるいは適用拡大を優先してなされるべ

きだと思います。

第3章第3節で詳しく説明しますが、就職氷河期世代の非正規労働者など週30時間未満の短時間労働者は、今は原則厚生年金に入れず、老後は基礎年金だけになってしまいます。同じような被用者（会社で働く人）なのに、勤務先が違うだけで、保険料を折半負担してもらえて将来は2階部分の厚生年金が受給できる人とできない人がいるのはそもそも不公平です。

週20時間以上であれば２０２２年９月までは従業員数５０１人以上の会社、２０２２年10月から２０２４年９月までは同１０１人以上の会社、２０２４年10月からは同51人以上の会社で、一定条件で厚生年金に加入できる対象企業が広がりますが、さらなる緩和を急ぎ、企業の人数要件は撤廃すべきです。もともと企業規模を一定以上にすることは、適用拡大が法制化された２０１２年に「当分の間」として期間限定で認められたもの。それがずるずる続いているのが現状です。

「中小企業には負担が重い」という声もありますが、もともと人を雇うということは、雇った人の社会保険の負担ができるだけの付加価値を生み出せる事業であることを前提にされるべきでしょう。「労働者に社会保険を適用せず安く使う」ことしかできない生産性の低い会社が退出して、生産性の高い会社に人が移動することで、経済全体の生産性も向上していきます。大事なのは会社を守ることではなく、労働者を守ることです。

適用拡大は、このように短時間労働者に厚生年金受給を可能にするだけではありません。厚生年金に移る人が増え国民年金の第1号被保険者が減れば1人当たりの国民年金の積立金は増え、基礎年金の底上げにもつながります。結果的に図表2-28の④のように所得代替率もかなり高まります。

岸田文雄首相は2021年の総裁選のさなか、河野太郎候補の最低保障年金などの案を批判、ブログで「耳目を集める提案より地道な改革が必要。年金制度の課題は国民年金と厚生年金との大きな差にある。働く人すべてに社会保険を適用し、厚生年金の世界に入っていただき低年金・無年金の方を少なくしたい」と書きました。岸田首相は地味なイメージがありますが、年金制度についてはきちんとした考え方を持っていることがこのブログから読み取れます。適用拡大は非常に重要、かつ「王道」の改革案であり、首相による強力な推進が望まれます。

年金財政をただ不安視しているだけでは何も変わりません。これらの改革案の議論をしっかりチェックし、実現を応援していくことこそが年金不安の解消につながります。

第3章

公的年金、フル活用のための実践術

【1】繰り下げ受給は老後の大きな安心材料

●年金は受給開始を60〜75歳で好きに選べる選択制

日本の公的年金は、実は受給開始時期を60歳から75歳まで好きに選べる選択制——。こんなことを言うと「え?」と思う人が多いかもしれません。しかし、実際にそうなっているのです。

公的年金の支給開始は原則65歳です。しかし、希望すれば最大60歳まで繰り上げてもらうかわりに受給開始後の額は減り、逆に繰り下げれば受給開始後の額が増えます。

2022年4月からこれが大きく変わります。従来、繰り上げは60歳まで可能で、1カ月繰り上げるごとに0・5%減額される仕組みでした。60歳まで5年(60カ月)繰り上げると、30%減額です。改正後、60歳までというのは変わらないのですが、減額率が0・4%に縮まります。5年繰り上げると24%減額というわけです。

逆に繰り下げてもらうこともできます。その場合、1カ月繰り下げるごとに年金額は0・7%増えま

図表3-1　年金の受給開始は60〜75歳の自由選択制に

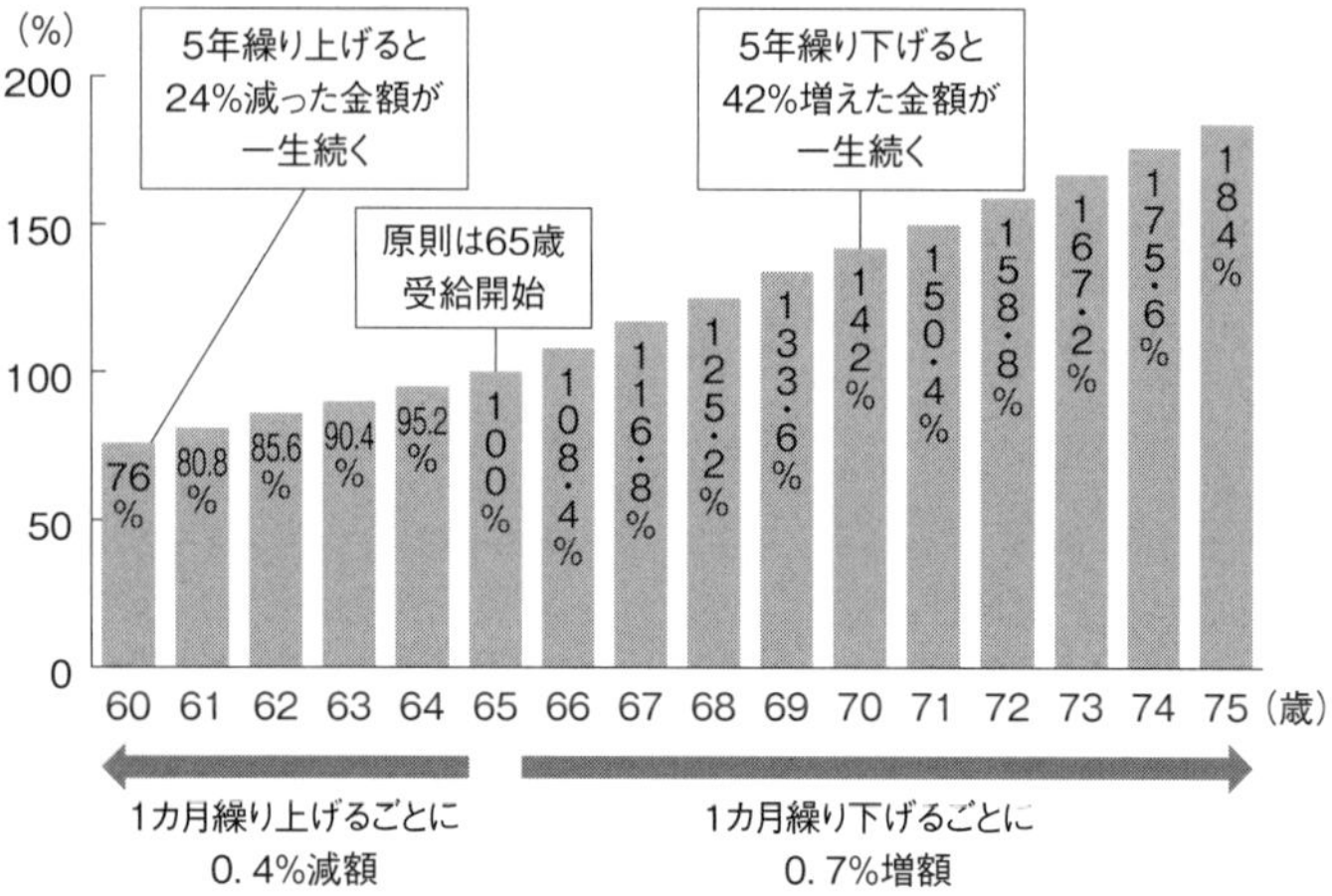

す。従来は70歳まで繰り下げが可能でしたが、２０２２年４月からは75歳まで10年、つまり１２０カ月ですから84%増やせるように変わります。60歳まで繰り上げる（元の金額の76%）のと75歳まで繰り下げる（同１８４%）のとでは、実に金額が２・４倍もの差になってしまうことを知っておきましょう。

●繰り下げ延長の対象者は2022年4月に70歳以下

こうした制度改正があるとき、要注意なのは対象者が全員ではないこと。対象者は生年月日で決まるのですが、あまり正確に知られていません。

繰り上げの減額率が０・４%減になるのは、施行日以降に60歳になる人（図表３-２、法律上の年齢は誕生日の前日に上がるので、１９６２年４月２日以降生まれ）。既に繰り上げ受給を始めてい

図表3-2　年金繰り上げ・繰り下げの主な改正内容と対象者の例

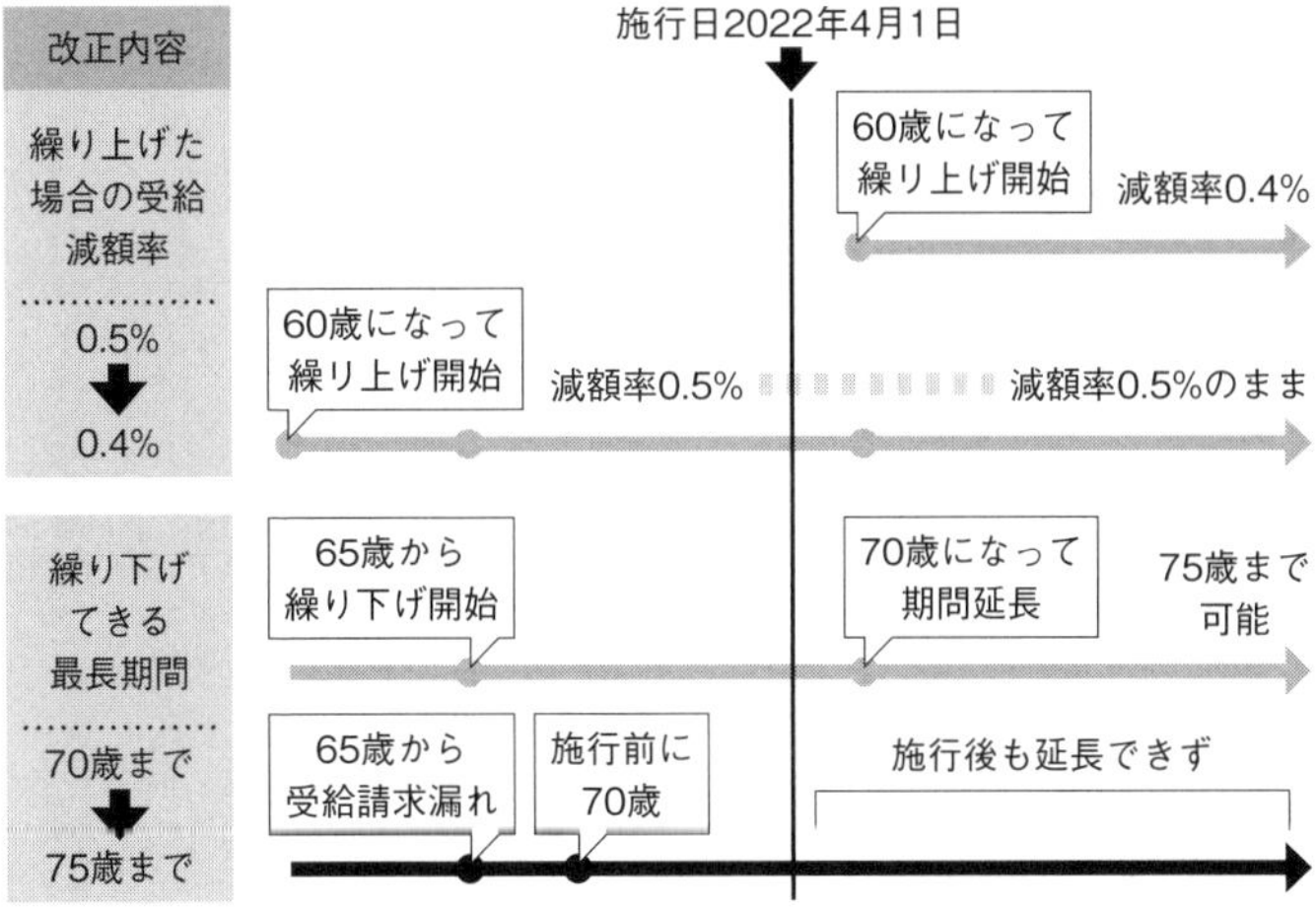

る場合も、施行日以降は減額率が0・4%に下がると期待している人は多いのですが、適用されません。施行日より前に60歳になった人が、施行日以降に繰り上げ受給を始めた場合も減額率は0・5%のままであることも要注意です。詳しくは後述しますが、いったん繰り上げると減額は一生続くほか、障害年金も受けづらくなるので慎重に判断すべきです。

逆に繰り下げが延長可能になるのは、施行日に70歳になる1952年4月2日生まれ以降の人。つまり、それまで繰り下げていた人が施行日の前までに70歳になっていたら、施行日以降の再延長はできません。年金の受給請求を忘れて結果的に繰り下げ状態になっていた人でも、施行日前に70歳になっていればやはり延長はできません。

●繰り上げ減額率が0・4％に縮んだ秘密

「人生100年時代」のおすすめは繰り下げです。ある程度インフレについていける公的年金が、増額された状態で終身もらえると、老後の安心はかなり大きくなるからです。

繰り上げ・繰り下げのメリット・デメリットの前に、そもそも繰り上げ・繰り下げの増減額率の考え方を、繰り上げを例に知っておきましょう。例えば今回の改正にしても、「長生きリスクに備えるはずの改正なのに、繰り上げの減額率を小さくして繰り上げを従来よりお得にするのはなぜ？」という疑問を多くの人が持っています。

これは別に繰り上げをお得にしようとしたのではなく、単純にルールに従って変更しただけです。ルールというのは、繰り上げ、繰り下げは選択した人の全体として、財政上中立にするということです（後述のとおり、個人別にはそうとは限らないのですが）。

本来は65歳以降の年金額に、65歳以降の平均余命を掛け算したものが総受給額です。図表3-3でわかるように、繰り上げの場合、早くもらう分だけを考えるとaの面積分お得になります。しかし財政上中立にするために少し減額して、65歳以降の平均寿命の期間に減額率をかけたbの分だけ少なくなるようにします。減額率はaとbが等しくなるように決めます。これが財政中立という考え方です。

ちなみに2021年までの減額率や増額率が決まったのは2000年で、1995年時点の平均余命を基に計算されていました。

図表3-3　繰り上げ支給の減額率はなぜ縮んだか

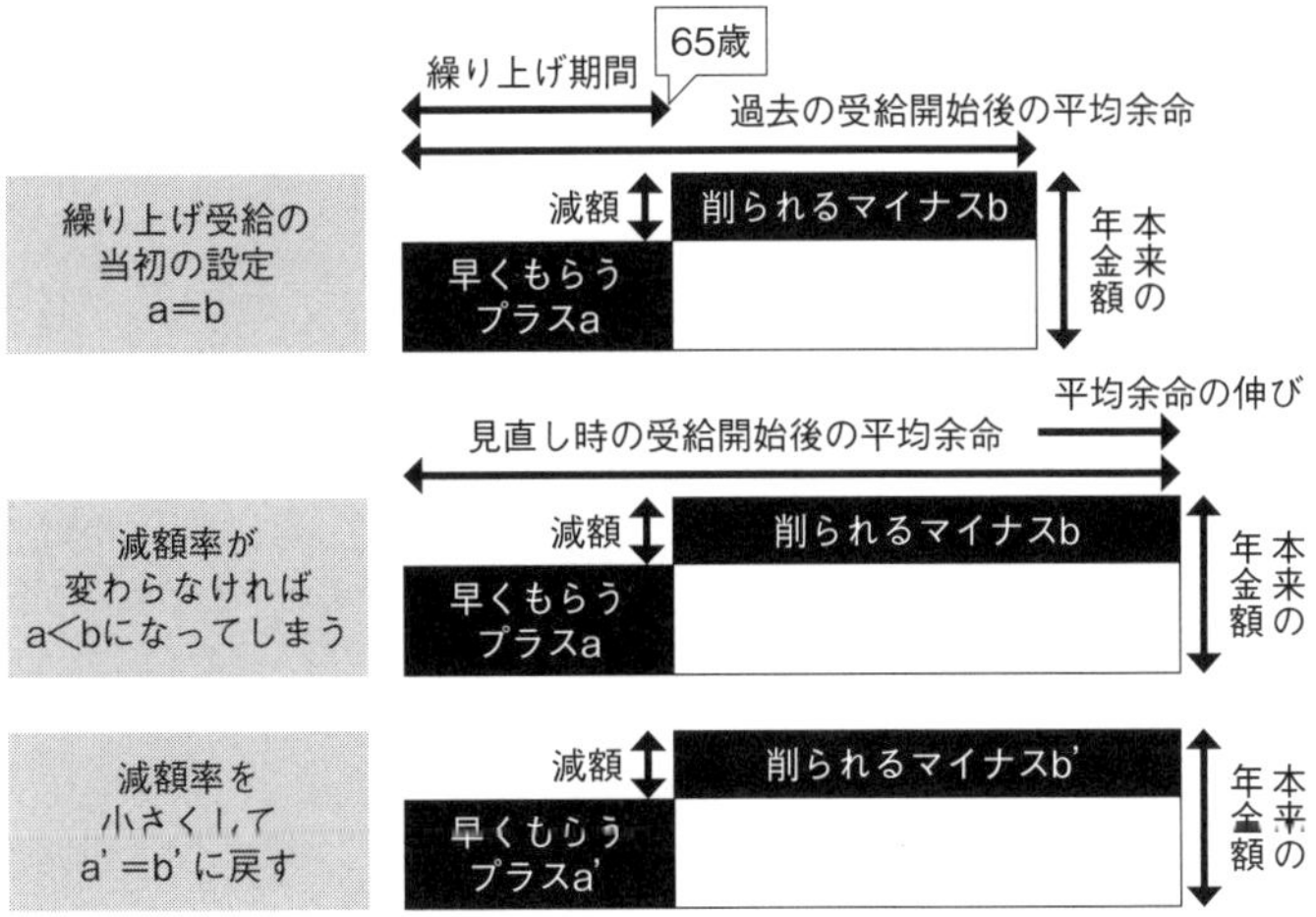

今回の見直しまでの期間に、ざっと平均余命が3年延びました。減額率が同じままであれば、aの面積は変わらないのにbの面積だけ大きくなってしまいます。これをa＝bに戻すためには、減額率を少し小さくして、aの面積をやや大きくするとともにbをやや小さくすることが必要です。

これが、減額率が1カ月0・5%から0・4%に縮まった理由です。つまり「繰り上げを有利にしよう」ということではなく、財政中立という原則を守るために、平均余命が伸びた結果、計算上そうなったということです。

●繰り下げは計算上60代後半開始が有利

こう考えると、頭に「?」が浮かんだ人がいるかもしれません。平均余命が伸びたために繰り上げの増額率が変わったのなら、なぜ繰り下げのほうは、増額率が変わらないのか、と。それは極めて自然な疑問です。

平均余命が伸びたということは、受給開始後、増額された時期が長く続くということ。財政中立を目指すなら、繰り下げ待機中のもらえなかった額と同じにすべきで、受給開始後の増額率を小さくしなければいけません。しかし2022年4月改正では、繰り下げのほうは、増額率は一定のままです。

なぜかというと、要は繰り下げ可能期間が75歳まで伸びたからです。

図表3-4の棒グラフは、各年齢まで繰り下げた場合に、65歳受給と総受給額が同じになる増額率です。今回の法改正の基になった、延びた後の平均余命を基に計算しています。棒グラフが示すように、実は例えば75歳まで延ばした人は、もらえない時期のマイナスがかなり多いので、65歳で受給するのと比べた本来の増額率は100%増（月換算で0.83%増額）になるべきでした。

一方、60代後半まで繰り下げる場合は、平均余命が伸びたことを反映するには、本来は増額率を小さくすることが必要なはずでした。しかし、60代後半は小さな増額率で、70歳を超えれば大きな増額率で、となれば制度的にかなり複雑になります。このため、60代後半も70代前半も、増額率を従来の0.7%のままに統一したのです。

結果的に、60代後半（正確には72歳くらいまで）は、棒グラフで示す平均余命から考えた本来の増額率よりも、実線で示した実際の増額率（1カ月遅らせるごとに0.7%増額）のほうが高くなりました。逆に70代は、本来あるべき増額率よりも実際の増額率が低くなりました。

繰り下げのことが語られるとき、「財政的に中立に設計しているので、何歳まで繰り下げても同じ」

図表3-4　有利な繰り下げ時期は?

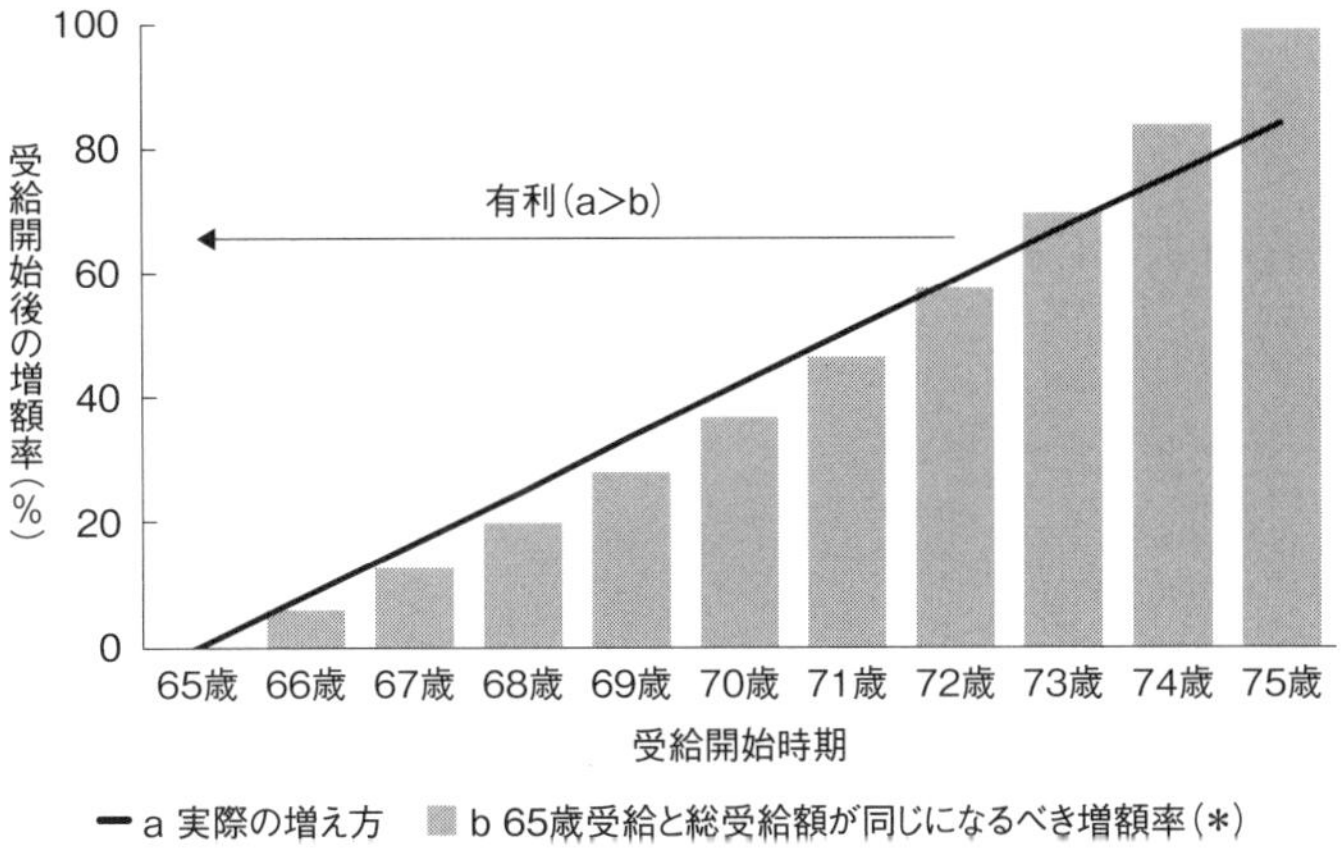

出所)厚生労働省の資料を基に作成、*は財政検証の6つの経済前提の平均。

とよく言われます。それはあくまで制度全体の話であって、個別にみると、実際は60代後半から72歳ごろ(特に68~69歳ごろ)は有利、73歳以降になるほど不利さが大きくなっています。このことはほとんど知られていません。

結果として60代後半から70歳すぎまでの受給開始が有利な状態が残りました。例えば70歳受給開始で、遅らせた5年分を毎年の42%増で取り戻す時期を計算すると81歳11カ月(なぜそうなるのかは、すぐ後でお話しします)。65歳に達した男女の平均余命で考えると、男性は平均的に85歳、女性は90歳まで生きます。ともに、70歳までの繰り下げは平均余命より有利ですし、女性は特に繰り下げの有効性が高いといえるでしょう。

では73歳超からの繰り下げは避けるべきでしょうか。判断のカギは、終身でもらえる年金の本質は「長生きリスクに備える保険」であることです。

目先の資金に余裕がある場合などは、「保険」と考えて選択肢が増えたことを積極活用するのもいいのではないでしょうか。

●65歳受給と比べて総受給額が上回るのは受給開始後11年と11カ月

ここからは具体的に繰り下げの仕方とメリットをみていきましょう。ただし、繰り下げはメリットだけではなく注意点もあります。注意点については後ほど説明します。

まず繰り下げの最大の利点は、受給開始後の年金が増えること。70歳まで繰り下げれば42％増えます。繰り下げは基礎年金と厚生年金を別々にもできますし、一緒にやることも可能です。仮に基礎年金と厚生年金の合計額が２００万円の人が70歳まで繰り下げると、２８４万円にもなるのです。

繰り下げ待機中は年金をもらえません。これを増額された後、何年で取り戻せるでしょうか。答えは、何歳まで繰り下げようが、「受給開始から11年11カ月」です。

例えば70歳まで繰り下げると、もらえなかった5年分を、42％増えた年金でカバーできるようになるためには81歳11カ月を超えて生きればいいわけです。これは簡単な計算でわかります。本来もらえるはずだった1年分の年金を１００％とすると、繰り下げでもらえなかった5年分の合計は５００％です。

一方で、5年繰り下げで年に42％増えるのだから、５００％を42％で取り戻せる期間は、

５００÷42

で11・9です。1年は12カ月なので0・9年というのは10・8カ月。つまり11年と11カ月で取り戻せるわけです。この計算は、繰り下げ期間がもっと短くても同じです。例えば、1年繰り下げならもらえなかった分は100%。これを1年で増える8・4%(0・7%の12カ月分)で割るとやはり11・9。つまり1年繰り下げて66歳からもらう場合、77歳を超えて生きればお得となります。

何歳繰り下げようが、65歳受給と比べる場合は額面ベースでは受給開始から11年11カ月でお得と覚えておきましょう。ちなみに計算法はまた別になるので省きますが、75歳受給開始が70歳開始を総額で上回るのは91歳11カ月です。結構長いですね。

さて、70歳までの繰り下げの損益分岐年齢は82歳を超えて生きること、とわかれば、あなたはどう選択するでしょうか。ここで、この本の冒頭に書いた「平均寿命で考えてはだめ」という視点が重要になってきます。平均寿命は2020年で男性81歳、女性は87歳。平均寿命で考えると、特に男性の場合、お得かどうか微妙だな、と思ってしまいます。しかし、平均寿命はその年に生まれた0歳児が何年生きるかを示す数字です。死亡率の高い幼児期を過ぎた大人は、先ほど65歳時の平均余命でみたようにもっと長く生きます。男性でも女性でも、繰り下げは確率的にお得とわかります(ただし、税・社会保険料を引いた手取りベースでは、繰り下げの損益分岐年齢は数年後《あと》ずれすることもありますし、年金額が少ない場合は逆に少し早くなることもあります。これらをどう考えるべきかは、後で検討します)。

図表3-5　受給総額の推移

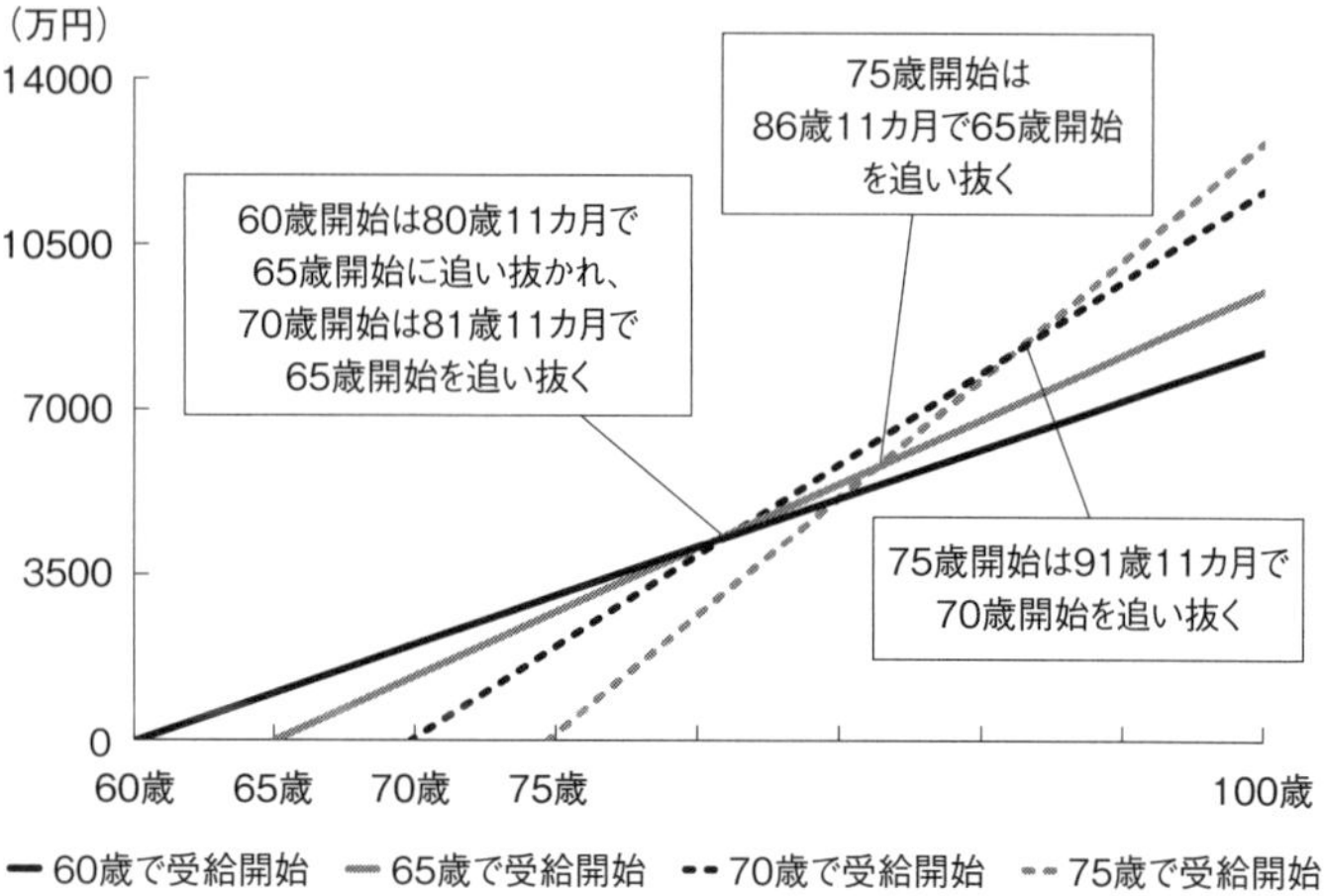

●100歳まで生きれば65歳受給と2100万円もの差に

ちなみに繰り上げで減額された年金額がずっと続く場合と、繰り下げで増額された年金額がずっと続く場合との格差は、長生きすればするほど大きくなります。

図表3-5は、会社員と専業主婦の夫婦がともに一定年齢まで生きたとして、2人が受け取る年金総額を試算したものです。年金は月額22万円（モデル年金）を前提としました。

70歳まで繰り下げたケースをみると、100歳末時点での受取総額は、原則に比べて約2100万円も多くなります。60歳からの繰り上げ受給（70％に減額された状態がずっと続く）に比べると約4000万円もの差になります。

しかし、新たに基礎年金をもらい始めた受給者のうち、繰り下げを選んでいるのは4・6％弱（2019年度）。逆に繰り上げは6・1％と多いのが現状です。夫婦一緒に繰り下げる余裕がなければ、長寿になりやすい妻だけでも繰り下げることを考えてはいかがでしょうか。

●話題の「トンチン年金」より繰り下げがお得

最近は保険会社で、長生きするほど有利になる終身型「トンチン年金」が人気です。代表的な商品でみると、70歳から年60万円を受け取る契約なら、男性が50歳で加入して20年間に払う保険料は計1200万円。70歳から年60万円を受け取るので、90歳まで生きれば元をとれます。

面白い商品なのでメディアが取り上げることも多く、予想外に売れています。しかし、金融商品を考えるときに大事なのは、「コンセプトの正しさ」と、実際に商品になったときのお得度は別ものということです。長生きリスクに備えるというコンセプトは正しいのですが、大手保険会社が割高な手数料を取る仕組みになったせいか、トンチン年金は商品としてはそれほど有利ではありません。90歳まで生きなければ元を取れないのですから。

65歳時点の本来の公的年金額240万円の男性が繰り下げを選んだとき、5年間もらわない年金額の合計は1200万円。トンチン年金での保険料と同じですね。

一方で、繰り下げによる増加額は年約100万円（240万円の42％）にもなります。もらい損ねた年金1200万円は受給開始から12年で元が取れます。開始が70歳なら81歳時点です。しかもインフレが起きた場合、公的年金はある程度それに合わせて増額されますが、トンチンでは増額はなく、価値が実質的に目減りします。公的年金の繰り下げを優先するのが合理的です。

このように、様々な民間金融商品を選ぶ場合、それに似た仕組みの公的制度——例えば公的年金や公的医療保険、雇用保険などの内容をまず知り、どうしても不足だと思ったときだけ民間の商品（通常は公的な仕組みよりも割高で不利です）を使うという発想はとても大事です。

●60歳代前半の「特別支給」年金は増額の対象外

ところで、ここで繰り下げと書いているのは、あくまで原則的に65歳からもらう老齢基礎年金と老齢厚生年金のことです。

年齢によっては、60歳代前半に特別支給の厚生年金をもらえる人がいます（第2節参照）。

これについては、どれだけ遅らせても増額にはなりません。本来なら63歳から特別支給の老齢厚生年金をもらえるはずだった人が仮に65歳まで遅らせた後で請求しても、63歳から65歳までの間に本来もらえるはずだった年金がまとめて支払われるだけです。

しかし、「年金は遅らせるとお得らしいな。働いていてお金に困ってないから遅らせよう」と考えて特別支給の老齢厚生年金を請求しないままの人も、時折みかけます。これは無意味ですし、まとめてもらったあとで、遡及して過去分の確定申告をやり直さなくてはならない羽目になることもあり、手間がかかるだけです。

しかも65歳以降も請求せず70歳で初めて請求したとします。年金の時効は5年なので、65歳以降の分しかもらえません。60歳代前半の特別支給の老齢厚生年金が失われてしまうという羽目にもなりかねません。繰り返しますが、60歳代前半にもらえる年金はきちんともらっておきましょう。

●請求しなければ自動的に両方繰り下げに

では、65歳からの本来もらえる年金の繰り上げや繰り下げは、どんな手続きをすればいいのでしょうか。

まず繰り上げ。60歳になったときから繰り上げ請求できますが、「あなたは繰り上げ請求できますよ」という案内は特に来ません。60歳から繰り上げ請求できるということを知っておいて、自分で年金事務所などでの手続きが必要です。ただ繰り返しこの本で書くように、長寿時代に減額がずっと続く繰り上げは、目先どうしても資金が困っているという人以外にはおすすめしません。

次に、2021年現在で63～64歳の人の一部は、特別支給の老齢年金がもらえます。例えば63歳からもらえる人は、63歳の誕生日の数カ月前に、案内が届きます。ここは何も迷わず、即座に請求手続きしましょう。

65歳誕生月の初旬ごろまでに年金の請求書が送られてきます。そこに繰り下げの意思を確認する項目があります。基礎年金か厚生年金かどちらかを繰り下げたければ、繰り下げたいほうにマルをつけて返信します。両方繰り下げる場合は、両方にマルをつけて送り返す必要はなく、請求書そのものを出さなければいいのです。年金は請求しない限りもらえない仕組みなので、請求書を返信しなければ、自動的に両方繰り下げになるというわけです。そのまま何もしなければ支給開始は66歳、67歳と延びていき、自動的に繰り下げ受給が継続となります。受給開始したい場合は、そのときに手続きをすることになります。つまり、何歳から受給開始にするかを事前に決めておく必要はなく、何らかの事情で受給を始めたいと思ったときに手続きをすればいいのです。

仮に年200万円の年金をもらえる人が68歳0カ月になるまで繰り下げていたとします。そこで請求して受給開始になると、3年分の25・2％（0・7％×36カ月分）増額になった約250万円をもらい続けることもできます。

しかし、そこでなんらかの事情でまとまったお金が必要になればどうでしょう。その場合、請求すれば増額前の200万円を一括で3年分、600万円を受け取ることもできます。その際は増額の権利は消えますので、本来の年金額200万円をずっともらい続けることになります。いろいろ柔軟性のある仕組みですね。

「繰り下げ待機中に亡くなってしまったら丸損だ」と思う人もいそうです。しかし、そうではありません。仮に年200万円の年金をもらえる人が68歳0カ月まで繰り下げてそこで亡くなれば、200万円×3年分の600万円が遺族に未支給年金として支給されます。

ただし、いったん68歳で25・2％増額した年金を受給開始した直後に亡くなれば、その前のもらえなかった3年分は消えてしまいます。もしこうなれば不運ですが、それは仕方がありません。長生きリ

図表3-6　**加給年金と振替加算のイメージ**

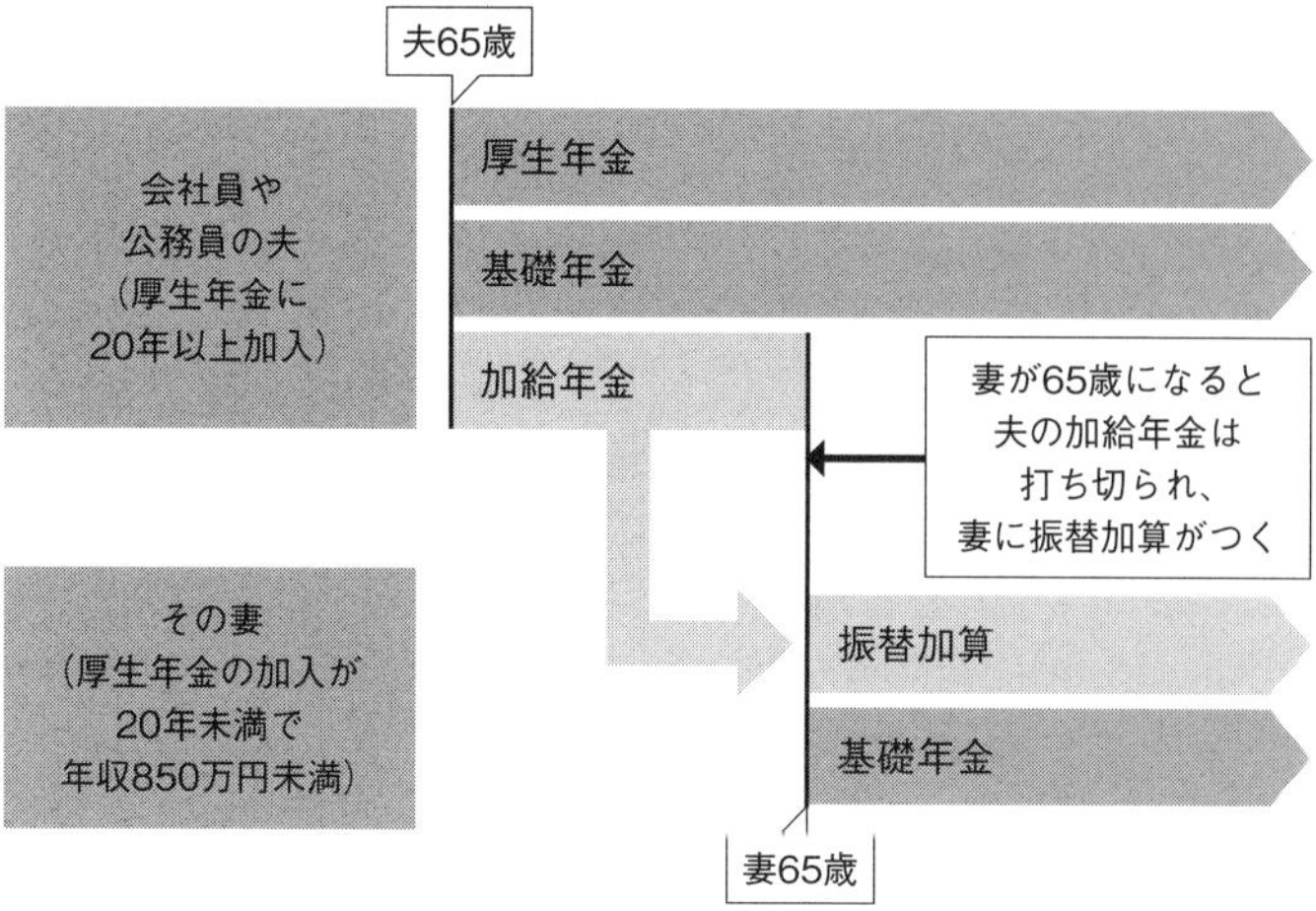

スクに対する安心を買うための保険料だったと思うべきです。そもそも亡くなった後は意識がないので悔しくはないはずです（笑）。

●加給年金を維持したければ基礎のみ繰り下げも

ただ、繰り下げ受給を考える際には注意すべき点も多くあります。例えば年金の家族手当ともいえる「加給年金」。厚生年金の加入期間が20年以上ある夫が65歳になったとき、生計を維持しているなど一定条件の妻がいれば、妻が65歳になるまで（これは妻の厚生年金加入が20年未満の場合。20年以上なら、妻の60代前半の特別支給の老齢年金が支給開始になるまで）もらえます（図表3－6）。金額は夫の生年月日で変わりますが、多いのは年38万9800円です。

例えば夫婦が同じ年齢だったり妻が年上だった

図表3-7　加給年金と繰り下げ増、夫の総受給額は？

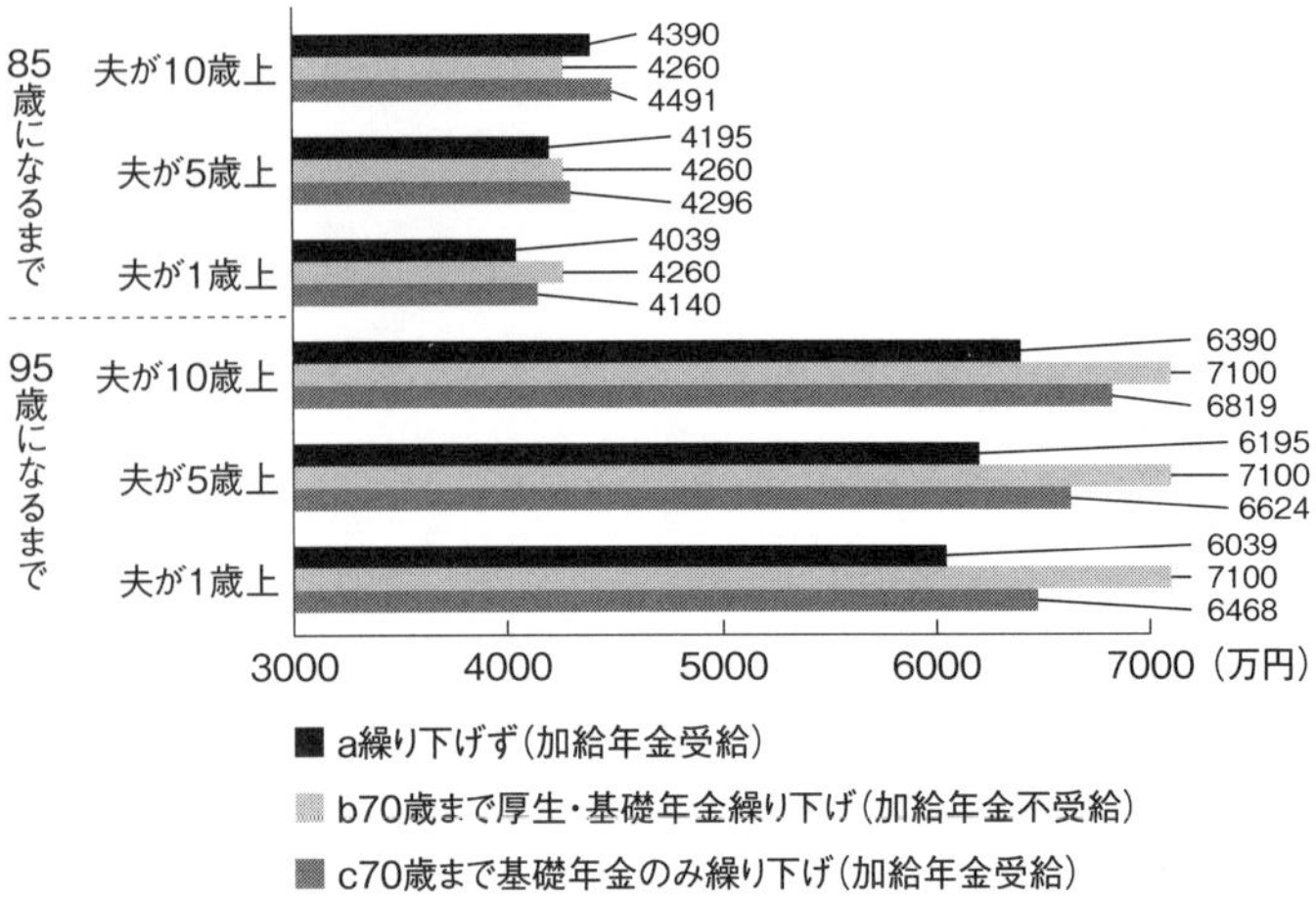

りすると、夫は加給年金はありません。でも、例えば妻が5歳年下だと、本来なら妻が65歳になるまで39万円弱が5年分もらえたはずです。しかしこの加給年金は厚生年金とセットの仕組み。厚生年金を夫が繰り下げ受給をするともらえないのです。

では増額になった受給開始後、今までもらっていなかった加給年金が、繰り下げた期間分だけ増額されてもらえるようになるかというと違います。本来の年金とは違って、加給年金はそのときにもらわなければ消えてしまうだけです。繰り下げ受給でこれが消えてしまうと惜しいと思う人も多いでしょう。これは繰り下げのやり方次第で回避できます。繰り下げは基礎年金と厚生年金を別々にすることも可能ですから、基礎年金だけを繰り下げ、加給年金とセットである厚生年金はそのまま受給すれば、加給年金はもらい続けられます。年齢差が大きくて加給年金を失うのが惜しい場合は、夫が基礎年金だけを繰り下げるのも手だということです。

●長生きするなら加給年金が消えても繰り下げが有利

ここ数年、「加給年金も欲しいが繰り下げもしたい」という人向けに、この「基礎年金だけ繰り下げ」という手法がかなり知られてきました。

しかし逆に、あたかもそれがいつも絶対に正しいセオリーであるかのように伝えられることも多くなっています。それはそれでおかしな話です。年金の総受給額でみて「基礎のみ繰り下げ」がいつもベストとは限らないからです。70歳まで5年繰り下げる前提で、男性会社員の一般的な年金額を基に試算してみました。

例えば夫が妻より5歳上で85歳まで生きるなら、総受給額は「基礎のみ繰り下げ、加給年金あり」が「基礎・厚生繰り下げ、加給年金なし」をやや上回ります（図表3-7）。「繰り下げなし、加給年金あり」は3つのなかで最も少ない結果でした。

ただ夫が妻より1歳上なら「基礎・厚生繰り下げ、加給年金なし」が「基礎のみ繰り下げ、加給年金あり」を上回ります。加給年金は1年分だけで影響が小さいからです。

また5歳差でも夫が95歳まで生きる場合は、年齢差によらず「基礎・厚生繰り下げ、加給年金なし」が最も大きくなります。年金全部を繰り下げて大きく増えた額を、長くもらい続けられるからです。

つまり年齢差が小さく長生きを想定するほど、厚生年金も一緒に繰り下げるほうが総受給額は大きくなります。もちろん目先の生活で多くの年金額が必要な場合は、加給年金を確保するのも選択肢です。ただ当面の資金に余裕があるなら、繰り下げ増額を重視することで長生きリスクに備える安心感は高まります。

年金を繰り下げている待機期間中に病気などで大きな資金がすぐに必要になった場合、繰り下げていた間の年金を増額なしで一括受給し、その後の年金は増額なしで受け取るという選択もできます。この場合は「待機中の加給年金も消えずに一括受給できる」(社会保険労務士の高橋義憲氏)ことも知っておきましょう。

ちなみに夫の加給年金が、妻が65歳になって打ち切られると、代わって妻の年金につくようになるのが振替加算という金額です。妻の年齢が高いほど多額で、今の60代半ばだと年に6万数千円。50代半ばだと年約1万5000円で、1966年4月2日生まれ以降はゼロです。

振替加算は妻自身の基礎年金とセット。妻が基礎年金を繰り下げている間は振替加算も消えてしまいます。金額が大きい妻は、自分が基礎年金を繰り下げるかどうかの判断材料にすべきでしょう。ただし振替加算は通常、金額はそれほど大きくないことが多いので、過度にこだわる必要はないかもしれません。

●妻が厚生年金に20年以上加入でも加給年金が出ることも

加給年金の仕組みは非常に複雑で誤解も多いので、少し制度について補足しておきます。まず対象者の有無は夫の加給年金が発生する時点（原則65歳）で判断されます。再婚する時期を迷っているなら65歳未満がお得（笑）です。

妻らには年収850万円未満（または経費を引いた所得655万5000円未満）という条件があり、妻の年収が850万円以上の人は加給年金の受給をあきらめがちです。しかし、おおむね5年以内に退職などで850万円未満に減るのが確実な場合は例外です。勤務先から就業規則などに関する証明書をもらい、年金事務所に出せば加給年金がもらえる可能性があります。

先ほども少しだけお話したように妻の厚生年金加入が20年以上の場合、妻が年金の受給権（65歳前の特別支給の老齢厚生年金を含む）を得ると夫の加給年金は停止されます。妻自身の厚生年金が多いので手当はいらないという理由です。

逆に言えば、妻が受給権を得るまでは夫に加給年金が出ます。例えば夫が65歳になったとき妻が60歳で、妻の特別支給の老齢厚生年金の支受給開始が63歳であれば、3年間もらえます。

この点について社会保険労務士の井戸美枝氏は「少し制度を知っている人ほど、妻が20年以上加入なら夫は一切加給年金をもらえないと誤解している」と話します。その結果「どうせ加給年金はもらえない」とやみくもに厚生年金を繰り下げ、結果的に加給年金を失うケースも多いので要注意です。

ただし先ほどお話ししたように、年齢差が小さい場合などは加給年金をもらわないで厚生年金も繰り下げて増やしたほうが有利なケースも多くあります。

繰り下げに関する他の注意点は、妻が繰り下げで増やしても、夫の死後は夫の遺族厚生年金の計算上、せっかくの繰り下げ効果が消えてしまうことがあることです。この点は、遺族厚生年金の理解が必要なので、第5節以降でまとめてお話しします。

●手取りでは金額次第で損益分岐期間が長期化も

さらに考えておかなければならないことがあります。これまでの話はあくまで名目（額面）ベースの話ということです。

年金は雑所得という分類の所得で、税金や社会保険料がかかります。基本的に金額が増えると税・社会保険料が増えるので、手取りの増え方は額面の増え方を下回ります。では額面と手取りの関係はどうなっているでしょうか。

年金は働き方などで金額が大きく変わります。そこで、①自営業者や専業主婦、フリーランスなど基礎年金だけの人、②女性の厚生年金受給者、③男性の厚生年金受給者——の平均額ごとに手取り額の変化を概算してみました。自治体により社会保険料などが異なるので、２０２１年度の東京都区部の例を使いました。

まず①。基礎年金の満額は年約78万円ですが、未加入期間がある人も多く、２０１９年度の平均では70万円弱です。額面は5年繰り下げると99万円、10年では129万円に増えます。

繰り下げ中にもらえない年金を受給開始後の増額で上回るのに必要な「損益分岐期間」は8項目前のところ（138ページ）で書いたように11年11カ月。70歳開始なら81歳11カ月、75歳開始なら86歳11カ月です。額面ベースの損益分岐期間は繰り下げ開始後の増加率が一定のため、当初の年金額や繰り下げ期間にかかわらず、計算上常に同じになります。

問題は手取りです。額面が増えると税金に加えて国民健康保険料や介護保険料など社会保険料の比率が高まりやすいことが知られています。このため、手取りの増加率は必ず額面での増加率を下回ると思う人が大半です。しかし年金額が当初70万円の場合、5年繰り下げも10年繰り下げも手取りの増加率は意外にも額面をやや上回ります。損益分岐期間もともに11年7カ月と額面よりやや縮むのです（図表3-8）。なぜでしょうか。

年金額が70万円と低くても社会保険料は頭割りで負担があり、額面に対する手取りの比率は都区部で92%です。10年繰り下げると社会保険料も負担は増えますが、額面に比べて増加ピッチが緩やかなため、手取りの比率は95%に高まります。

つまり基礎年金だけの場合、手取りでも繰り下げの恩恵をきちんと受けやすいのです。もともと専業主婦や自営業者は年金額が低いだけに、繰り下げは検討する価値がより大きいといえます。

次に例②。図表の65歳時の年金額125万円は2019年度の女性の厚生年金受給者の平均的な金額（基礎年金含む）です。一定期間だけ厚生年金に加入していた人が多いといえます。手取りでの増

図表3-8　繰り下げ受給による変化は?

	受給開始年齢	額面(万円)。増加率はいずれも5年繰り下げは42%、10年は84%	手取り(万円)	手取りの増加率(%)	手取りベースの損益分岐期間(額面ベースではいずれも11年11カ月)
例① 基礎年金だけ	65歳	70	64.5		—
	70歳	99.4	92.5	43	11年7カ月
	75歳	128.8	122.5	90	11年7カ月
例② 女性の厚生年金受給者	65歳	125	116.7		—
	70歳	177.5	164.5	41	12年0カ月
	75歳	230	207.4	78	13年3カ月
例③ 男性の厚生年金受給者	65歳	200	184.7		—
	70歳	284	241.3	31	15年9カ月
	75歳	368	314.5	70	14年9カ月
例④ 高収入の厚生年金受給者	65歳	240	209.6		—
	70歳	340.8	284.1	36	13年10カ月
	75歳	441.6	367.2	75	13年10カ月

注)東京都区部の2021年度のケース、筆者概算

加率や損益分岐期間は額面よりわずかに劣る結果でした。

様相が変わるのは③の65歳受給での年金額が年200万円のケースです。厚生年金を受給する男性の平均額(基礎年金含む)に近い金額です。

手取りでは5年で31%増、10年で70%増と、額面に比べて増加率がかなり小さくなります。手取りでの損益分岐期間は14~15年に延びます。75歳受給開始なら89歳9カ月となります。

都区部などの大都市圏は、扶養家族がいる場合、額面で211万円以内まで住民税が非課税です(図表3-9)。これを超えると税金が増えるだけでなく、社会保険料も減免措置などが縮小したり比率が高まったりしやすいのです。65歳受給時に200万円の場合、繰り下げで額面がこの基準を超えて増えることが手取りの増加ピッチが鈍る要因のひとつです。非課税基準は居住地で変わりま

図表3-9　住民税が非課税になる年金収入は?

	単身者	扶養配偶者あり
1級地 （東京都区部や 政令指定都市の一部など）	155万円以下	211万円以下
2級地 （比較的大きな都市など）	151.5万円以下	201.9万円以下
3級地 （その他）	148万円以下	192.8万円以下

注）金額は公的年金等控除110万円（65歳以上の最低額）を差し引く前、一般的なケース

すが、自治体に聞けば教えてもらえます。

65歳時の年金額が240万円のケース④は、税・社会保険料の増加ペースが当初200万円の場合より緩やかになります。出発点の240万円が、もともと非課税基準を超えているためです。このため額面と比べた手取りの増額率の鈍化も200万円より小さくなります。基礎のみの人の繰り下げの損益分岐期間が短い一方、中・高所得層では数年長くなる状況は、ほかの地域でも同様です。

試算を踏まえて繰り下げをどう判断すべきでしょうか。まず大事なのは長く生きる可能性の認識です。図表1-1のデータを思い出してください。既に65歳まで生きた男性が90歳まで生きる確率は4割前後、女性は6割強にもなります。100歳まで生きる確率は女性なら2割弱もあるのです。繰り下げによって損益分岐期間が額面よ

り数年延びる場合でも、生きている可能性は多くの人に存在します。終身で受給できる年金は「長生きリスクに備える保険」です。いつまで生きるか誰もわからない以上、厳密な損得計算はできません。迷った場合は繰り下げを選んでおくのが長寿時代の重要な選択肢です。

●繰り下げで医療費や介護費の負担増も

年金額が上がると様々な社会保険の受給時に負担が増えることもあります。例えば公的医療保険の高額療養費です。70歳以上の場合、住民税非課税なら外来は月8000円が自己負担上限ですが、住民税課税だと同1万8000円に上がります。課税所得145万円（年金収入303万円）以上の現役並み所得なら8万円強です。70歳超への繰り下げなどでは当初の金額次第で現役並みになる人も出そうです。また医療費の窓口負担の割合も、高齢者だと1〜2割だったのが、年金が増えると2〜3割に高まることがあります。

介護保険の利用料が高額になった際の高額介護サービス費や特別養護老人ホーム入居の際の自己負担も、住民税非課税の場合が有利です。65歳時点の年金額が住民税非課税の範囲にあり、こうした給付を受け続ける可能性がかなり高いなら、繰り下げで金額を増やさないのもひとつの選択肢かもしれません。

繰り下げで厳密に損得を計算しようと思えば、本来ならこのような様々なことを考慮することが必要になってきますが、相当ややこしい話です。「もう考えるだけで嫌だ」と思うなら、遺族年金の状況に注意しながら（第5節参照）妻だけ繰り下げるのも手です。

損益分岐年齢がたとえ手取りベースで85歳になっても、長生きする女性の場合はたいていお得だからです。先ほどみたように、元の額面が70万円なら、逆に損益分岐年齢が79～80歳程度に早まったりもしますから、金額が小さいことが多い女性はより有利かもしれません。

●繰り上げは受給開始後20年11カ月で本来受給に抜き去られる

一方の繰り上げ受給についても再度考えましょう。基礎年金を新規にもらい始めた人の繰り上げ比率は２０１０年度には３割弱もありました。年金記録問題や破綻説の広がりなどで、早くもらおうとした人が多かったのです。

そうしたムードが薄れ２０１９年度は6・1％に下がりました。繰り下げ（4・6％）よりはまだ多いですが、だんだん接近しています。ただ、生活費が足りない場合は仕方がないのですが、デメリットを十分に知らないまま選んでいる人も多い状態です。

繰り上げ受給は国民全員が対象の基礎年金でも、会社員などへの上積みである厚生年金でもできます。ただし1カ月繰り上げるごとに0・4％（２０２２年4月2日以降に60歳になる人の場合）減額されるので、60歳まで60カ月繰り上げれば24％減です。それが一生続くため、20年10カ月で累計受給額が追い付かれ、11カ月以降は逆転されます（図表3－10）。

図表3-10　**繰り上げの損益分岐年齢**

何歳以上生きれば総受給額が65歳受給開始に追いつかれる?

受給開始年齢	追いつかれる時期
60歳	80歳10ヵ月
61歳	81歳10ヵ月
62歳	82歳10ヵ月
63歳	83歳10ヵ月
64歳	84歳10ヵ月

●繰り上げは障害・遺族年金など減額以外のデメリットも

　実は繰り上げは、減額以外にも多くのデメリットがあります。例えば繰り上げ後に夫が亡くなるケース。60代前半は自分の年金と遺族年金は併給できず、どちらかを選びます。通常は額が大きい遺族年金を選ぶので、繰り上げた自分の年金はもらえなくなります。65歳以降は遺族年金と自分の年金が併給できますが、60代前半に自分の年金がもらえなかったにもかかわらず、65歳以降も減額されたままの年金が続いてしまうことになります。

　10年以上保険料を払った第1号被保険者（自営業者など）が老齢年金をもらう前に亡くなった場合に、妻が60～64歳の間に受けられる寡婦年金という仕組みがあります。額は、夫が本来もらえたはずの老齢基礎年金の4分の3ですが、これも繰り上げをしたらもらえません。60万円近くになることも多いので、もったいない話です。

　繰り上げ後に障害年金をもらいづらくなるのも要注意です。例えば障害認定日以降に症状が悪化して障害年金を請求する「事後重症」という仕組みが使えなくなります。糖尿とか腎不全で近い将来人工透析（2級）になる可能性がある場合などは、繰り上げは慎重にすべきです。

老齢基礎年金は、学生時代の未納などで40年納めている人は少なく、満額に近づけるために60歳以降任意加入できます。1年加入すると年金が年に2万円弱増え、受給開始後10年強で納付保険料より受給額のほうが多くなります。しかし繰り上げ請求していると、任意加入もできません。

長寿化のなかで減額された年金が一生続くというのは大きなリスクですし、そのほかにもこうしたデメリットがあることを考えると、繰り上げはよほど資金に困っている場合を除いて避けたほうがいいと思います。

●住民税非課税のメリットを目指す「裏技」的な繰り上げに落とし穴

実は繰り上げで短期的には有利になるケースもあります。おすすめはしませんが一応解説します。繰り下げのところで書いたような住民税非課税世帯になるメリットを、繰り上げによって得る方法です。最近、この手法をすすめるメディアや専門家が多く出始めています。

先ほども説明したように、東京都区部など大都市圏の多くは、65歳以上で夫婦2人の場合に住民税が非課税になる夫の年金収入は211万円以下でした。例えば65歳時の受給額が220万円なら2022年4月以降の月0・4％の減額率で計算すると、64歳1カ月まで11カ月繰り上げれば、減額によって年金収入が211万円弱になります。そのまま65歳になれば繰り上げ後の年金収入が住民税の非課税の範囲になり（65歳以降の公的年金等控除を前提）、介護保険料の軽減や医療費の1割負担など「非課税メリット」を受けられるわけです。数歳の繰り上げなら、60代前半での遺族・障害年金の制約などのデメリットを受ける期間も短いともいえます。

それでも「おすすめはしません」と最初に書いたのは、一生減額が続く繰り上げは、「公的年金は長生きに備える保険」という本来の趣旨に逆行するからです。

本来の趣旨に逆行する対策は、後々の後悔につながることもよくみられます。例えば住民税非課税世帯の夫の年金収入211万円までという基準も、そもそも現時点での大都市での夫婦の場合の所得基準91万円に公的年金等控除110万円と2020年からの控除額引き下げ分の10万円分の補正を足すことで計算された額です。

地方などの「3級地」（生活保護の金額基準に使われる法令上の呼び名）であれば所得基準が91万円でなく72・8万円なので、控除や補正を足しても図表3-9のように192・8万円です。しかも対象地域の区分は厚生労働省で見直しの検討中で、住んでいる地域の級地区分は今後見直しになる可能性が出ています。

もちろん配偶者との死別など世帯構成の変化や様々な税制改正にも非課税基準は影響を受けます。つまり収入を211万円未満にしても、様々な前提が変化することで住民税非課税でなくなってしまうリスクがかなり大きいのです。

繰り上げはいったん選ぶと2度と変えられません。前提や基準が変わって非課税のメリットを失い、一生続く年金の減額だけが残る可能性があります。

【2】70歳まで厚生年金加入で働くと年金は大幅増

●毎年年金が増える在職定時改定が22年4月に導入

人生100年時代に備える重要な対策のひとつが、なるべく長く働くということ。60歳以降も厚生年金に入って働けば、年金が増えていきます。70歳まで働く場合を例に増額の時期や金額について、繰り下げ受給をしないケースとするケースで考えてみましょう。

年金額の試算で便利なのは日本年金機構のサイト「ねんきんネット」です。ただ、自分でざっくり計算する方法を知っておくと試算結果を理解しやすく、資金計画を考える際にも役立ちます。

その前に2022年4月から導入される在職定時改定という仕組みを理解しておきましょう。

これまでもみてきたように、厚生年金は高い収入で長く働くほど増えます。しかし毎月計算し直すと大変だから、節目ごとにまとめて増やすのが2022年3月までの仕組みです。

年金の受給は原則65歳からですが、65歳以降も働き続けた場合なら69歳までは65歳の時点と同じ受給額が続いて、厚生年金に入れなくなる年齢である70歳になった時点でもう一度計算して、一挙に増えるというわけです。

もし途中で働くのをやめた場合は、やめて1カ月がたったら、その時点で計算してそれ以降に増え

図表3-11　65歳以降に働く際の年金改定の仕組み

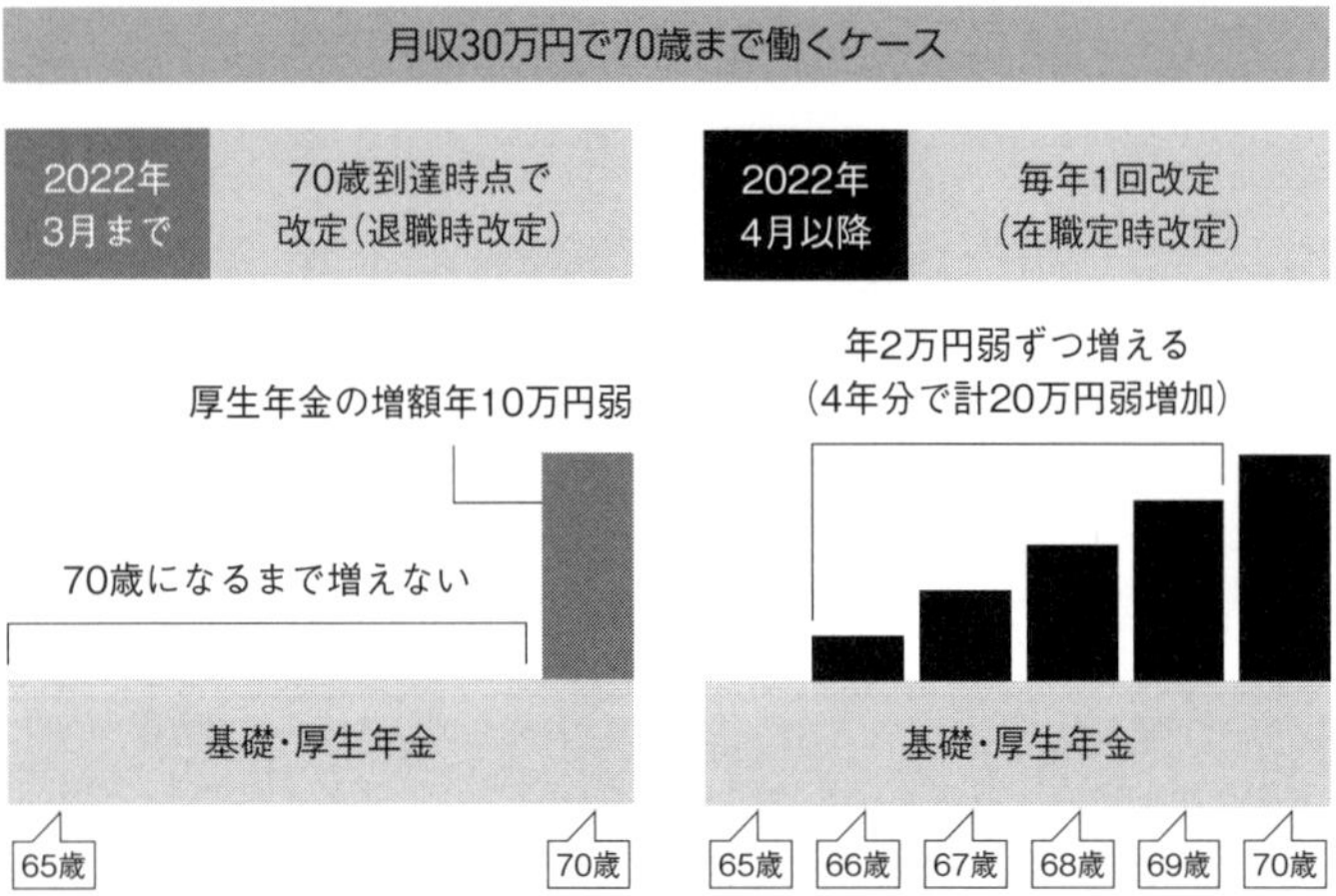

る仕組みです。例えば68歳の11月末で退職すると、それまでの加入で増える分を反映して12月分から増額されます。

しかし働き続けても、節目の年齢になるか、辞めるまでは年金が増えないのは残念です。そうした声に対応するために、65歳以降については、毎年1回計算し直して年金が増えていく「在職定時改定」という仕組みを2022年4月から導入します。働き続ける効果を早い段階で感じられる改正といえます。

ただ一口に毎年改定といっても、具体的に「いついくら増えるのか」は知らない人が多い状態です。

実際は「9月1日時点の在職者について前の年の9月からその年の8月までの増加分を計算し、10月分(12月支給)から増額する」という仕組みになっています。

年金の計算は複雑ですが、1年分の増額をざっくり計算するには年収に0・00５４８1をかければいいのでしたね。例えば年収３６０万円で1年働けば2万円弱ずつが毎年上乗せされます。66～69歳で上積みされる合計20万円弱が現在の仕組みに比べて多くもらえることになります。

年金事務所などには「施行日に65歳を過ぎている場合はどうなるのか」との質問も多く寄せられています。例えば２０２２年４月に68歳になる人なら、65歳以降の増額3年分と68歳の4～8月まで5カ月分が２０２２年10月分から上乗せになることになります。ただこの場合、施行前の65～67歳の時期は現状のまま上積みはありません。

一方、在職定時改定で「年金版家族手当」ともいえる加給年金がもらいやすくなるケースもあります。

加給年金は厚生年金に20年以上加入した人に65歳未満の配偶者がいる場合、配偶者が65歳になるまで年40万円弱を支給する仕組みでしたね。現在は例えば65歳時点で厚生年金に19年加入だった人が70歳まで働く場合、70歳まで金額も加入期間も再計算されないため、加給年金はもらえません。今後は、66歳で再計算されて20年に到達したことになり、厚生年金などに20年以上加入の妻が一部でも年金を受給している場合などを除き、66歳から受給できることになります。

●就労と繰り下げ、増額効果大きく、増え方は2パターン

さて、在職定時改定の仕組みを頭に入れたうえで、老後も長く働く効果をより詳しくみていきま

しょう。

図表3‐12は、22歳で大学卒業後（20歳以降の2年間は国民年金の保険料を納付せず）に平均年収600万円（賞与3・6カ月分含む）で働いた人が、60歳から平均年収400万円で70歳まで働き、繰り下げ受給もした場合の効果を大まかに計算したものです。60歳以降に働かないと65歳から年199万円を受け取りますが、就労すれば65歳で214万円、70歳からは約1割増の225万円になります。さらに70歳まで繰り下げれば受給額は315万円と、6割弱も増えます。なぜこうなるのでしょうか。

まず金額の変化を図で理解しましょう。①は繰り下げをせず、65歳から年金を受給しながら働く場合です。65歳からは（a）「基礎年金＋59歳まで働いた分の厚生年金」に（b）「64歳まで働いた分の厚生年金」が上乗せされます。

（c）の「65歳以降5年働いた分の厚生年金」は、働いて増える分の年金を年に1度計算して上積みする2022年4月からの「在職定時改定」の施行を反映しています。

ちなみに図に掲載していませんが、2022年3月までは（a＋b）の金額が70歳になるまで続き、70歳時点で再計算した（c）をまとめて加算する仕組みになっています。

②は、70歳まで繰り下げる場合です。年金は1カ月繰り下げるごとに0・7％の増額になるので、5年なら42％増です。60代後半は年金の受給はなく、70歳以降は（a＋b）の合計額の1・42倍に60代後半に働いた分の厚生年金（c）が上乗せされます。

2つの形に金額をあてはめてみましょう。まず（a）のうちの基礎年金。満額の40年間加入の場合、

図表3-12　70歳までの働き方と繰り下げ受給による年金額の違い

60〜70歳の働き方	65歳から受給（繰り下げせず）	70歳から繰り下げ受給
働かない	199万円	283万
年収400万で働く	214万（65〜69歳）※	315万
	225万（70歳〜）	

（注）受給額は年額。年収から単純計算。現役時代は大学卒業後38年（平均年収600万円、賞与は3.6カ月）と仮定。※は2022年3月まで

増額効果のイメージ例

①繰り下げなし（2022年4月以降）

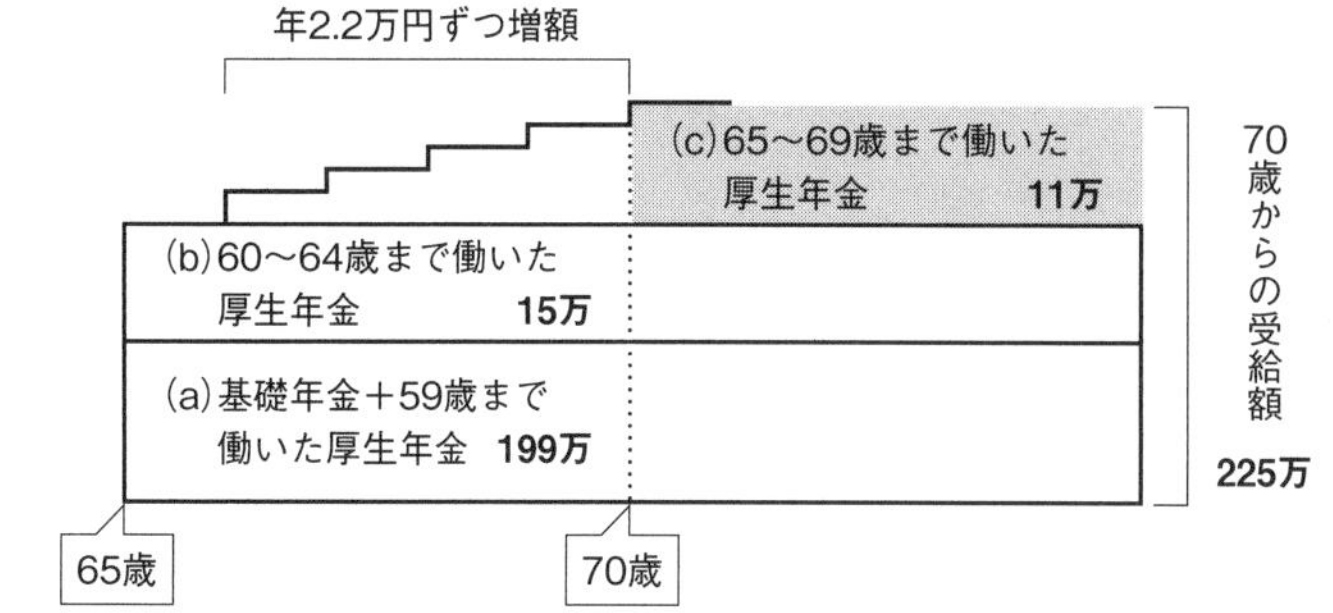

②70歳まで繰り下げ

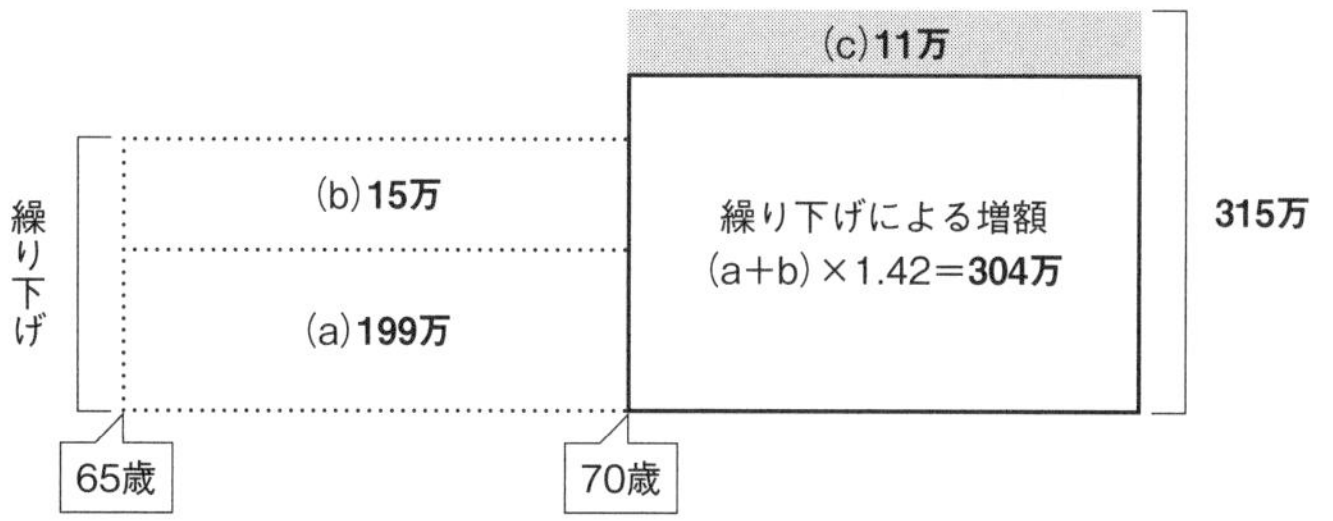

注）金額は年額、試算の前提は上の表と同じ。

2021年度の金額は年78万9900円。加入1年あたり約1万9500円です。大卒後38年では約74万円になります。

厚生年金は「年収×働いた年数×厚生年金計算に使う定数0・005481」で概算でき、600万円で38年間なら約125万円。(a)の合計額は約199万円となります。

では、60歳以降の就労でいくら増えるでしょうか。1年あたりの厚生年金の上乗せ額は先ほどの計算式で

400万円×0・005481×1年=2万2000円

となり、5年働いた増額は計約11万円です。

●実質的に基礎年金を満額にする効果も

さらに厚生年金の加入期間が40年になるまで、厚生年金の経過的加算という金額が上積みされます。これは何でしょうか。

厚生年金に加入して働くと、20歳から60歳になるまでの間は厚生年金と基礎年金が両方増えていきます。しかし60歳以降や20歳前の期間分は、基礎年金は対象外ですから増えません。これを補うため、基礎年金とほぼ同じ金額を、厚生年金の経過的加算として、厚生年金の加入期間が基礎年金と同じ40年に達するまでは加算してくれるのです。このケースでは大卒後38年は厚生年金に加入済みなので、60歳以降は残り2年分が経過的加算として増えます。1年あたりの金額は別途難しい計算式があるの

ですが、だいたい基礎年金1年分（年2万円弱）と考えて大丈夫です。つまりこの例では、60歳以降の当初2年分は経過的加算が計4万円弱さらに上乗せされます。

言葉を変えて言うと、基礎年金の加入期間が40年に達していなくても、60歳以降厚生年金で働けば（名目は厚生年金の経過的加算ですが）実質的に基礎年金を満額にするのと同じ効果が得られるということです。

この結果、繰り下げしない①では、65歳当初の受給額が（a）に（b）の合計額約15万円（経過的加算2年分含む）を上積みした約214万円となります。66歳以降は在職定時改定の仕組みで毎年2万2000円ずつ増え、70歳以降は（a+b+c）で約225万円となります。

70歳まで繰り下げた②の金額はどうなるでしょうか。（a+b）の214万円の1・42倍である約304万円に、60代後半に働いたことによる増額11万円が上乗せされ、70歳以降は約315万円になります。60歳以降働かず繰り下げもしなかった場合に比べ年に116万円増えるということです。

実際は「標準報酬」に基づき計算するほか、過去の収入を現在に換算する「再評価率」、計算の定数の過去の変化などの要因で金額は若干前後します。しかも厚生年金保険料には上限があるので、年収でだいたい1060万円以上の人はこれらの計算とは違う結果になります。繰り返しますが、正確にはねんきんネットなどで計算するようにしてください。

公的年金の本質は「長生きリスクに備える保険」で、最大の利点は終身でもらえること。60歳以降働き続けることによる増額のペースは厚生年金加入が480カ月を超えて経過的加算の上積みがなくなると落ちますが、増えた金額が亡くなるまで続く安心感は大きいといえます。

今後、年金の水準はマクロ経済スライドによる調整のため少しずつ目減りしていく可能性が高いでしょう。社会保険労務士の小野猛氏は「だからこそ高齢期の就労や繰り下げの検討で、ベースとなる年金額を増やしておくことが大切」と指摘します。

注意点はねんきんネットも含めた様々な試算は通常、額面ベースであることです。実際の出費は税や社会保険料を引いた手取りで賄うことになります。金額や自治体にもよりますが、額面の1～1・5割程度低い手取りベースで資金計画をつくるべきでしょう。

●専業主婦の妻の社会保険料もお得

夫が厚生年金で働き続けると、妻が専業主婦である場合の社会保険料も基本的にお得です。夫が原則65歳になるまでは夫は国民年金の第2号被保険者でもあり（厚生年金は70歳になるまで加入可能です。厚生年金と国民年金第2号は対象期間が違いますので要注意です）、第2号被保険者の妻は第3号被保険者として、年金は扶養対象。つまり国民年金保険料負担はありません。夫が65歳になると妻は第3号ではなくなり、妻が60歳になるまでは国民年金保険料の負担が発生することは知っておきましょう。

次は健康保険。健康保険と厚生年金は通常はセットですが高齢期は必ずしもそうではありません。夫がずっと会社の健康保険加入で働き続けられる場合、夫が75歳になるまでは夫の会社の健康保険の被扶養者として妻は健康保険料の負担がありません。夫が75歳以上になると、夫は後期高齢者医療保険制度の加入者になります。後期高齢者は扶養という仕組みがありませんので、妻は自分が75歳未満のうちは国民健康保険料を、自分が75歳以降は後期高齢者医療保険制度の保険料を払うことになります。

●年金が削られる在職老齢年金、60代前半は法改正で改善

60歳以降も厚生年金保険に加入して働くと、年金が減額になったり支給停止になったりすることがあります。在職老齢年金という仕組みです。減額などの対象になるかどうかは、厚生年金の月額と60歳以降の収入（賃金月額）の2つで考えます。

まず知っておきたいのは、年金の調整といっても基礎年金は無関係だし、働くといっても厚生年金の加入以外、例えば自営業なども無関係ということです。厚生年金に加入して働く場合だけ、本来もらえるはずだった厚生年金が減額されることがあるのです。

減額の基準は、２０２２年3月までは64歳までと65歳以上で異なります。２０２２年3月までは、65歳未満の場合、毎月の賃金（月収＋賞与の12分の1）と厚生年金の合計額が28万円を超えると減額が始まりました。65歳以降は減額が始まる基準が47万円以上と緩やかです。

これが２０２２年４月以降は、65歳未満も47万円以上と、65歳以上と共通の緩やかな基準に変わります。どのように減額されるのか、２０２２年４月以降の共通の基準額である47万円を例にみてみま

図表3-13　**在職老齢年金の支給停止の基準額が改正**

	22年3月まで	22年4月以降
65歳未満	28万円	47万円
65歳以降	47万円	

在職老齢年金の計算方法（22年4月以降）

65歳未満・以上共通

ポイント
- ●賃金月額とは…月収（標準報酬月額）＋直近1年の賞与の合計÷12
- ●基礎年金は計算に関係なし

①老齢厚生年金と②賃金月額の合計額
- → 合計額が47万円以下 → ①は全額支給
- → 合計額が47万円超 → 支給停止額③＝（①＋②－47万円）÷2、在職老齢年金＝①－③

65歳以上の在職老齢年金（太字）*すべて万円

		本来もらえる厚生年金の月額			
		5	10	15	20
賃金月額	10	**5**	**10**	**15**	**20**
	20	**5**	**10**	**15**	**20**
	30	**5**	**10**	**15**	**18.5**
	40	**5**	**8.5**	**11**	**13.5**

例）年金が月15万円で賃金月額が40万円なら、支給停止額は（15万円＋40万円－47万円）÷2で4万円。本来もらえるはずだった老齢厚生年金15万円が、4万円減額されて11万円に。

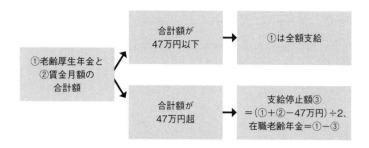

しょう。

特別支給の老齢厚生年金がある人が、厚生年金月額と賃金月額（月収に、直近1年の賞与を12で割った金額を加えたもの）を足して47万円以下なら、特別支給の老齢厚生年金はそのまま全額もらえます。47万円を超えたら、減額が始まります。減額される額は（厚生年金＋賃金月額－47万円）÷2です。ちょっとややこしいですが、要するに厚生年金と賃金月額の合計が47万円を超えると、超えた額の半分が厚生年金月額から差し引かれるということです。

例えば厚生年金が月15万円で賃金月額が40万円なら、支給停止額は（15万円＋40万円－47万円）÷2で4万円。本来もらえるはずだった特別支給の老齢厚生年金15万円が、4万円減額されて11万円になります。従来は65歳未満は、減額が始まる基準額が28万円だったために、特別支給の老齢厚生年金を受給しながら働いている65歳未満の人のうち減額対象者は5割強いました。しかし47万円に緩められたために2022年4月以降は15％に急減する見通しです。

変化を図表3－14でみてみましょう。上は改正前の65歳未満、下が改正後の65歳未満と65歳以降の共通のケースです。厚生年金月額はともに10万円で計算しています。65歳未満の人の対象者は改正前と改正後で、賃金の範囲によっては、収入の合計額が上向くのがわかります。このように65歳未満で在職老齢年金の対象になる人には基準緩和は大きな朗報です。

ただ対象は特別支給の老齢厚生年金ですから、受給開始年齢は65歳に向け段階的に引き上げ中で、男性では1961年4月生まれ以降は対象者はいなくなります。在職老齢年金改正の対象者は

図表3-14　在職老齢年金で受け取る総額

22年3月までの65歳未満　*本来の年金月額10万円のケース

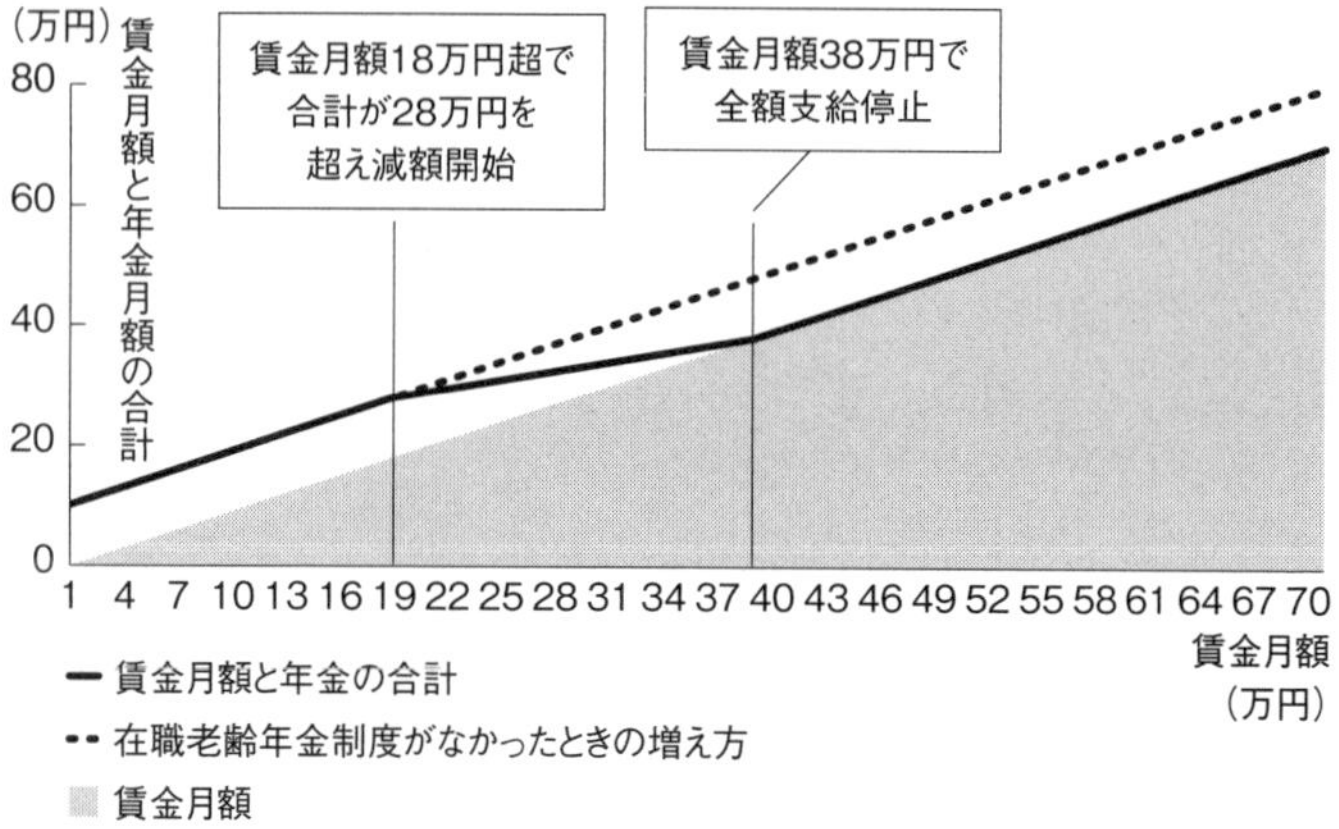

22年4月からの65歳未満と、65歳以上(改正前も改正後も同じ)　*本来の年金月額10万円のケース

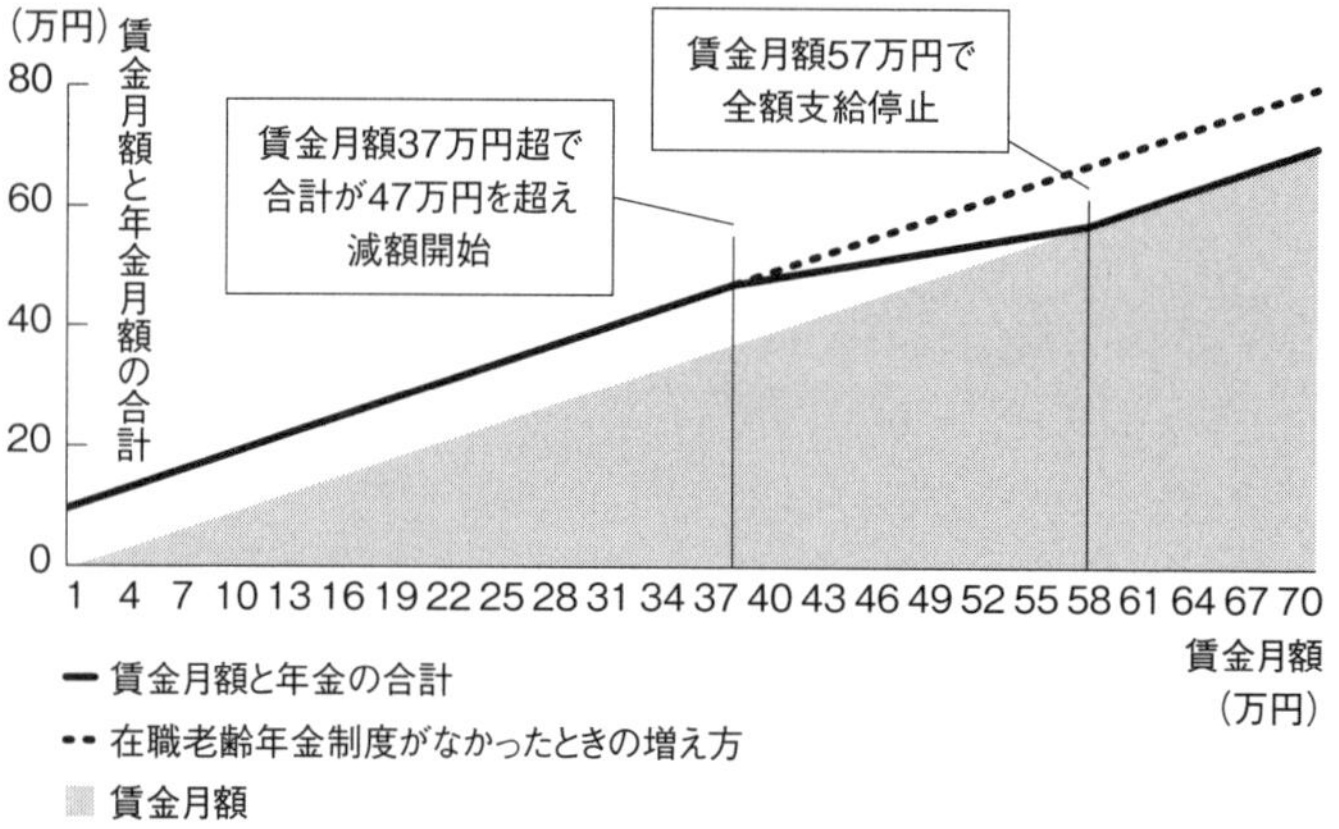

2022年4月以降に特別支給の厚生年金を受給する人なので、基本的に男性では1957年4月2日～1961年4月1日生まれ、女性で1957年4月2日～1966年4月1日生まれとかなり限られます。

●在職老齢年金で減額されても働くほうがお得

減額基準が47万円以上に共通化されるとはいえ、賃金が高額な人などはやはり在職老齢年金による減額が心配でしょう。

しかしどうも「年金減額」という言葉の印象から、あたかも総額そのものが減ってしまうかのようなネガティブイメージが強すぎるような気がします。もう一度図表3-14で、今度は改正後の下のほうだけをみてみましょう。横軸の賃金月額が大きくなっていき37万円を超えると、年金月額10万円との合計が47万円を超え減額が始まります。超過額の半分が減額されるので、実線で示した合計の線の上昇角度は半分になってしまいます。しかし合計額は増え続けてはいるのです。賃金月額が47万円を超えると計算上年金は全額停止ですが、その後は賃金月額の増加のまま合計額も増えます。

もし在職老齢年金の対象になるのを嫌がって一切働かなければ、合計額は年金月額だけで10万円のまま横ばいです。

あるいは在職老齢年金の適用になる寸前の37万円の賃金より高く働かなかったらどうでしょう。確かに年金の支給減額からは免れますが、合計額は47万円のまま。そのまま働き続けて47万円の賃金月額（合計で57万円）を稼ぐのに比べると、合計額は10万円少なくなってしまいます。

そしてなるべく高い賃金月額で働き続ければ、厚生年金が再計算され、年金額がアップします。例えば現役時代平均500万円で38年間働いた人が60歳以降平均月額33万円で10年間働くと、働かないのに比べ、70歳以降の厚生年金は年に27万円（経過的加算を含む）増えます。

減額されるのは確かに嫌ですが、在職老齢年金を受けて働いている間の年金と賃金の合計額も、退職後の年金額も、多く働けば働くほどたくさん支給されることを知っておきましょう。

もちろん、必ずしも会社員にこだわる必要はありません。それまでの経験を生かしてフリーランスや自営業などで十分なお金を稼げると思う場合は、厚生年金加入ではないので年金減額はありません。

【3】パート・非正規・シニアなど短時間労働者も厚生年金に入りやすく

●厚生年金は「避ける」から「選ぶ」へ

長寿時代にはなるべく多くの人が2階部分の厚生年金も受け取れるようにしたうえで、長く働き、年金額を増やすことが大切です。そのための重要な改革案のひとつが、図表3-15に示す週に20時間以上30時間未満の短時間労働者への厚生年金の適用拡大です。対象はパート主婦だけではありません。

1990年代半ばに社会に出た就職氷河期世代をはじめ、非正規雇用を続けてきた人たちなどの老後

図表3-15　週20時間以上30時間未満の厚生年金加入条件の変化

	改正前	改正後
対象企業	501人以上	22年10月から101人以上 24年10月から51人以上
勤務期間	1年以上見込み	22年10月から、2カ月超見込み
労働時間	20時間以上	
月額賃金	8.8万円以上(年換算で約106万円以上)	
学生	除外	
新たな加入者	47万人(20年3月)	101人以上は45万人、 51人以上は65万人

の支えを厚くすることになるほか、60歳以降のシニア層も対象です。

厚生年金の加入対象は原則週30時間以上の勤務です。これが2016年秋以降、週20時間以上の短時間労働でも、従業員501人以上の企業なら月収8・8万円(年収約106万円)以上などの条件を満たせば加入するようになりました。

そして今回の法改正では、対象企業の従業員数の条件を2022年10月に101人以上、2024年10月に51人以上に段階的に緩めます。こうした条件緩和で約65万人が新たに厚生年金の加入対象になる見通しです。

ちなみに20時間以上という勤務時間は契約上の所定労働時間であり、臨時に生じた残業時間は含みません。また月額賃金8・8万円については、基本給と諸手当を指しますが、残業代や賞与、通勤手当や家族手当は含みません。

新たに対象になる会社勤めの短時間労働者は、どんな選択をすればいいのでしょうか。勤務時間や年収を圧縮して適用を避けるか、積極的に厚生年金加入を受け入れるか。判断の際は加入で何が変わるか知っておくことが大事です。

影響や変化は、現状が「①派遣などで働く単身の短時間労働者や、自営業者の妻など第1号被保険者」「②会社員の妻など配偶者に扶養されている第3号被保険者」「③60歳以上のシニア層など国民年金非加入者」で違いがあります。図表3-16は、それぞれの区分の人たちが10年間厚生年金に加入した結果です。

●第1号被保険者の厚生年金加入は無条件でお得

まず、勤務時間や月収が今回の改正対象となる人のうち45%を占めるのが、①第1号被保険者です。この人たちは厚生年金加入が明らかにプラスです。図表3-16は厚生年金加入となる最低収入である月収8・8万円（年収106万円）のケースを示しています。今でも自分で国民年金と国民健康保険の保険料の合計1万9100円を払っていますが、厚生年金に入ると会社が保険料を折半負担しますから、本人負担は1万2500円に軽くなります。その上、今のままでは受け取れない厚生年金が収入や加入期間に応じて将来上積みされます。月収8・8万円で10年間なら月に4600円の上積みです（厚生年金額は本来は1年加入すれば年収×0・005481%上積みになりますが、賃金の再評価など前提次第で金額がやや変わります。ここではおおまかな金額として考えてください）。

厚生年金に加入すると、老後の年金だけでなく、病気やけがで働けなくなった時の障害年金や、働き手が亡くなったときの遺族年金も、金額が上積みされる利点もあります。

また厚生年金は会社員の健康保険とセットです。会社員の健康保険は病気やケガで働けなくなったときに収入の3分の2を受け取れる「傷病手当金」があるなど、国民健康保険より手厚くなっています。目先の保険料負担は減り、将来のメリットが増えるわけです。

次に、約27％を占める第3号被保険者はどうでしょうか。現状は扶養対象のため保険料負担がありませんが、厚生年金に加入すると保険料負担がこの例では1万2500円発生します。これだけをみるとマイナスです。

一方で将来、厚生年金が上積みされ、いざというときは傷病手当金がもらえるなど第1号被保険者と同じメリットが得られます。長く生きるほど負担に比べた年金増のメリットが大きくなりますが、目先の手取り減を嫌がる人も多くいます。その場合の解決策は、保険料を負担しても手取りが減らない給与になるよう働く時間を増やすことでしょう。

「106万円の壁」を超える直前の年収105万円の手取り額を、新たな保険料負担を差し引いても上回る年収水準は約125万円です。年収をこの水準まで増やせば手取りは減らず、将来の年金増や手厚い健康保険のメリットを得られます。

最後にシニア層など国民年金の非加入者。60歳超なら国民年金保険料は発生せず、このケースでは月2700円の国民健康保険料を負担しています。

●月収8.8万円（年収106万円）の場合

	厚生年金保険料	健康保険料	増える報酬比例部分の年金額（目安）	医療保険給付
20年間加入	月額8,100円	月額4,400円	月額9,000円／年額108,600円×終身	医療費給付＋傷病手当金 出産手当金
10年間加入	月額8,100円	月額4,400円	月額4,600円／年額54,700円×終身	
1年間加入	月額8,100円	月額4,400円	月額500円／年額5,400円×終身	

厚生年金・健康保険被保険者
（月額・10年間加入の場合）

支払額
保険料（会社）12,500円
保険料（本人）12,500円

受取額	
傷病手当金等	厚生年金4,600円 （終身）
医療費給付	基礎年金65,000円 （終身）

厚生年金・健康保険被保険者
（月額・10年間加入の場合）

支払額
保険料（会社）12,500円
保険料（本人）12,500円

受取額	
傷病手当金等	厚生年金4,600円 （終身）
医療費給付	基礎年金65,000円 （終身）

厚生年金・健康保険被保険者
（月額・10年間加入の場合）

支払額
保険料（会社）12,500円
保険料（本人）12,500円

受取額	
傷病手当金等	厚生年金4,600円 （終身）
医療費給付	基礎年金65,000円 （終身）

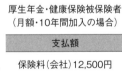

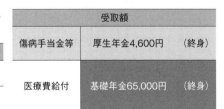

図表3-16　個人の受益と負担

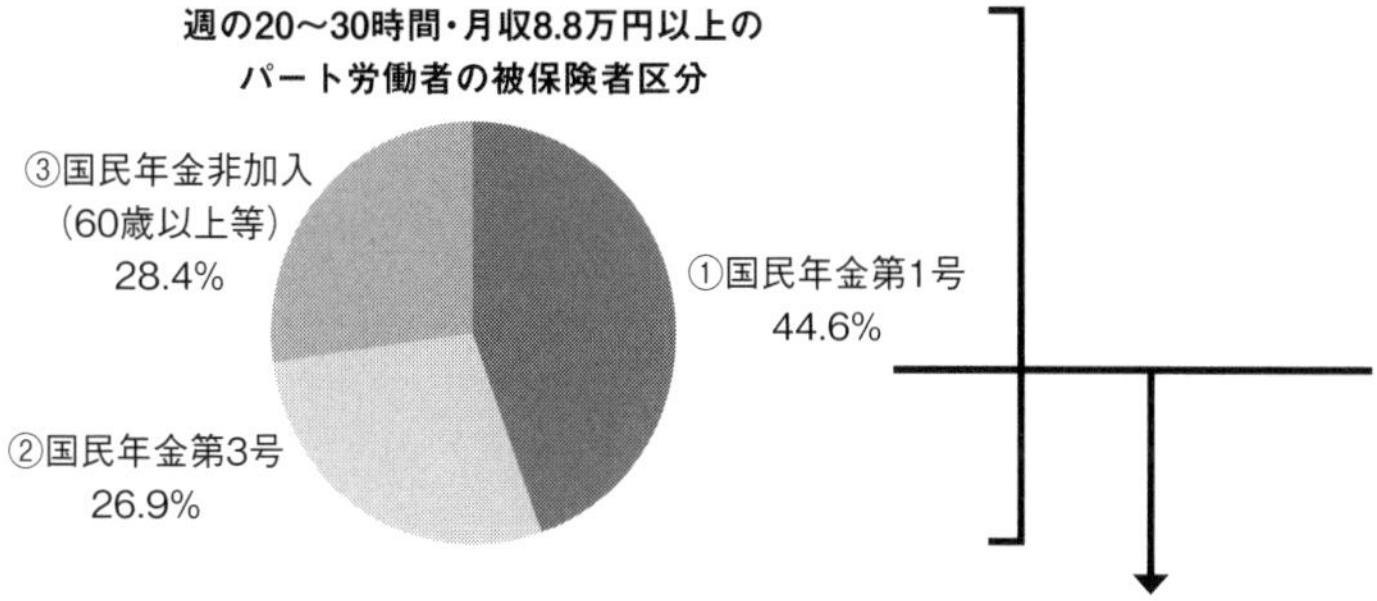

①単身者、自営業者の配偶者など
（国民年金第1号被保険者、国民健康保険加入者）

支払額	受取額	
保険料19,100円	医療費給付	基礎年金65,000円　（終身）

②サラリーマン家庭の主婦など
（国民年金第3号被保険者、健康保険被扶養者）

支払額	受取額	
※被扶養の場合、個人での保険料の支払いなし	医療費給付	基礎年金65,000円　（終身）

③高齢者（60歳以上）等（国民年金非加入者、国民健康保険加入者）
※国民年金非加入者には、60歳以上の者のほか、20歳未満の者等も含まれる

支払額	受取額	
※国民年金保険料はなし 保険料2,700円	医療費給付	基礎年金65,000円　（終身）

注）図は報酬比例部分の年金額が増える分を示しているが、厚生年金の加入期間が480月（40年に満たない者の場合は、更に経過的加算〔基礎年金増に相当〕が加算される。）

出所）厚生労働省

厚生年金に加入すると、図表3-16の第1号被保険者と同じ金額で会社と折半での厚生年金保険料・健康保険料が生じます。将来の年金増額などのメリットは第1号と同じですが、目先の手取り減を避けるにはやはり収入を増やして働くのが有効です。

●専業主婦、「106万円の壁」越えで目先は手取り減でも将来取り戻せる

先ほど新たに保険料負担が発生するとした会社員の妻（第3号被保険者）がより長い勤務時間や高い収入で厚生年金に加入したら、負担と受益の関係はどう変わるでしょうか。

まず厚生年金に加入しない直前の年収105万円と、「壁越え」をして年収110万円になった場合を比べてみます。収入は5万円増えているのですが、各種保険料負担が16万円程度発生し、手取りは年に約11万円減ります。このまま10年間働いた場合、負担の総額は111万円となります。

一方で、年収110万円で10年働けば、65歳以降厚生年金が年に約6万円もらえるようになります。110万円の負担を何年で取り返せるかと考えれば18年。つまり83歳以上まで長生きすれば、将来の厚生年金増が上回ることになります。

仮に70歳で亡くなってしまえば、年金の受取期間が短いので差し引き74万円の損です。しかし女性が90歳まで生きる確率は約6割です。厚生年金加入時の保険料負担は、多くの女性が将来取り戻せると考えていいでしょう。

しかも、どうせ壁越えをするのならぎりぎり越えるのではなく、大きく越えたほうがお得です。

図表3-17　パートの妻が「106万円の壁」を越えて厚生年金に加入し10年間働くと…

働く年収	① 年収105万円と比べた世帯の手取り減額（10年間の合計）	② 将来受け取る厚生年金の増加（年額）	65歳以降各年齢まで生きた場合の損得（②×65歳以降の年数＋①）				
			70歳	83歳	87歳	93歳	100歳
110万円	▲ 111	6.0	▲74	4	32	64	106
125万円	△ 0	6.9	42	133	161	203	252
150万円	△ 190	8.2	239	346	375	428	482

注）年金の受給開始は65歳、▲はマイナス、筆者概算

図表3-18　106万円の壁のイメージ

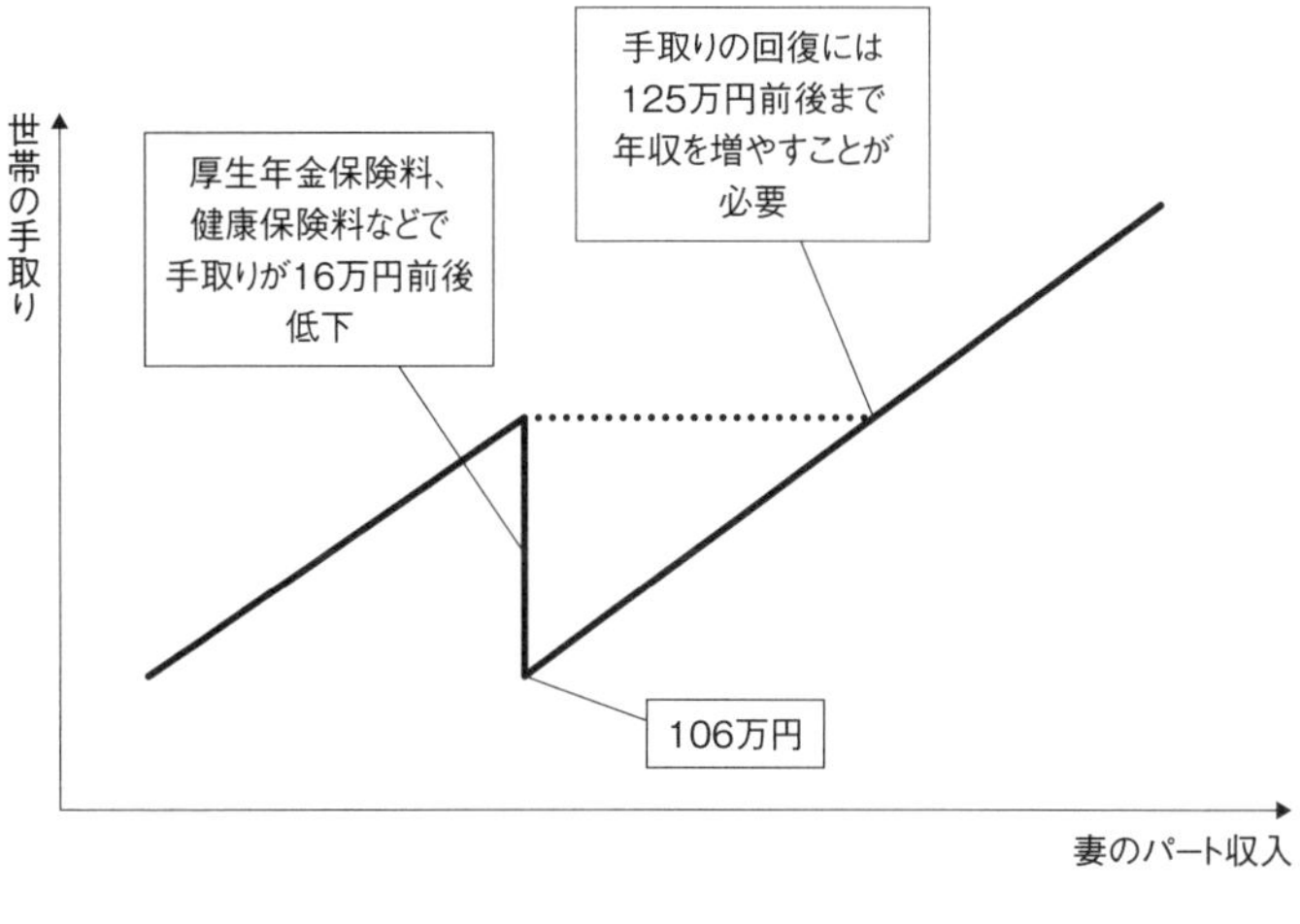

壁越えをしても手取りが減らない年収125万円で10年働いた場合、将来厚生年金は年6・9万円増えます。87歳まで生きれば、差し引き160万円のお得です。

いっそのこと年収150万円で10年働けば、手取り自体も年収105万円に比べて年に19万円増えているので、10年分の手取り増と厚生年金との合計で、87歳までで375万円も得をします。

先ほどの高齢会社員の例と同じで、傷病手当など会社員の健康保険ならではのメリットもさらについてきます。

●「130万円の壁」越えもお得、働く時間を延ばすのがカギ

週20時間超や年収106万円超で厚生年金に加入となるのは2024年10月以降も当面は従業員51人以上の会社です。それ以下の会社では原則的に、従来通り週30時間を超える人が厚生年金の加入対象になります（労使合意がある場合だけ規定の人数以下の企業でも同条件で厚生年金加入可）。

130万円以上なら社会保険上の扶養をはずれ、保険料などで年間の負担が約17万円増えます。もし130万円以上になり様々な保険料負担が発生する場合、元の手取りまで回復するには、155万円前後まで年収を増やすことが必要になります。このため、130万円未満で働くのをやめる人も多くいて「130万円の壁」とも呼ばれます。

ちなみにこの130万円という基準は、先ほどの106万円と異なり、残業代や家族手当や通勤手当など全収入で計算されます。このため年末が近づくと就業時間などを抑えれば、130万円未満に

図表3-19　パートの妻が「130万円の壁」を越えて厚生年金に加入し10年間働くと

働く年収	①年収129万円と比べた世帯の手取り減額（10年間の合計）	②将来受け取る厚生年金の増加（年額）	65歳以降各年齢まで生きた場合の損得（②×65歳以降の年数＋①）			
			67歳（150万円で10年働くと得になる年齢）	87歳（130万円で10年働くと得になる年齢）	93歳	100歳
130万円	▲161	7.2	▲139.4	5	48	98.2
150万円	▲17	8.3	7.9	174	224	281.8

年金の受給開始は65歳、▲はマイナス

調整しやすいわけです。

１０６万円の壁と同様に、従業員５００人以下の会社にパートで働いていて１３０万円の壁を越えた場合の損得を計算してみましょう。

年収が１２９万円から１３０万円に上がると、収入は１万円増えているのに保険料負担が17・1万円発生するので、手取りは年16・1万円減ります。10年働けば計１６１万円の保険料負担です。ただしこの場合、将来厚生年金が年に7・2万円増えます。87歳で将来の厚生年金が保険料負担の合計額を逆転し、２０５０年に女性の半分が生き残る93歳まで生きれば48万円のプラスです。

しかし、どうせ壁越えをするなら大きく越えるべきで、年収１５０万円で働けば手取り減は年1・7万円ですみ、10年合計でも17万円です。年金をもらい始めて３年目の67歳ですでに厚生年金の受け取りが保険料負担を上回り、93歳まで生きれば差し引きで２２４万円ものプラスです。

将来の厚生年金を考えれば壁越えのほうがお得で、どうせ越えるなら大きく越えたほうがいいというのは、106万円の壁と同じです。

●「130万円の壁」を越えるなら週30時間以上勤務を

「130万円の壁」で要注意なのは、500人以下の会社の場合、厚生年金への加入は年収が条件ではなく、あくまで週30時間以上（所定労働時間が40時間の場合。正確には正社員の所定労働時間の4分3以上）が加入条件だということです。

一方で、夫に扶養されている妻（第3号被保険者）の場合、別途年収が130万円を超えると夫の社会保険の扶養からはずれて自分で各種保険料を払うことになります（税金上の配偶者控除がなくなる103万円と混同しないようにしてください）。

つまり年収が130万円を超えても、勤務時間が週30時間を超えていなければ、厚生年金には加入できません。すると、自分で国民年金保険料と国民健康保険料などを払うことになります。この合計は年に30万円弱になります。新たにこの負担が発生する一方で、厚生年金ではないので将来受給できる厚生年金が増えるわけではありません（将来受け取る国民年金は定額なので、専業主婦のままでも会社勤めをしてもどちらも同じです）。

将来の年金増がなく目先の保険料負担増だけなので、かなり不利な選択となります。最初から30時間以上であれば問題はないですが、年収が130万円以上でも時給が高い場合などは週30時間を満たしていないケースもあり得ます。そういう場合は、単に社会保険上の扶養がはずれるだけという不利な事態にならないように、どうせなら勤務時間を延ばして週30時間以上にして、厚生年金への加入を考えるべきでしょう。あるいは、保険料負担のない第3号被保険者でいたほうがいいという選択もあり得ます。

【4】別れる前に知りたい離婚年金分割

●制度は2種類、年3万組活用、事前の情報請求で額把握

離婚をするときに、将来の年金（正確には年金納付の記録）を分けられる年金分割という仕組みがあります。2019年度には、約2万9000組が、この仕組みを活用しました。

年金分割は「合意分割」（図表3-20）と「3号分割」の2種類があります。共働きでも、会社員や公務員の妻の専業主婦（第3号被保険者）でも、結婚期間すべてを対象に、50％を上限に分割割合を決められるのが合意分割です。一方、第3号被保険者が2008年4月以降の結婚期間なら一律50％の分割が認められるのが3号分割です。3号も2008年4月以前の結婚期間については、合意分割で分割割合を決めることになります。

自分の場合、年金分割でどれくらい厚生年金が増減するかは配偶者に知られずに事前に年金事務所

図表3-20　**厚生年金の合意分割のイメージ**

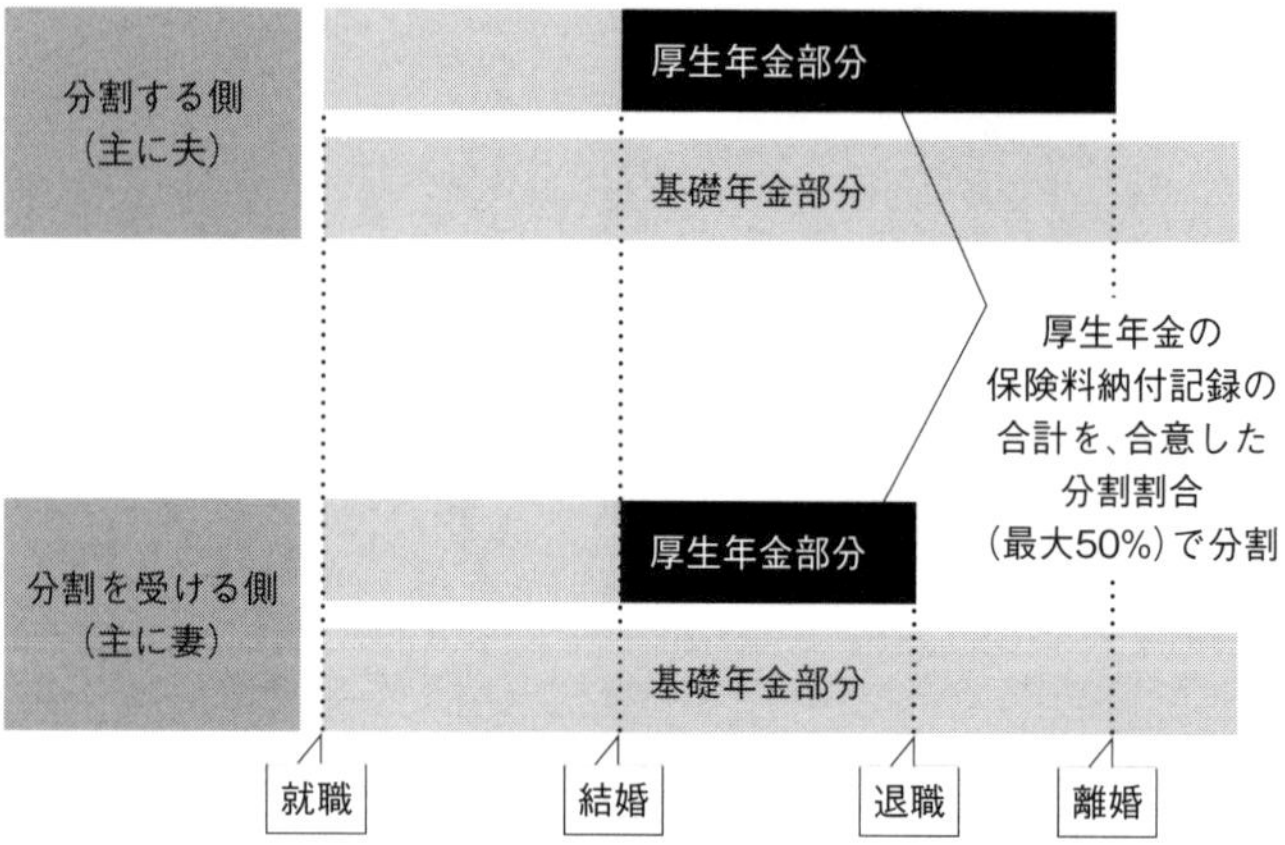

で情報提供を受けられます。①婚姻期間を明らかにする戸籍謄本、②基礎年金番号――などをそろえ、分割割合をどれくらいで想定するかを伝えると、数週間で回答が来ます。

●合意分割ではほとんどが50％に

情報提供を受けた後は、分割割合について合意を探ることになります。合意すれば請求手続きに入りますが、合意不能なら家庭裁判所の審判や調停などを申し立てることになります。ただし、審判になると大半が50％になります。夫婦が共同で保険料を納めてきた、という考え方が前提にあるからです。

要注意なのは、年金分割の対象は厚生年金部分だけで、基礎年金や企業年金は分割制度の対象外ということです。しかも、結婚期間だけが分割の対象です。基礎年金や結婚期間以外も含めた夫の年金全体が折半されると思っている女性が多いのですが、これは間違いです。基礎年金が対象外というのは、基礎年金は個人単位で与えられたまさに最低保証にあたる金額なので、これは分割できないという趣旨です。

厚生労働省の2019年度の統計では、増額される側の平均は月約3万1000円です。それほど大きな金額でありません。ただ、配偶者の年収が高い場合などは5万円程度増える人も結構いるようです。

夫が亡くなれば中断されると思っている人も多いのですが、年金分割された金額は、あくまで自分の年金ですから、自分が生きている限りずっともらえます。仮に月3万円強でも終身でもらえるのですから、人生100年時代の大きな支えです。

また、分割された年金は自分が再婚してももらえます。再婚すると中断されると思っている人も多いのですが、これも間違いです（再婚するともらえなくなるのは遺族年金です）。

●請求は2年内に

年金分割が成立すればすぐ現金をもらえるわけではなく、年金分割を受けられるのは自分の年金の受給が始まる時期です。早めにお金が欲しい場合、年金分割の割合を減らして合意し、別途他の財産の分与を多くもらう選択もあります。

情報請求や夫婦の合意、審判などで結論が出れば、それで自動的に分割を受けられるわけではありません。離婚後2年以内に、年金事務所での請求手続きが必須です。審判や調停で分割割合が決まったのなら、それを示す審判書や調停調書の謄本などを提出します。この場合は、どちらか1人だけで年金事務所に行けばそれで大丈夫です。

話し合いによる合意の場合は2人で年金事務所に行き、「合意書」を提出することが原則として必要です。でも「もう顔を合わせたくない」として弁護士に委任したり、親に委任したりする人も多いようです。

もうひとつの仕組みである3号分割も、自動的に決まるのは分割割合だけです。やはり2年以内に年金事務所に請求しないと分割を受けられないので気をつけましょう。

年金分割は離婚にまつわるお金の問題の一部にすぎません。分割の対象外の企業年金なども、通常は結婚期間に応じて半分を請求できます。年金分割に気を取られ、その他の財産分与を忘れる人も結構いますので注意しましょう。一般の財産分与も、離婚後2年が請求期限となります。

【5】遺族年金は家族の形で大差

●遺族基礎年金は子供1人で年約100万円

公的年金は年をとったときの老齢年金をもらえるだけでなく、人生の様々なリスクを保障する総合パッケージだと何度か書きました。その大きなものが、世帯主が亡くなった後で遺族が受給できる遺族年金です。

人生１００年時代だからこそ、遺族年金についてきちんと知っておく必要があります。なぜなら遺族年金がいくらもらえるかは、家族の形態やお互いの収入によって千差万別だからです。

まず初めに現役世代の遺族年金を考え、その後、お互い年金の受給権がある65歳以降の遺族年金を考えます。

遺族年金は、遺族基礎年金と、会社員などに上乗せされる遺族厚生年金に分かれます。ともに遺族の年収が８５０万円未満であれば、亡くなった人に生計を維持されていたとみなされて受給対象となります（図表3-21）。

遺族基礎年金は、子供がいる年金加入者の全員が対象です。子供が18歳になった最初の3月末までもらえます。以前は、妻死亡時の夫は受給対象外だったのですが、２０１４年4月から妻死亡時の夫も対象になりました。金額は２０２１年度で一律年78万９００円で、子供１人につき年22万４７００円（３人目からは7万４９００円）の加算があります。子供１人なら年に約１０１万円です。

亡くなるのが夫か妻かで大きく違うのが、遺族厚生年金です。子供がいて夫が死亡した場合（図表3-22ａ）が最も手厚く、妻は再婚しない限り終身でもらえます（65歳以降は妻の厚生年金に振り替わる場合もあります）。

金額は、死亡時までの平均収入と加入期間に応じて変わります。遺族厚生年金の支給額は、亡くなった人の厚生年金の4分の3が原則です。50歳未満は「ねんきん定期便」で現時点の加入実績に応

図表3-21　もらえる遺族年金は？

		亡くなった人			
		会社員など（第2号被保険者）		自営業（第1号被保険者）や専業主婦（夫）（第3号被保険者）	
残された人	年金の種類	子あり（注1）	子なし	子あり（注1）	子なし
妻（夫が死亡）	遺族基礎年金	○	×	○	×
	遺族厚生年金	○	○（注3）	×	×
夫（妻が死亡）	遺族基礎年金	○	×	○	×
	遺族厚生年金	△（注2）	△（注4）	×	×

（注1）子ありの場合は子が18歳になった年度の末日まで。（注2）夫が55歳未満なら注1の期間だけ子が受給、55歳以上なら注1の期間だけ夫が受給。（注3）夫の死亡時に妻が30歳未満なら5年で打ち切り。（注4）妻の死亡時に夫が55歳以上の場合だけ60歳以降に支給　＊すべて受給者は年収850万円未満が条件。

じた厚生年金額がわかるので、その4分の3の金額だとわかります。一方、50歳以上の「ねんきん定期便」では60歳まで加入した場合の見込み額を記載していますので、もし今亡くなれば4分の3をかけた金額よりやや小さいことになります。

支給条件を満たせば、加入25年未満でも25年（300カ月）とみなしてくれます。図のaの場合は、定期便をみると厚生年金が35歳時点で年30万円でした。22歳で大学卒業後就職なら13年加入なので30万円を13で割って、1年分の厚生年金は2万3000円となります。遺族年金の場合、早く亡くなった場合は25年分で計算してくれるので、2万3000円×25年＝57万5000円となります。これの4分の3が遺族厚生年金なので、年約43万円になるわけです。

これに遺族基礎年金101万円と合わせると、年144万円になります。しかも、子供が18歳を

図表3-22　同じ共働きでも遺族年金はこんなに違う

夫と妻（同年齢）のどちらかが35歳で死亡、子供がいる場合は8歳、夫と妻の死亡時までの平均年収はともに420万円と仮定。年金は一部制度を省略。年金額は概算。

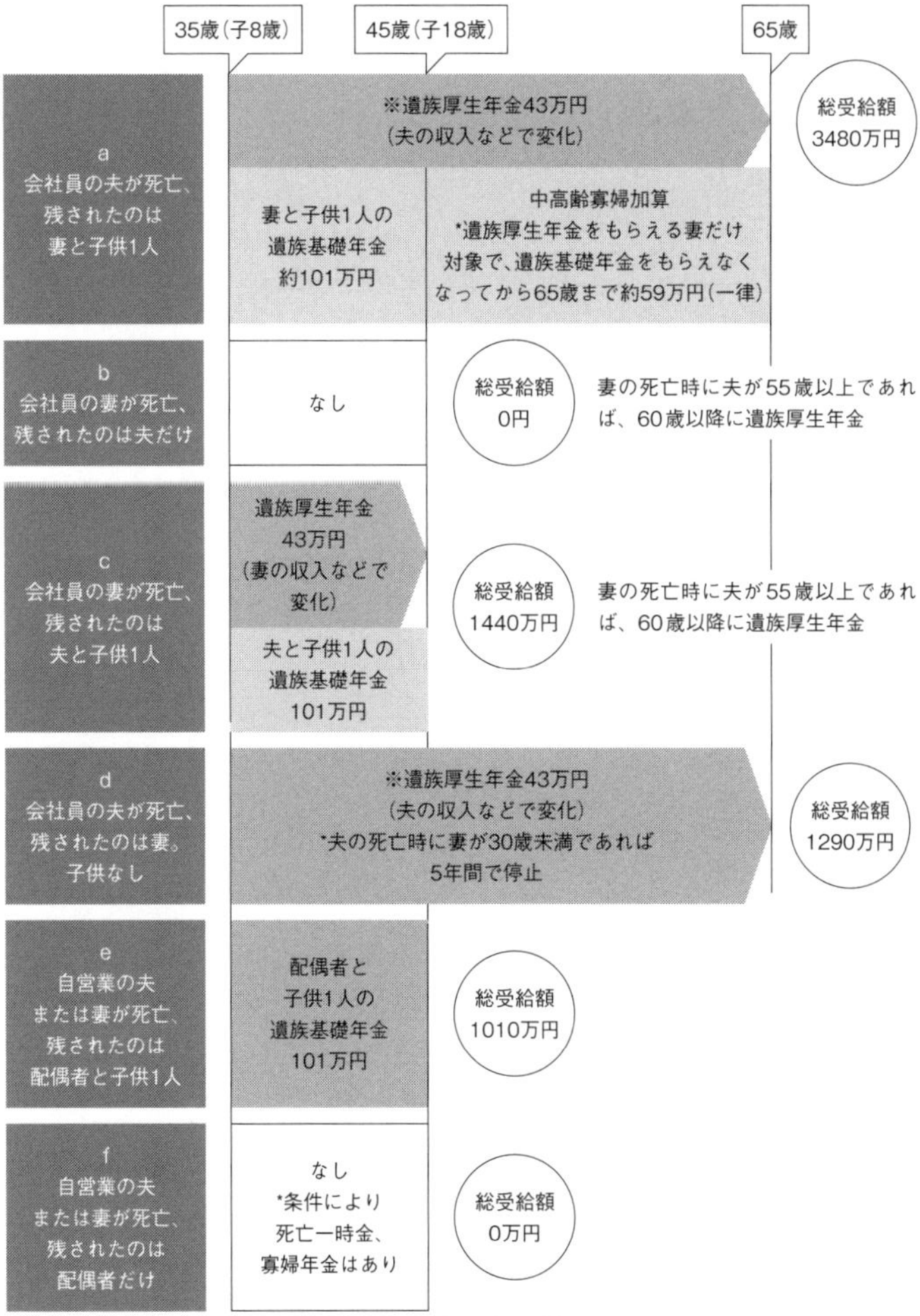

※遺族厚生年金は65歳以降は自分の年金に振り替わるケースも

超えて遺族基礎年金がなくなった時点で妻が40歳を超えていれば、年に58万円の中高齢寡婦加算（基礎年金の４分の３の金額です）が64歳まで続きます。64歳までの総受給額は３４８０万円にもなるわけです。

夫が住宅ローンの団体信用生命保険（団信）に入っているケースは多いですから、もし亡くなればローンがなくなります。社会保険労務士の小野猛氏は、「会社員の夫の遺族年金の多さを説明すると、生命保険が過剰だったと気づき、減額して家計の見直しにつながるケースも多い」と指摘します。

図表３-22ｄは子供がいないケース。夫の死亡であれば、再婚しなければ原則ずっともらえます（ちなみに事実婚でも遺族年金は打ち止めです）。総額１２９０万円です。ただ注意点があります。夫の死亡時に妻が30歳未満なら、遺族厚生年金は５年間で終わってしまうのです。

もし子供がいれば、夫の死亡時に30歳未満でも厚生年金は一生もらえるので、大きな差です（子供が18歳の年度末までは厚生年金に加えて基礎年金ももらえます）。ただ、子供がいても、もしその子が妻の30歳未満のときに亡くなれば、亡くなった時点で「子供がいない30歳未満」になったことになるので、やはりそこから５年で厚生年金は打ち切りです。

●超ややこしい妻死亡での遺族厚生年金

さてここからが妻の死亡時の遺族厚生年金の話なのですが、とてもややこしいです。念のため図表３-23にまとめてみましたが、こんなもの、実務で年金相談を受けている人以外誰も知らないだろう、

図表3-23　夫が60歳未満で厚生年金加入中の妻がなくなれば遺族年金は？

夫55歳以上60歳未満、18歳年度末までの子あり	夫55歳以上60歳未満、18歳年度末までの子なし	夫55歳未満、18歳年度末までの子あり	夫55歳未満、18歳年度末までの子なし
夫に遺族基礎年金と遺族厚生年金（子の18歳年度末までで終了）。夫が60歳以上になれば再び遺族厚生年金	夫に遺族厚生年金（60歳以降に支給）	夫に遺族基礎年金、子に遺族厚生年金（ともに子の18歳年度末までで終了）	なし

と思われます。わからなくても仕方がないので、自分の該当しそうなところだけ読んでいただければと思います。

子供がいなくて共働きの妻が亡くなると、先ほどの子供がいて夫が亡くなるケースとは大違いです。夫が遺族厚生年金をもらえるのは妻の死亡時に55歳以上の場合で、受給は原則60歳からだからです。妻が亡くなったとき夫が35歳である図表3−22のbの例では対象外です。つまり、年金の総受給額はゼロ円です。

18歳までの子供がいるcのケースでは、夫に遺族基礎年金が、子供に遺族厚生年金が支払われるというややこしいことになります。夫が35歳なので本来遺族厚生年金はないはずだけれど、子供がいて大変だから遺族厚生年金も支給はする。でも、もらえないはずの夫ではなく子供に払うよ、ということです。子供が18歳の年度末を過ぎれば、遺族基礎年金だけでなく遺族厚生年金もストップされます。子供の大学進学などの資金で家計が圧迫されるかもしれません。

ちなみに18歳までの子供がいて妻死亡時に夫が55歳以上なら、遺族厚生年金と遺族基礎年金がともに夫に払われます。しかし子供が18歳の年度末を過ぎれば両方ストップで、遺族厚生年金だけは夫が60歳になれば再び支給になります。……なんという複雑さでしょう！

ともかく会社員の場合、子供の有無にかかわらず、妻の死亡時の遺族年金は薄いといえます。夫婦が同じような年収で家計を支える状況なら、妻が死亡した場合の影響のほうが大きいということです。妻の収入がなくても家計が維持できるか考え、難しいなら、妻が生命保険で備えるのも選択肢となるでしょう。

●子のない自営業者は遺族年金ゼロも、独自に備えを

自営業者はどうでしょうか。子供がいれば遺族基礎年金は先の例と同じで配偶者のどちらが亡くなっても受け取れます。ただし遺族厚生年金がない分、総額は小さくなります。図表3-22のｅのケースでは、総額1010万円です。

子供がいない自営業者は夫婦のどちらがなくなっても遺族年金はありません（図表3-22のｆ）。「自営業者は生命保険が手薄すぎると感じることもある」と、先の小野氏は指摘します。特に住宅ローンの団信に夫しか加入していないケースで、共働きの妻が死亡する場合は注意が必要でしょう。

とはいっても、むやみに割高な保険に入ると、これはこれで家計が圧迫されます。加入する場合は、費用をなるべく抑えるため月10万円程度の保険金を確保するのも一案です。ひとつの選択は、収入保

障保険です。

収入保障保険は、死亡してから満期まで、年金方式で一定の金額が支払われていく仕組みです。加入当初の保障総額（月額×満期までの期間）は大きくても、時間の経過とともに保障総額が減るので保険料が比較的安くすみます。インターネット生保で35歳の女性が月10万円の年金が出る収入保障保険に60歳満期で加入すると、保険料は月2000円台半ばです。

●65歳以上の遺族年金、共働きは年金半減も

ここからはお互い年金の受給権があり、18歳までの子がいない65歳以降の夫婦の例を考えていきます。

「夫の死亡時、妻が遺族年金の少なさを知り驚くケースは多い」。社会保険労務士の高橋義憲さんはそう話します。会社員だった配偶者（夫と想定）の死亡後、年金額はどうなるのでしょうか。

まず1階部分の夫の老齢基礎年金はなくなります。2階部分の厚生年金は65歳以降は、①夫の老齢厚生年金の4分の3、②夫の老齢厚生年金と妻の老齢厚生年金の半分ずつ、③妻の老齢厚生年金――のうち最も高い金額が自動的に選択されます。図表3-24の老齢厚生年金が夫120万円、妻40万円の例では、①の90万円が最も高くなります。

その枠の中で妻自身の老齢厚生年金40万円が優先支給され、残り50万円が遺族厚生年金として支給されます。妻の基礎年金78万円との合計は168万円で、夫の死亡前の世帯の年金の53%です。

図表3-24　配偶者の死で世帯の年金（年額）はどう変わる？

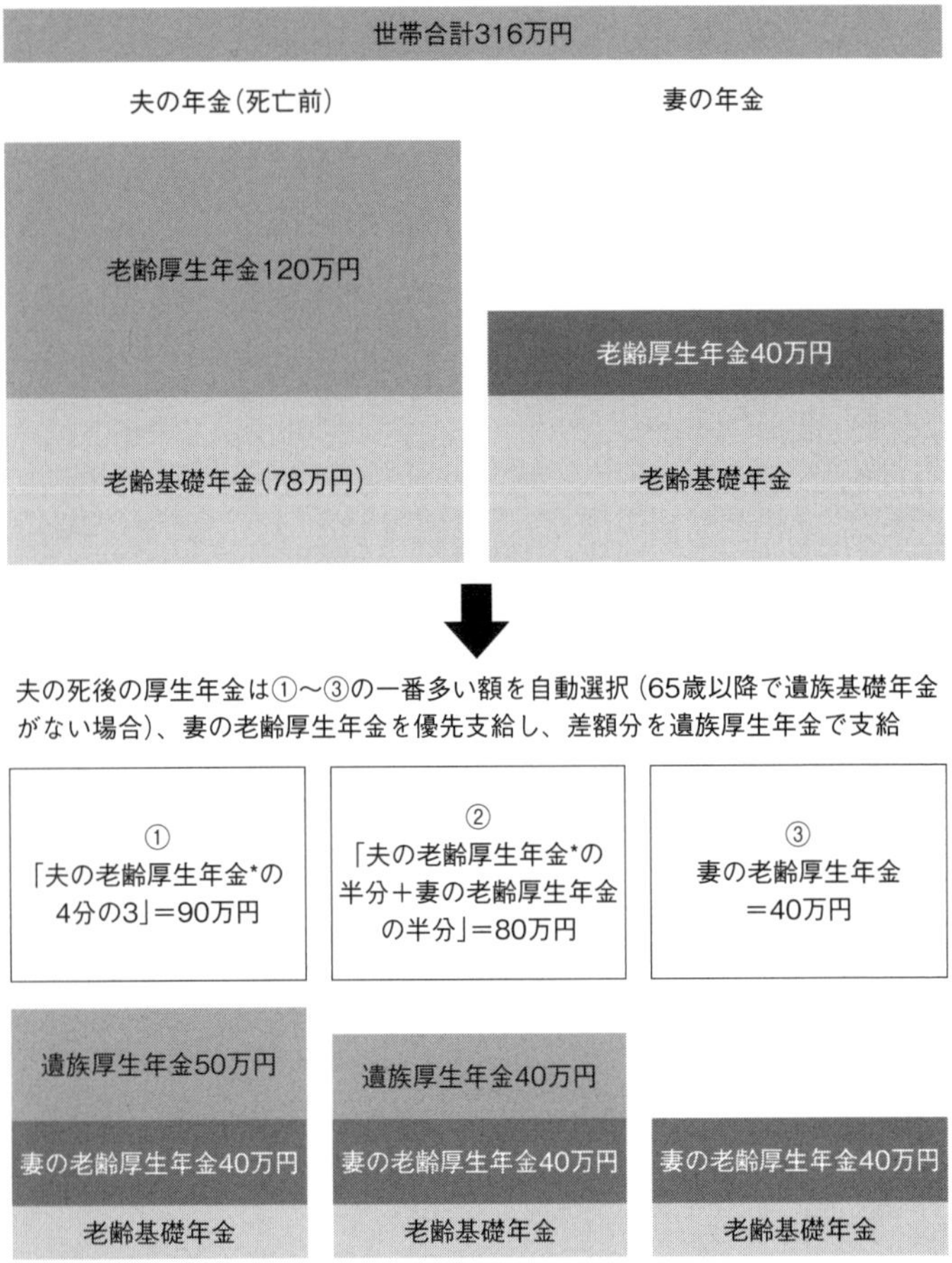

*は報酬比例部分
金額は一例

では妻の老齢厚生年金が少なかったり多かったりすれば、夫の死後の年金額はどう変わるのでしょうか。夫の老齢厚生年金が年120万円、老齢基礎年金が1人78万円の例で、妻の老齢厚生年金額を変化させて試算してみました。

減額率は夫婦の老齢厚生年金の額が近いほど大きくなります。共働きで妻の老齢厚生年金が夫と同じ120万円なら、夫の死後の厚生年金は②も③も同じで120万円。基礎・厚生年金の合計は198万円で、夫の生前の半額。共働きは生活水準が上がりやすいので、夫の死後の減額率の大きさは要注意です。

●減額率より大事なのは年金額

では、妻はあまり働かないほうがいいのかというと違います。変化率より重視したいのは受給額です。妻の老齢厚生年金が120万円だった場合の夫の死後の年金198万円は、妻の老齢厚生年金が40万円だった場合の168万円よりも大きいですね。

図表3-25のグラフでもわかるように、妻の老齢厚生年金が増えるにつれ夫の死後の年金合計額は右肩上がりに増えていきます。先ほどの計算式のうち妻の老齢厚生年金が計算に反映される②または③が、夫の老齢厚生年金だけで決まる①を上回るようになるからです。

妻の老齢厚生年金が夫の死亡前より多ければ、夫の死亡前と比べた死後の年金額の比率も、夫婦の年金額が同額の場合より高まります。

図表3-25　妻の老齢厚生年金額により夫の死後の年金額は変化

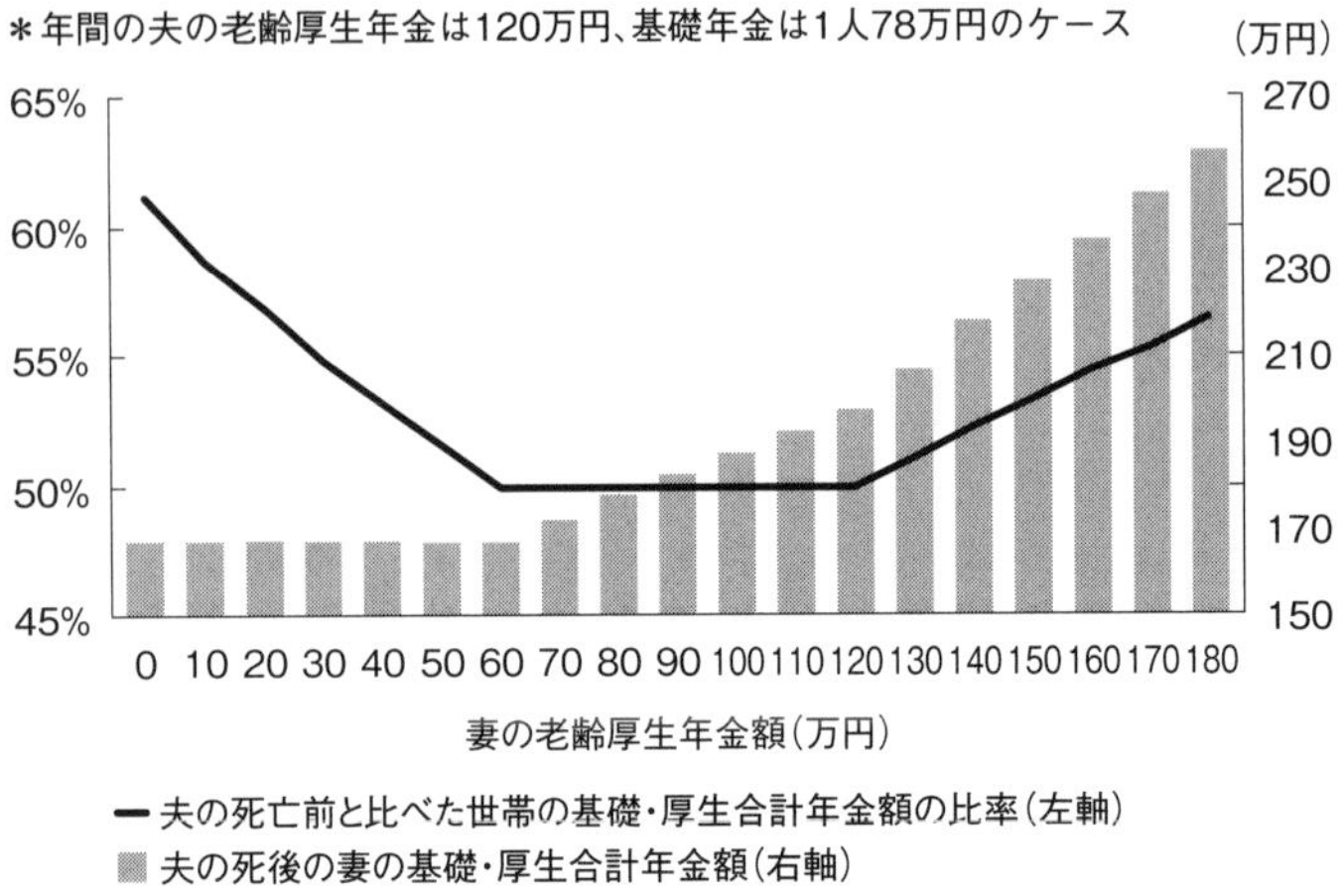

●妻自身の繰り下げ効果が消える場合も

次に考えたいのは、妻が自分の年金を繰り下げていた場合、夫の死はどう影響するかです。年金は原則65歳支給開始ですが、1カ月遅らせるごとに0・7％増額されます。

妻の本来の厚生年金が40万円の場合、厚生年金を5年繰り下げで42％増やして56万8000円にしても、夫の厚生年金が120万円なら、死後一番多いのは繰り下げない場合と同じ①（図表3-24）で90万円です。妻の厚生年金が優先支給されるので、内訳が妻の老齢厚生年金が56万8000円、遺族厚生年金が33万2000円に変わるだけです。繰り下げた後の受給開始後に短期間で夫が亡くなり、このように厚生年金の額が繰り下げない場合と同じなら、繰り下げ待機中にもらわなかった金額分、損ともいえます。しかも非課税である遺族年金の構成比が下がり課税対象の妻の老齢厚生年金の比率が上がることも、手取りで不利になりやすいのです。

ただ、妻の老齢厚生年金の額が大きければ繰り下げ増額は夫の死後も反映されやすいのです。例えば繰り下げ前の妻の老齢厚生年金が年80万円なら、夫の死後、厚生年金が最も多いのは②で100万円。繰り下げで42％増やせば最も多いのはやはり②で116万8000円となります。

では、妻の老齢厚生年金がどれくらいであれば、受給開始直後に夫が死亡しても有利になるのか。ややこしいですが計算も可能です。5年繰り下げ時の①と③の比較であれば、「妻の厚生年金×1．42倍≧夫の厚生年金の4分の3」となればいいので、妻の厚生年金が夫の約52％以上であればこの不等式を満たします。①と②との比較でも同じように不等式を作れば、妻の厚生年金が夫の約35％以上であればいいことになります。

一方で、老齢基礎年金の繰り下げはこうした調整がないので、繰り下げれば確実に増額の恩恵を受けられます。妻の老齢厚生年金が夫よりかなり少なく、繰り下げても夫死亡後の厚生年金の総額が変わらない場合、年齢差が大きくて夫があまり長生きしないと思うのなら、妻は基礎のみ繰り下げるのも手です。

このように繰り下げをしない場合もする場合も、夫と妻の厚生年金の金額次第で夫死亡後の年金額は変わります。早い時期に年金事務所などで相談するのが大切です。

では妻が繰り下げ待機中に夫がなくなればどうなるのでしょうか。遺族年金の受給権ができると法令上、もう繰り下げは続けられません。(1)繰り下げ期間に応じて増える金額を受給開始する、(2)繰り下げ期間中に本来もらえるはずだった金額を、増額なしで一括受給し、その後も増額なしの金額を受給する――のどちらかを選ぶことになります。

以上はあくまで夫死亡後の話です。夫の生存中は妻は自分の老齢厚生年金をずっと受給できます。年金の本質は「長生きリスクに備える保険」です。高橋氏は「早期に夫が亡くなる可能性を心配するよりも、夫婦がともに長生きする場合に備え、妻がたくさん働いたり繰り下げたりして金額を増やしておくのは重要な選択肢」と話します。筆者も完全に同意です。

一点、考慮しておいたほうがいいのは、厚生年金に加入歴がある妻が亡くなり夫に遺族年金の受給権ができれば、夫もそれ以降は繰り下げできなくなること。これを知らずに繰り下げを続け、いざ受給開始しようとしたときに「実はあなたは奥さんの死亡後は繰り下げができませんでした」と言われてしまう人がいます。そうすると妻の死亡時点にさかのぼって、先ほどの、①増額、②増額なしの一括受給――を選ぶことになり、繰り下げが無駄になります。

夫に比べ妻の遺族年金は通常かなり少額です。その少額の遺族年金のために繰り下げができなくなるのは残念です。夫や妻が亡くなっても繰り下げを続けられるよう、制度改正されるべきだと思います。

【6】障害年金の知識があなたを守る

●うつやがん、糖尿病も対象、知らずに未申請も

公的年金が様々なリスクに備えるフルパッケージであるという理由のひとつが障害年金です。ケガや病気で障害を負った人がもらえる障害年金の受給者が増えています。受給者は拡大の一途ですが、制度の理解不足から申請漏れがかなり多いとされます。

東京都内在住の男性Aさん（46歳）は、会社員だった30歳ごろ、職場の人間関係からうつ病となり退職、自宅でひきこもっていました。親類に「障害年金の対象かも」と助言されたのをきっかけに申請すると、14年前から障害2級の状態だったと認められ、年に120万円を受給できるようになりました。ただ障害年金の時効は5年。遡って5年分はもらえましたが、9年分の1100万円弱は時効消滅してしまいました。

障害年金は目や手足の障害だけが対象だと思う人が多くいます。実際はうつ病や統合失調症、発達障害など精神疾患、がんや糖尿病、腎疾患といった内臓疾患など、傷病名にかかわらず、生活や仕事に支障がある状態になれば請求できます。Aさんの申請を手掛けた社会保険労務士の漆原香奈恵氏は「自分が対象になると知らず、申請しない人も多い」と話します。化学物質過敏症、慢性疲労症候群などによる障害も、病気への理解が進み受給が増えています。

障害年金は国民年金または厚生年金の被保険者（被保険者だった一部の人などを含む）が障害の状態に該当し、原則保険料の納付要件を満たせば受給できます。年金というと高齢期のイメージですが基本的に20歳以上なら受給対象です。

受給者は２０１９年度で２１０万人を超え、15年間で3割弱増えています。半数強を占める精神・知的障害の増加が大きな要因です。社労士の内田健治さんは「ＡＤＨＤ（注意欠陥多動性障害）の若者が就職後のストレスで精神障害になり受給するケースもある」と話します。コロナ禍の長期化でうつ状態の人は増えているとみられ、対象者はさらに拡大していると思われます。

●退社前に受診しないと障害厚生年金を受けられない

受給で原則必要なのが保険料納付。初診日の前日時点で、初診日の前々月までの年金加入期間に3分の2以上保険料を納めている（免除・猶予を含む）か、前々月までの直近1年間に未納がないことが条件です。漆原さんは「１カ月足りずに受給できない相談者もいた」と言います。納付が厳しい場合も、必ず免除や猶予の手続きをとっておくことが大事です。

障害の区分は状態の重い順に1～3級に分かれます。日本年金機構はホームページに1級なら「両手の機能に著しい障害」などの例を挙げています。ただし精神・内臓疾患など他の傷病でも、生活や仕事で同様に支障があれば同じ等級になります。「1級はベッドの周辺で1日を過ごす」というイメージです。

図表3-26　障害年金の等級区分と受給額

等級		1級	2級	3級
状態		●活動範囲がベッドの周辺 ●日常生活で常に援助が必要	●活動範囲が主に家屋内 ●日常生活に援助が必要なことがある	●軽労働が可能な場合も多い ●日常生活はほとんどできる
金額	障害厚生年金	報酬比例の年金額(※1)×1.25	報酬比例の年金額	報酬比例の年金額(※2)
		配偶者の加給年金(22万4700円)	配偶者の加給年金	
	障害基礎年金	老齢基礎年金と同額×1.25(97万6125)	老齢基礎年金と同額(78万900)	
		子の加算(子2人まで1人22万4700)(※3)	子の加算	

注)金額は2021年度で年額。(※1)平均年収(賞与含む)×0.005481×加入年数(簡易計算、25年未満なら25年とみなして計算)、(※2)最低保証額58万5700円、(※3)3人目以降は1人7万4900円。

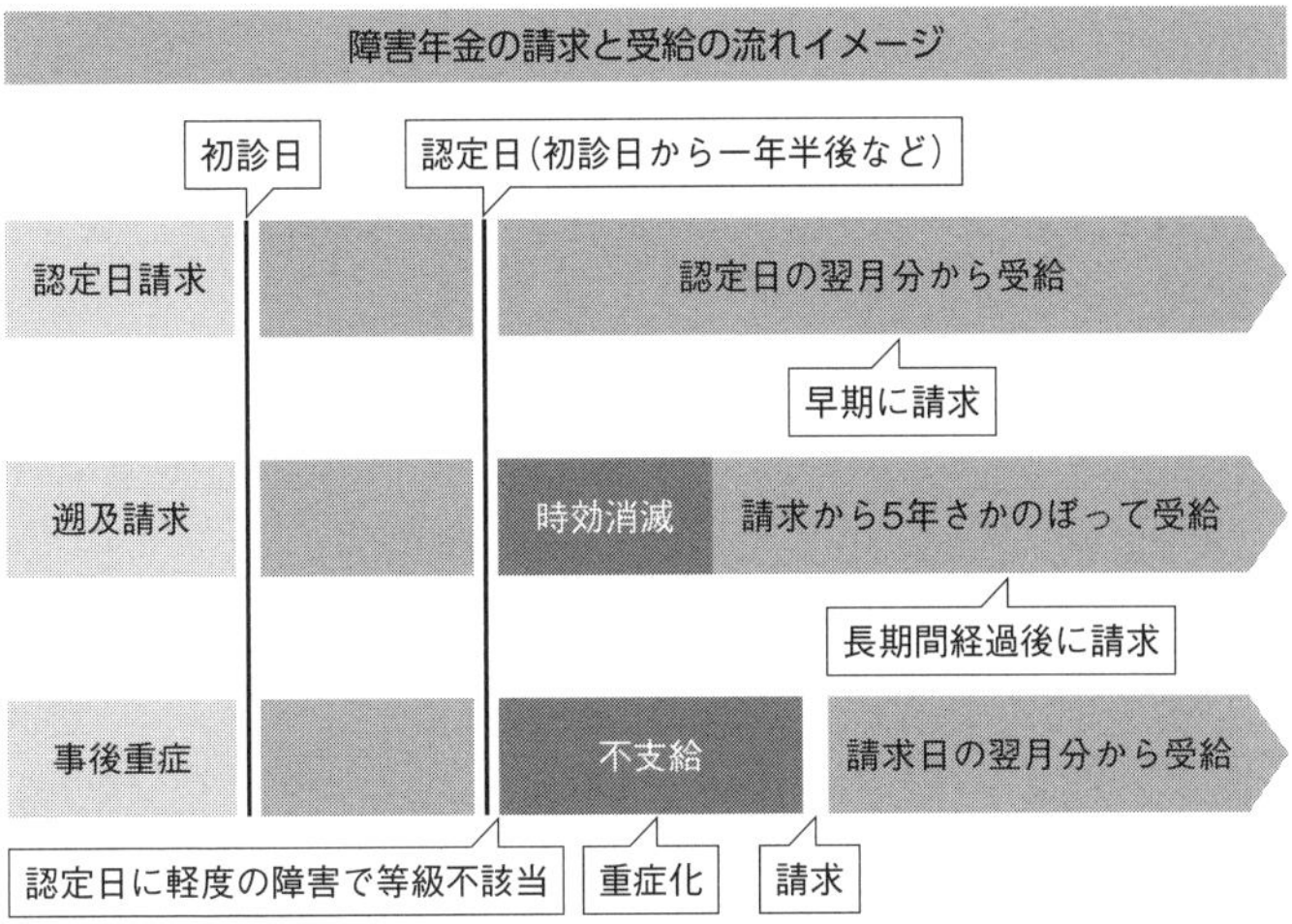

初診日に厚生年金に加入していれば障害厚生年金、そうでなければ一定の条件で障害基礎年金の対象になります。障害基礎年金の2級なら、老齢基礎年金の満額と同額で2021年度は年78万900円。1級はその1.25倍です。18歳までの子がいれば加算されます。1級で子が1人なら年約120万円です。

障害厚生年金は加入期間（最低25年で計算）や収入で変わり、一定条件で配偶者の加算がつきます。障害基礎年金ももらえますが、3級は障害厚生年金しかもらえません。障害厚生年金1級で配偶者や子がいれば、基礎年金と合計で年200万円を超えることも多くあり、非課税なので大きな助けです。しかし、会社員時代に傷病が始まったのに診察を受けずに退社し障害基礎年金しかもらえない人も多くいます。初診日が厚生年金に加入している期間に入るよう退社前に必ず受診しておくべきです。

●働いていても受給は可能

もちろん可能なら仕事を続けるべきです。神奈川県の男性Bさん（56歳）は、長く内臓疾患で寝たり起きたりの状態でしたが、リモートワーク中心に働き続けていました。「仕事ができていれば受給は無理」と思い込んでいましたが、治療費が高額で生活に困窮しました。

知人からの勧めで申請すると、障害厚生年金2級が認められました。Bさんの申請を担当した社労士の相川裕里子さんは「症状や働き方しだいでは受給できることを知っておきたい」といいます。厚生労働省の統計では、障害厚生年金3級では6割の人が働いています。

受給には初診日がいつかを証明することが必要です。通常はカルテを基に申請書類を作りますが、カルテの保存期間は最後の受診から原則5年。5年を経過してから受給の可能性に気づいた場合、初診日の証明が難しいことがあります。しかし5年以上カルテを保存する病院もありますし、廃棄されていても2番目以降に受診した病院のカルテ、民間保険会社への請求資料や第三者の証言などで初診日を証明できるケースもあります。あきらめないことが肝心です。

●医師の診断書が重要

障害年金の請求の形は様々です。まず知っておきたいのが、障害状態に該当するかどうかを判断する障害認定日。初診日から1年6カ月を経過した日、またはそれ以前に治療の効果が期待できなくなり症状が固定した日です。認定日から長期間経過後に請求しても、冒頭のAさんのように遡及して受給できることもあります。ただし5年を超える分は時効消滅します。

認定日時点で不該当でしたが、その後に重症化した場合は「事後重症」という手続きがあり、受給を請求した時点の診断書で判断します。認定日時点で制度を知らず、後で気付いて認定日の診断書が入手できない場合も対象になります。

認定は書類審査だけで決まります。最も重要なのが医師の診断書です。医師の前で無理に元気そうにしたことが診断書に反映され、障害が軽度と判断されてしまうケースもよくみられます。診断書に書かれる日常生活の様子などについて医師が正確に把握していないことも多いのです。社労士の内田

図表3-27　障害年金を含む社会保険の「敗者復活戦」のしくみ

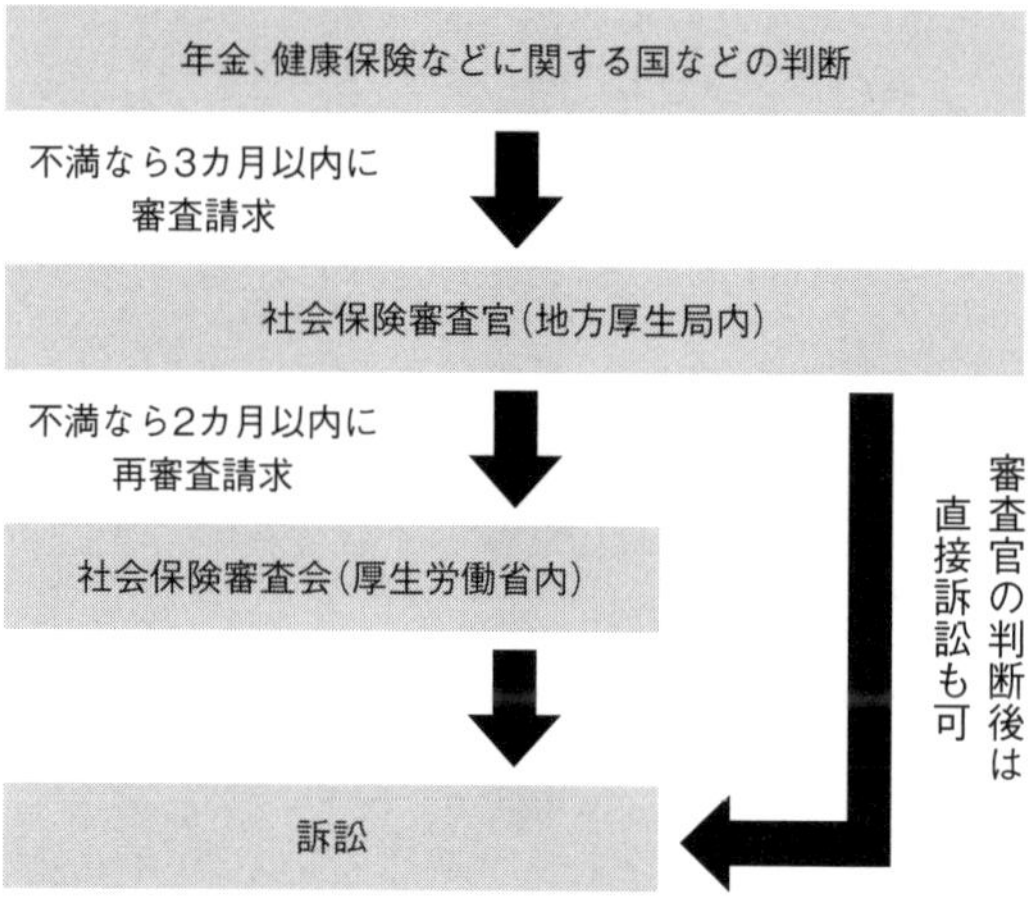

さんは、本人や付き添う人が「日常生活に支障があることを診療の際にきちんと医師に説明することが大切だ」と言います。

●決定に不満なら再審査で「敗者復活」

受給の可否や等級は障害認定基準に基づき厚生労働相が決定しますが、本人が思う状態と違う結果になり不満が残ることもあります。その場合は「社会保険審査制度」を利用できます。最初の決定から3カ月以内に請求し、社会保険審査官による審査を受けられます。それでも不満なら、社会保険審査会に2カ月以内に再審査請求をします（図表3-27）。障害年金の案件は審査会全体の8割程度に達します。

審査会で主張が認められる「容認」は毎年1割前後ですが、請求を機に当初の決定が見直された結果、実質的に主張が通り請求を取り下げるケースもあります。容認と取り下げの合計で2割以上になる年度も珍しくありません。

認定手続きや再審査請求は、社労士などの助けを借りるのも手です。ただ障害年金で受給に成功すれば比較的多額の報酬を得られることも多いため、十分な知識のない社労士が新規参入している例もあります。NPO法人「障害年金支援ネットワーク」では無料電話相談（固定電話からは0120-956-119）があり、必要なら全国の障害年金に詳しい社労士を紹介します（社労士に請求の手伝いを頼む場合は有料です）。受給決定で、経済不安から無理に早期に復職する必要がなくなり症状悪化を防げる場合も多くあります。生活面の安心感から精神疾患が改善することもよくみられます。

【7】フリーランス　数多い年金増の選択肢

●付加年金は払った保険料を2年で回収

フリーランスや自営業者の方などの第1号被保険者は、20歳から60歳になるまでずっと保険料を納付しても、もらえる年金の額は年に約78万円です。保険料を納付していない時期があればさらに金額が減るので、実際には平均で5万円台です。会社員より低いだけに、自助努力の必要性は高く、国は様々な方法を用意しています。

図表3-28から、自営業者のほうが会社員より増額の選択肢は多いことがわかります。まずは上積みして保険料を払うやり方からみていきます。

かなりお得なのが付加年金という制度。払った保険料を、2年で回収できます。この制度は、毎月国民年金の保険料を400円ずつ上積みして払うことで、65歳以降、付加保険料を払った月数に200円をかけた金額を、年間で受け取ることができるのです。

例えば、毎月400円の付加保険料を10年、120カ月払えば、4万8000円。一方で、65歳以降上積みしてもらえる額は、毎年120カ月×200円なので、2万4000円。2年で元が取れます。その後もずっと同額の上積みが続き、10年間なら上積み額は24万円、20年間なら48万円となります。

もっと長く、40年付加保険料を納めると、払った金額が40年で計19万2000円。もらえる金額は1年で9万6000円になり、やはり2年で回収できます。当然、3年目からは毎年9万6000円ずつ負担なしでもらえる計算です。

なぜいつも2年なのかは、数式でわかります。Xカ月払うとすると、払う金額は月400円×Xカ月。もらうほうは1年間につき200円×Xカ月なので、2年もらえば400円×Xカ月なので、ここでもう、元は取れているわけです。

付加年金の申込窓口は市区町村です。ただしこの後で説明する国民年金基金という制度と両方は使えず、どちらか1つを選ばなければなりません。

ひとつ気を付けたいのは、将来増える額は決まっているので、大きなインフレになれば実質的に若干目減りする可能性があること。でも、2年で元が取れるほどの仕組みなので、お得なのは間違いありません。

図表3-28　自営業・フリーランスの年金増額の制度

パターンA――自分で公的・私的年金の掛け金(保険料)を上乗せする

	付加年金	国民年金基金	iDeCo	小規模企業共済
制度の概要	月々400円を国民年金に上乗せして払えば、上乗せした月数に200円をかけた金額が将来、毎年上乗せされる	一定の掛け金を払えば、将来決まった額の年金がもらえる	一定の掛け金を払い、運用成果しだいで将来上積みできる年金が増減	一定の掛け金を払えば、将来決まった額の年金がもらえる。いわば事業主の退職金制度
対象者	自営業者など第1号被保険者		原則20～64歳(2022年5月以降)の現役世代	従業員が20人(サービス業・商業は5人)以下の個人事業主又は会社の役員など
税の優遇	拠出額全体が所得控除、運用・受け取り時も優遇			
利回り	2年で元がとれる	年1.5%(確定)	運用次第	年1%(確定)
毎月上乗せできる掛け金の上限	400円	2つ合わせて6万8000円		7万円
受給開始年齢と受け取り方法	原則65歳。一時金としては受け取れず年金方式だけ		原則60歳。一時金と年金のどちらも可	廃業か退任時(老齢給付は65歳以降)。60歳前にも受け取れるが元本割れも。一時金と年金とどちらも可
手続きの窓口	市区町村など	国民年金基金など	銀行、証券など金融機関	商工会議所、商工会など

パターンB――受給額を満額(納付期間40年分)に近づける

未払い分を納付する。未納期間は2年、免除期間などは10年さかのぼって納付が可能

パターンC――繰り下げ受給

1年繰り下げると年に8.4%、5年繰り下げると年に42%分、受給額が生涯にわたって増える

ちなみに、この章の第1節で書いた繰り下げをすると、付加年金も同じ率で増えていきます。

●終身年金という強い味方、国民年金基金

保険料を納付する時期に節税効果が大きいのは、国民年金基金とイデコ（ｉＤｅＣｏ）、そして小規模企業共済です。将来の年金受給額を増やせることに加えて、掛け金を納めている間、掛け金が所得から控除される結果、税金を減らせるという共通のメリットがあります（図表3-29）。

まず国民年金基金についてみていきます。国民年金基金の加入対象は第1号被保険者。基金の掛け金の上限額は月6万8０００円で、イデコと国民年金基金の合計がこの範囲に収まることが必要です。つまり、イデコを月6万8０００円拠出したら国民年金基金は拠出不可。逆も同じです。イデコと国民年金基金を3万4０００円ずつ拠出ということもできます。

国民年金基金は一度加入したら59歳まで掛け金の払い込みを続け、65歳以降終身で受け取ります。1口目は必ず終身型を選び、2口目以降は終身型や有期型などのなかから組み合わせる自由度の高い仕組みです。

図表3-30は、40歳男性が1口目に、65歳以降毎月1万5０００円が受給でき40歳加入での掛け金が月1万1３４０円の終身B型（死亡時に保証期間のないタイプ）を選び、加えて2口目以降に、やはり終身で1口あたり月5０００円が受け取れ掛け金が1口3７８０円のタイプを4口選んだケースです。掛け金の支払いは月2万6４６０円、65歳以降は月3万5０００円ずつもらえます。自営業者同

図表3-29　国民年金基金やイデコ、小規模企業共済の掛け金で税金が減る仕組み

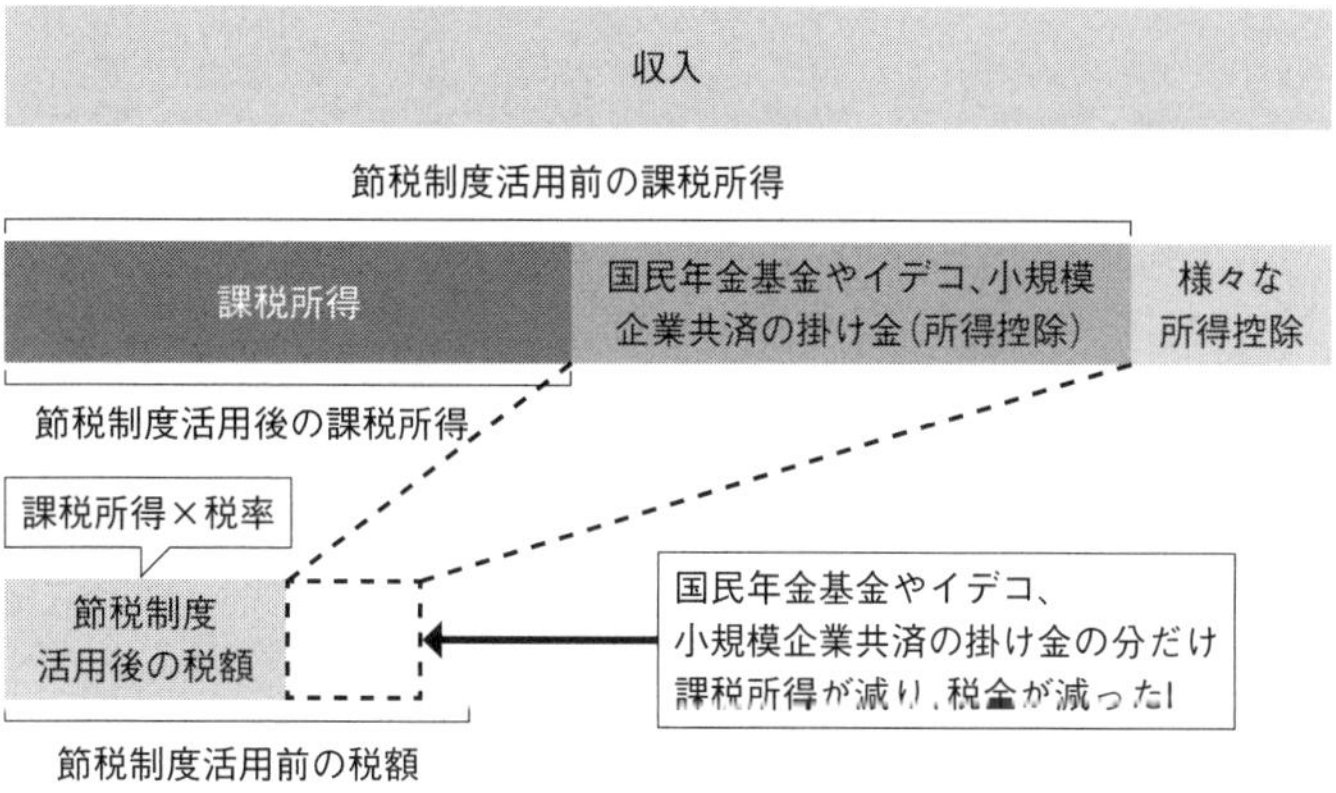

図表3-30　国民年金基金の加入例

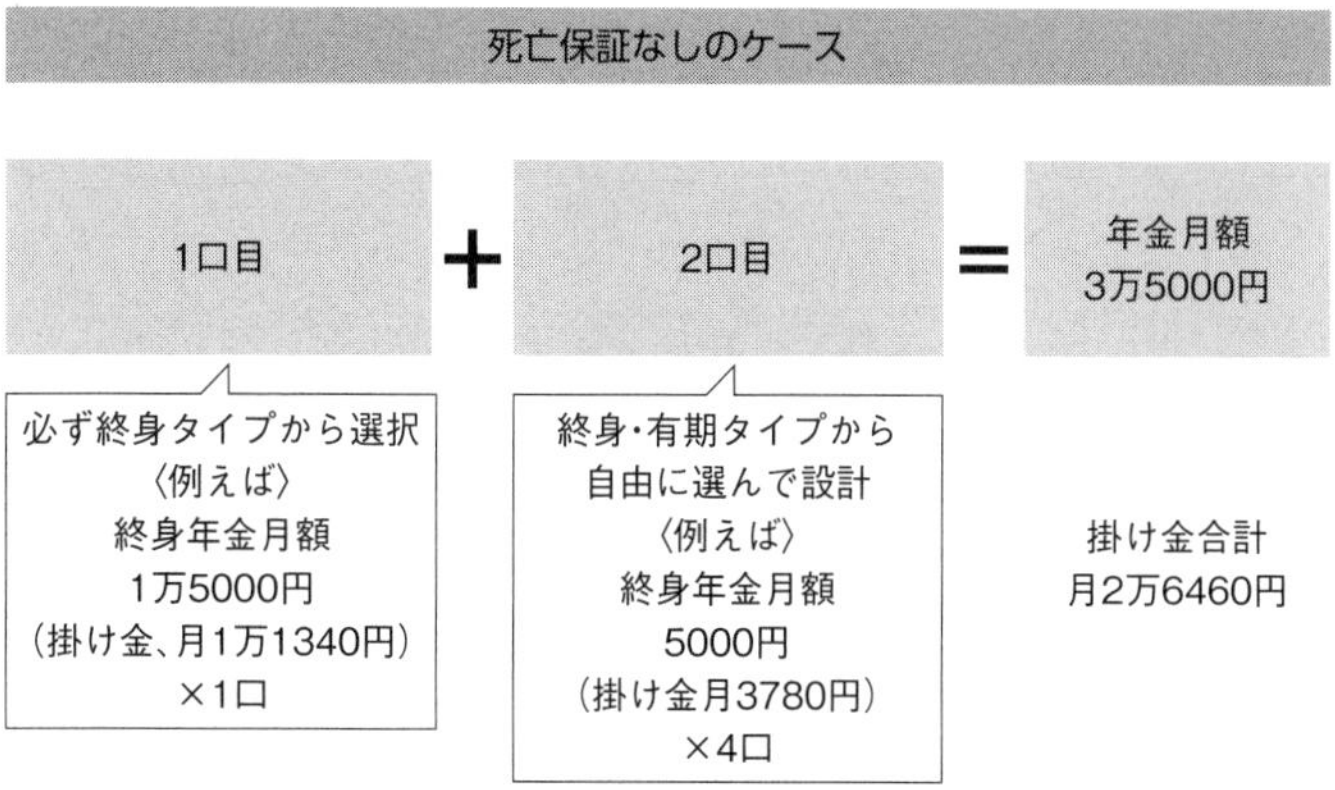

士の夫婦で同じことをすると、月に7万円の年金上積みになります。

自営業者の老後の最大の不安材料は、終身で受け取れる年金が基礎年金だけであり少ないこと。国民年金基金という終身で決まった額だけ受け取れる年金をある程度確保してから、さらにイデコなどで上積みを目指す選択も十分ありうると思います。

かつて5・5%だった国民年金基金の利回りは大きく低下、現在は1・5%です。ただしイデコ同様に掛け金全額が所得控除（所得・住民税の計算対象からはずれること）になりますから、実質的な利回りはもっと高くなります。民間金融機関で所得控除のない預貯金をするのに比べるとかなり有利です。ただし固定金利なので、将来大幅なインフレがあると実質目減りするのは弱点です（預貯金なら金利が上がれば預け替えできます）。

重要なのは、国民年金基金の所得控除が社会保険料控除という種類であることです。これは同一生計の配偶者や親族なら、誰かがまとめて控除を申告できます。イデコの所得控除が小規模共済等掛金控除という種目で、配偶者の分は控除できない（第5章第2節参照）のとは大きな違いです。

例えば、夫婦で終身や有期などを組み合わせて年30万円ずつ国民年金基金掛け金を納めた場合、合計年60万円。妻の税率が20%だとすると、これを妻がまとめて申告しても12万円の節税にしかなりません。しかし、税率30%の夫がまとめて申告すると18万円の節税になります。

●小規模企業共済――イデコ・国民年金基金とは別枠で所得控除

国民年金基金・イデコとは別枠で所得控除が受けられるのが小規模企業共済という仕組み。国が作った「経営者のための退職金制度」です。従業員20人（サービス業などは原則5人）以下の個人事業主や会社役員などが加入できます。掛け金の月額は1000円から7万円までの範囲で選べ、全額が所得控除となります。商工会議所や金融機関などで申し込みます。共済金の平均受給額は2020年度で1130万円なので、確かにそこそこの退職金的な金額になっていますね。

運用は確定利回りで、退職や事業を廃止したときなどに受け取ります。受け取り方法は「一時金」「年金」「2つの併用」のいずれかを選びます。

受け取り時期は事業の廃業時ならいつでも可能（共済金Aという受け取り方）ですが、事業を続けながら老齢給付として受け取るには、15年以上掛け金を納付して65歳以上になっている必要があります。

例えば40歳から月に3万円ずつ30年拠出（年に36万円、総額900万円）し、65歳で老齢年金として受け取ると、一時金なら老齢年金である共済金Bという方式で約1025万円を受け取れます。通常、廃業時にもらえる共済金Aという受け取り方のほうがお得で、もし65歳時点で廃業していれば、共済金Aとして約1086万円を受け取れます。

予定利率は現在1％です。この利率だけみると、やはり長期でインフレについていけるか心配です。

ただ、国民年金基金と同じで掛け金は全額所得控除ですから、年36万円拠出で税率20％の場合、実際には年に7万2000円の節税になり、実質的な掛け金は年28万8000円になります。

ただし、控除の種目は小規模共済等掛金控除。国民年金基金の社会保険料控除と違って、控除対象は本人だけです。夫が妻の分を出したからといって、合わせて控除することはできません。夫が配偶者の掛け金も合わせて所得控除できないイデコと同じですね（イデコの控除の種目も小規模共済等掛金控除だからです）。

また小規模企業共済の大きな特色として、資産残高の積み上がりに応じて、低利での借り入れも可能ということがあります。いざというときに安心ですね。イデコなどにはそうした仕組みはありません。

●イデコと小規模企業共済によって10年で500万円の節税も

イデコまたは国民年金基金の上限額は、自営業者は年に81万6000円（月6万8000円）、小規模企業共済は別枠で年84万円（月7万円）です。両方とも上限までやるのはかなり厳しいでしょうが、事業が好調な時期は可能かもしれません。

両方の上限額まで計165万6000円を掛け金とできた場合、先ほど計算したように、仮に所得税20％、住民税10％の人なら、年に約50万円の節税になります。10年続ければ500万円です。そう考えれば、なるべく多く掛け金を使えるよう、仕事そのものもやる気が出るかもしれません。

何度も繰り返しますが、自営業者は公的年金が1階部分しかありません。だから国はこうした上積みの制度を作っています。できれば積極活用したいところです。

●国民年金、1年多く納めれば受給10年で回収

次に、納付期間を満期の40年に近づける方法です。国民年金は40年納付して年に80万円弱ですから、1年足りないごとに受給額が2万円弱減る計算です。様々な理由で未納期間がある人はかなりの割合に達していて、ただでさえ少ない国民年金がさらに減額されてしまいがちです。

では納付期間を満期に近づけると、どんな効果があるでしょうか。2021年の1年間の保険料は約19万9320円。480カ月納めた満額の基礎年金は78万900円なので、1年あたり1万9522円です。利息などを度外視して考えると、受給開始後ほぼ10年と3カ月で元を取れることになります。

65歳の男性の平均余命は20年。つまり84歳まで生きる可能性が高いので、10年後の74歳で元をとったあとも、増額された年金が続きます。なぜこのようにお得な計算かというと、何度か書いたように、国民年金の財源は、このうち半分が税金でまかなわれているからです。

では、今まで払っていなかった場合、追加で払えるのでしょうか。経済的な理由などで免除申請をしていた期間については10年間さかのぼって払えます。追納額は、免除された月の属する年度の4月1日から3年間は利息にあたる加算がありませんが、それより前は加算されます。ただ加算は時期に

より数十〜数百円程度です。同様に学生納付特例も10年間さかのぼって追納できます。何もせず滞納していた未納期間については、2年しかさかのぼれませんが、その分だけでも支払っておいたほうが将来的には有利になります。

本来の国民年金への加入は60歳になるまでですが、60歳から65歳未満まで任意で加入することも可能ですから、これを使って加入期間を長くして、40年に少しでも近づけることもできます。

●1円も払わなくても年金はもらえる

年金保険料を1円も払わなくても年金はもらえる――。「そんなバカな」と思う人も多いでしょうが、これは本当です。

第1号被保険者の場合、所得が少なく保険料納付が困難な場合、免除制度というものがあります。①全額免除、②4分の3免除、③半額免除、④4分の1免除――の4種類です。

例えば申請して全額免除を受けていると、本来もらえる老齢基礎年金の半分が受給できます（2009年4月以降分が対象。その前の分は3分の1）。2021年度価格だと約39万円です。なぜでしょう。

基礎年金の財源は、その半分が税金でまかなわれているのでしたね。ですから免除申請さえしておけば、せめて税金分は返してくれるというわけです。同様に4分の3免除（4分の1支払い）なら、税金分である2分の1はもともと受給の権利があり、残りの半分のうち4分の1は払っているので、2

分の１＋（２分の１×４分の１）で８分の５が給付されます。

ちなみに半分が税金になったのは２００９年４月以降で、その前の時期は税金が３分の１でした。この時期の分は全額免除の場合、本来もらえる老齢基礎年金の３分の１がもらえることになります。この時期の分の４分の３免除（４分の１支払い）なら、先ほどと同じ計算で、３分の１＋（３分の２×４分の１）で２分の１がもらえます。

免除の目安となる所得は、単身の場合は全額免除で67万円、半額免除で１２８万円などと決まっています。自分の所得が免除対象かどうか、ねんきん事務所などに問い合わせてみましょう。

●未納で障害年金不支給の恐ろしさ

また、免除申請（図表3-31）さえしておけば、病気やケガをした場合の障害年金や遺族年金の受給資格（例えば過去1年間に未納がないこと）の対象期間に算入されます。未納であったばかりに、重大な障害を負ったにもかかわらず障害年金をもらえないという悲惨な状態にならないためにも、必ず免除や猶予の申請はしておきましょう。ちなみに学生納付特例や50歳未満納付猶予は資格期間の算入対象にはなりますが、老齢基礎年金には反映されません。

これはある社会保険労務士の方から聞いた悲惨な例です。学生のNさんが21歳の誕生日にスノーモービルで事故に遭い、左足がほとんど動かなくなる障害を負ってしまいました。完治のメドはたたないそうです。

図表3-31　免除制度

対象者			老齢年金 受給資格期間への参入	老齢年金 年金額への反映	老齢年金 本来の年金額の何割もらえるか（09年4月以降の計算分）	障害・遺族年金への受給資格期間への参入
免除	全額免除	本人・世帯主・配偶者の所得が少なく保険料納付が困難	○	一部反映	2分の1	○
	4分の3免除				8分の5	
	半額免除				8分の6	
	4分の3免除 1免除				8分の7	
学生納付特例		本人の所得が一定以下		×	×	
50歳未満納付猶予		20歳から50歳未満で本人・配偶者の所得が一定以下				

障害年金の受給要件は、障害を負った初診日の前日において、前々月までの加入期間の3分の2以上保険料を納めているか、あるいは前々月までの1年の間に未納がないことです。

Nさんは学生納付特例の手続きをしないまま、保険料を払っていませんでした。つまり、未納です。Nさんの症状なら、本来であれば障害2級で78万900円が毎年支給されるはずでした。障害年金は若くして該当しても、40年間満額保険料を納めたのと同じ金額がもらえるのです。65歳で老齢年金が始まるまでだけの計算でも、45年分、3500万円もの金額を失ってしまったことになります。

学生納付特例の申請さえしておけば、これだけの保障を受けられたはずでした。社労士は「なんとかならないか」と相談されたものの、どうしようもなかったそうです。

【8】年金生活の手取りを増やす確定申告

●税金減で社会保険料の低下も

年金は額面が昔と同じ場合でも、税金や社会保険料などの上昇のために手取りは減る傾向にあります。こうしたなかで、税金などを取り戻すとともに社会保険料を減らせる可能性もあるのが、確定申告です。

障害年金や遺族年金は非課税ですが、通常の公的年金は雑所得として税金がかかります。年金額から公的年金等控除や様々な所得控除額を引いた課税所得に税率をかけて計算します。例えば専業主婦(70歳未満)の妻がいる60歳代後半の人の場合、公的年金等控除が最低でも110万円あり、自分の基礎控除が48万円、配偶者控除が38万円なので196万円。これを超えると所得税がかかります(正確には、これに控除対象となる社会保険料を加えた額)。ちなみに妻が70歳以上だと、配偶者控除は48万円に増えます。

税金は年金が振り込まれる際にすでに源泉徴収されています。どうやって源泉徴収されるのでしょうか。年金の支払いをする日本年金機構から毎年秋ごろに「扶養親族等申告書」が送られてきて、配偶者などを扶養していれば申請します。自治体からは、老齢年金から天引きされている介護保険料など社会保険料も年金機構に伝えられていて、年金機構はそれらに基づいて源泉徴収額を計算します。

でも年金機構が把握できない情報もあるので、それらは自分で確定申告すれば税金が戻ります。

年金機構が把握できないのは、例えば民間の医療保険や地震保険などの保険料です。これらは通常、生命保険料所得控除や地震保険料控除の対象です。災害や盗難にあっていれば雑損控除が認められる場合もあります。奥さんや子供の国民年金保険料などを夫が払っていれば、本来は夫の社会保険料控除の対象になりますが、これも年金機構にはわかりません。会社員のような年末調整は年金受給者にはないので、これらは自分で確定申告して取り戻すことになります。

確定申告は申告書に必要事項を記入し、日本年金機構から送られてくる源泉徴収票や保険会社から送付されてくる控除証明書などを添付して、所管の税務署に提出します。

年金生活者は、公的年金収入などの合計が年400万円以下で、それ以外の所得が20万円以下などの条件を満たせば、確定申告はしなくていいことになっています。多くの税理士は、「一部に医療費控除をしている人がいるくらいで、年金生活者の多くは確定申告していない」とみています。

その背景には、会社員時代に確定申告の経験がなかった人が多いことも挙げられます。結果的に、本来なら取り戻せる税金がそのままになっていることも多いと思われます。

確定申告のメリットは、それだけではありません。公的年金収入が少ない人の場合、申告すれば税金が減って住民税が非課税になることがあります。すると、介護保険料などが安くなるケースもあります。いろいろと連鎖していくわけです。

●年の途中退職も確定申告が大事

年の途中まで勤めてそのまま年金生活に入るのなら、その年の確定申告がとても大事になります。退職金は金額が大きいので、さすがに確定申告していると思いきや、実はそうでもありません。退職金は他の所得とは分離して計算されます。普通「退職所得の受給に関する申告書」というものを会社に出すと、会社が適正額の税金を天引きしてくれるため、その場合は確定申告の必要はありません。多くの人はそれで、税金に関する手続きを終えたと思いがちです。

しかし、例えば3月まで働いた場合、毎月の給与から引かれている源泉徴収額は、1年間そのまま働いたと想定した多額の所得をもとに計算されています。その結果、3月までの給与から本来払う額より大きい税金が引かれています。これについても、確定申告すれば本来の納税額との差が返ってきます。

●年金保険料、2年前納だと1万6000円もお得

そもそも子供や配偶者などの年金保険料を払う際、お得な払い方も知っておきましょう。2021年度の国民年金保険料は、毎月の現金払いなら1万6610円。ただしお得な払い方はいろいろあるのです。例えば2年前納の仕組みです。2月末までに申し込んで4月分から翌々年3月分までの保険料を納めると、毎月の現金払いより合計で1万6000円弱も支払額が減るのです。

２年前納の場合も、全額を前納した年の社会保険料控除の対象とできます。それに税率をかけた金額が還付額です。自営業者の場合は、所得が多くて税金が増えそうな時期に２年前納を選べば、節税にもつなげられます。

国民年金保険料は、ほかにも様々な納付方法が選べます。例えばポイントをつけられるクレジットカード払いも原則可能です。お得な払い方をいろいろ調べてみると楽しいかもしれません。会社員の場合、配偶者や子供の年金保険料を払った場合、必ず年末調整か確定申告で社会保険料控除の手続きをしておきましょう。

●２０２０年分からは新たに所得金額調整控除も最大10万円

さらに２０２０年分からは、給与所得と年金所得が両方ある人の場合、所得金額調整控除という新たな控除を最大10万円差し引けるようになっています（図表３-32）。

これは２０２０年からの税制改正で、会社員の給与所得を計算する給与所得控除と、年金受給者の公的年金等控除がそれぞれ10万円、合わせて20万円減ったことに起因します。一方で、誰でも差し引ける基礎控除が10万円増えて48万円になりました。

要するに年金所得だけなら、公的年金等控除と基礎控除が差し引きゼロです。でも年金と給与所得の両方がある人の場合、控除の減少が合計20万円なのに、基礎控除の増額が10万円だけなので通算で10万円控除が減ることになります。これを、所得金額調整控除という名目で10万円差し引けるようにし

図表3-32　所得金額調整控除

20年分から新設、所得金額調整控除って?

給与所得と年金所得が両方ある人は、上限10万円を所得から控除できる

対象者		控除額
給与所得と 公的年金(雑所得)があり、 合計金額が10万円を 超える人	➡	給与所得額 (給与所得控除を引いた後で上限10万円) +公的年金の雑所得 (公的年金等控除を引いた後で上限10万円) −10万円 **→要するに、上限10万円!**

たわけです。

これは会社の年末調整では手続きできず、確定申告をする必要があるのでご注意ください。

●忘れても5年間はさかのぼれる

以上のように、年金生活では確定申告がお得なことを知らない人は多そうですが、知らなかったという場合でも、通常はさかのぼることができます。確定申告していなかった場合は対象年の翌年以降5年間に申告、確定申告していたが他の控除の漏れに気づいた場合は原則、申告期限（通常翌年の3月15日）から5年以内に更正の請求をすれば、還付してもらえます。還付申告は年中いつでも可能です。

例えば家族の年金保険料5年分約100万円を控除し忘れていたとします。さかのぼって申告すれば、その人の税率が3割なら30万円の税金が返ってきます。知り合いに教えてあげれば喜ばれるかもしれません。

第4章

運用で堅実に増やすセオリー

●世界経済の長期拡大の恩恵を受ける

この章では資産運用について考えます。イデコなどのDCやNISAの具体的な改正や使い方の前に、まずは資産運用共通の考え方を整理しておきたいと思います。

一口に「長期で投資をすると報われる」とよく言われます。しかしそれがどうしてなのかをきちんと理解していないと、不況期や株安などの時期に、怖くなって資産を売ってしまったり積み立てをやめたりしてしまいがちです。

図表4-1の棒グラフは世界のGDP（国内総生産）の合計。つまり世界経済の規模です。過去も経済規模は拡大してきたし、今後もそれは続きます。新興国を中心に人口は増えていくし、先進国でもより豊かな生活を望むことが背景です。

実線は世界全体の株価を反映する指数（MSCI ACWI、配当込み、ドルベース）です。日経平均株価の世界版のようなイメージです。株価なのでジグザグはしますが、基本的には世界経済の拡大に合わせて右肩上がりです。1989年末から2020年末までに実に9・5倍に上昇しています。年

図表4-1　世界経済と株価の関係は？

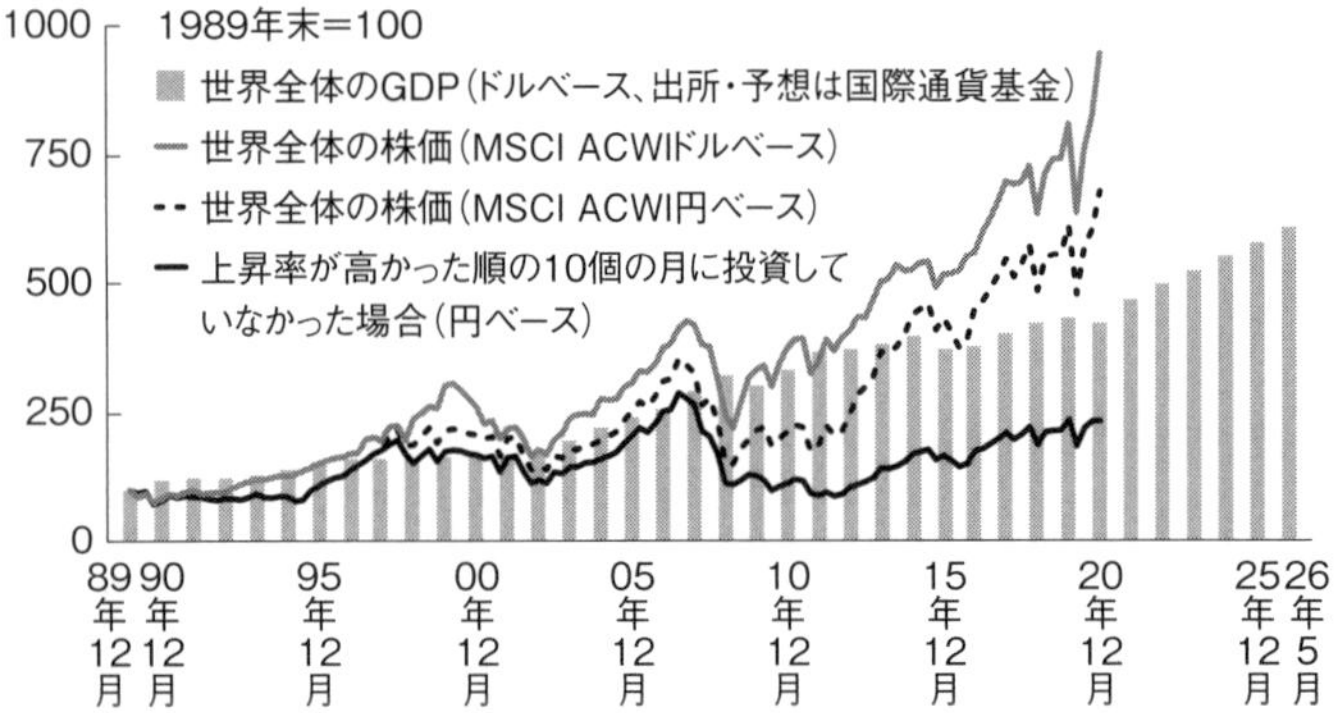

出所）各種データを基に筆者作成

率で7・5％です。

世界経済が拡大するということは、世界全体の企業の利益も増えていくということ。株価は長期的には利益を反映するので、右肩上がりになるということです。

ただし、過去は円高が長期で進行しました。投資した後で円高が進めば、円に戻したときの価値は外貨ベースでの伸びに比べて目減りします。上から2つ目の点線は、円ベースに直した場合の増え方です。円高の分だけ伸びは小さくなっていますが、それでもこの間に6・8倍になっています。平均で年6・4％の伸びです。世界全体の株式に投資した場合のリターンは、為替（円高）の影響を補ってあまりあるものだということです。

資産運用におけるひとつのカギは、こうした世界全体を対象にした投信を買って長期で持つことです。DCやNISAの投信のラインナップには、こうした世界全体に投資できる投信があります。世界全体をまるごと買い、長期で持ち続ければそれでいいのです。

●投資収益率＞経済成長が続く可能性も

ただ、このグラフをみていると、若干の「気持ち悪さ」も感じます。長期的な経済成長より、株価の上昇ピッチが大きいことです。仏経済学者トマ・ピケティがベストセラー『21世紀の資本』で指摘した、資本の収益率は経済成長を上回る、という理論が最近はそのまま出ているように思われます。

この背景のひとつは、第1章（52ページ）でもお話ししたように、付加価値の配分の変化だと思います。企業の稼いだ付加価値のうち従業員に向かう部分（労働分配率）が下がり、株主に向かう部分（資本分配率）が高くなる傾向が続いていることです。それが、経済成長を上回るピッチでの株価上昇の大きな要因のひとつなのではないでしょうか。

これが永続するかはわかりません。しかし同様の傾向が続く可能性も踏まえて、企業の付加価値を従業員として受けるだけでなく、株主としても受けられるもうひとつのルート（普通の人がやりやすいのは、国内外に幅広く分散された株式投資信託商品を持つこと）を作っておくことが大事です。

●上昇時に投資をやめていたら、資産は3分の1に

図表4-1からはまた、タイミングを当てようとして失敗した場合の怖さも鮮明に読み取れます。

投資をしていてつい思うのは、「上がるときだけ投資したい」ということです。もちろん自信がある

人は挑戦する意味はあります。しかし簡単ではありませんし、失敗すると大きな影響を受けます。

この図の一番下の線は、円ベースでの株価推移に比べて1989年末以降の約380カ月のうち、上昇率が高かった順にわずか10個の月だけ、投資しないでいたらどうなったか（月初に資産を売り払い、月末にまた同額を買い直した結果です）を示しています。なんと2020年末の資産は、ずっと投資を続けた場合のわずか3分の1にとどまっています。

要するに株価は同じ調子で上がるのではなく、時折りすさまじく大きな上昇をみせます。そしてそのときに市場に居続けていないと、大きな成果を失うということです。

少し前に身近でそれをみたのは2016年、米トランプ大統領当選のときでした。当時、トランプ氏が大統領になれば株安・円高になるという予想を多くの人がもっていました。筆者の知り合いの証券会社の人やアナリストなど数人が、大統領選の前に下落に備えようと、いったん自分個人の株式投信のかなりの額を売り払っていました。

しかし、実際にトランプ氏が大統領に当選して起きたのは大きな株高でした。株式投信を売ってしまっていたそうした投資のプロたちは、資産を増やす機会を逃してしまいました。

つまり、いつ株価が急に大きく上昇するかなど、プロでさえ当てることは困難です。「自分はできる」と思う人はやればいいのですが、普通の人は「そんなことはわからない」と割り切って、ずっと毎月積み立てを続けるなどして市場に居続けることが大事です。

●長期低迷期を終えた日本株

長期で投資を続けたほうがいいと言うと、日本株は長期で投資をしても報われなかったという声が必ず出ます。実際、日経平均株価は1989年末の最高値3万8915円をいまだに抜けないままです。この長期低迷の記憶が多くの日本人に残っていることが、「貯蓄から資産形成」が進まない大きな要因と思われます。実際、先進国でこれほど長期の株価低迷が起きたことは歴史的にもありません。米国の1929年からの大不況でも、株価は25年で元に戻っているのです。

日本株に何が起きたか、今後はどうなるかをみておきたいと思います。株価は基本的には1株利益（EPS）を反映して動きます。そして株価をEPSで割った倍率が株価収益率（PER）です。だいたい、EPSの14～16倍程度が世界的なPERの妥当水準と言われています。

図表4-2の下のほうの淡い色のゾーンは、それぞれの時期のEPSの14～16倍のゾーンを示しています。つまり、それぞれの時期の妥当株価です。

1989年末をみると、日経平均株価は妥当ゾーンの4倍近い水準にありました。まさにバブルです。その調整に非常に長い時間がかかってしまったのが、日本株の長い調整の大きな要因です。しかし2010年ごろからは「株価はほぼ利益に見合った水準となり、その後は利益の上昇に応じて株価も上昇基調をたどるという、普通の国の資本市場に戻った」（ニッセイ基礎研究所の井出真吾氏）といえます。再び日本株が数十年の長期の低迷をたどる可能性は低いと考えられます。

図表4-2　日本株の長期低迷はバブルの調整だった

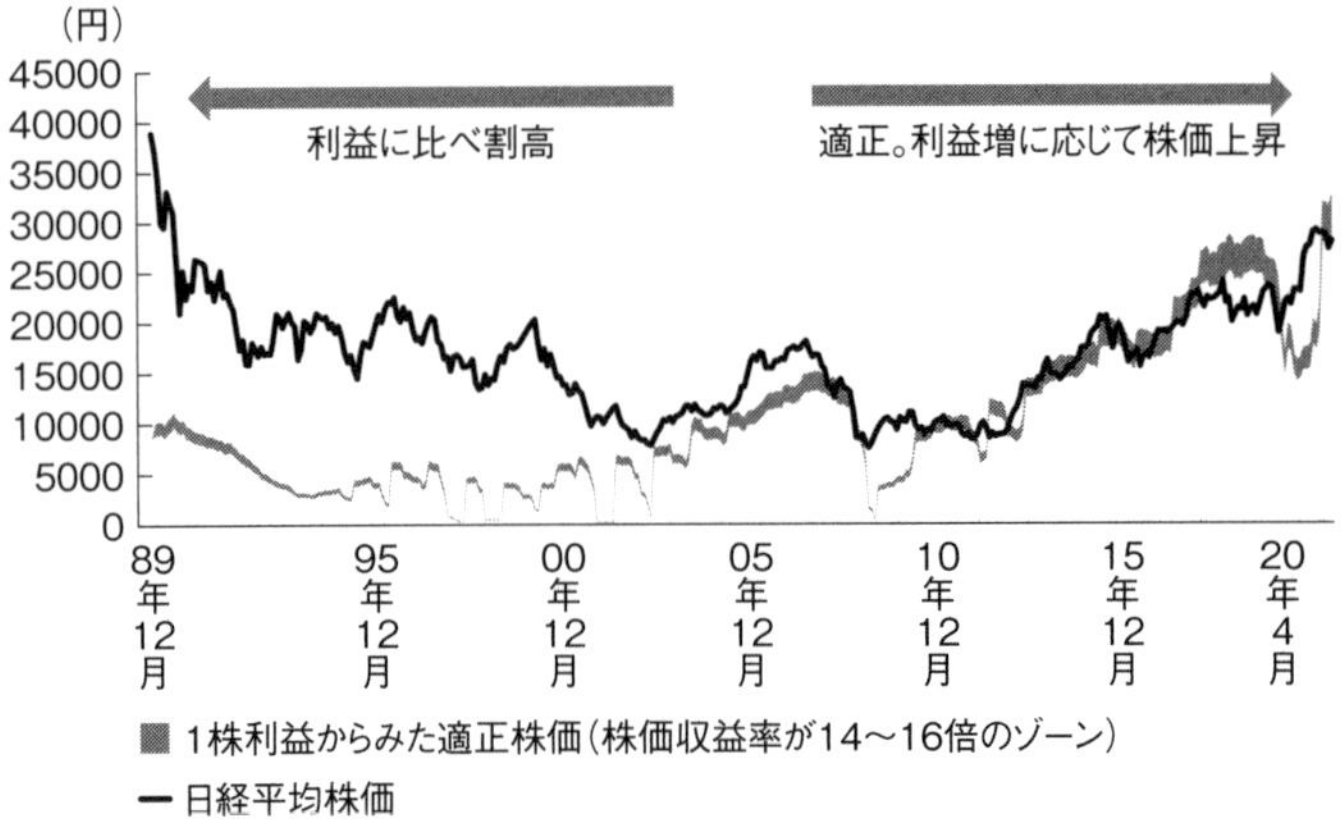

出所）各種データから筆者作成

もちろん少子高齢化も背景に日本企業の長期の成長力は海外より低い可能性はあります。しかし世界の投資家の大部分が「日本の低成長」は予想に織り込み済みです。

株価の騰落はこうした予想と現実との差も反映します。日本企業の実際の業績が海外展開や経営効率化で予想を上回れば、株価は上がる公算が大きいといえます。

実際、バブルの清算を終えた2010年以降でみると、少子高齢化は相変わらずですが、2020年末時点で日経平均の上昇率は世界株や新興国株を上回っています。1990年以降の「大負け」が強調されがちですが、2010年以降の成績は景色が異なっているのです。これはあまり知られていないと思います。

●株式は長期では元本割れしづらくなる

株式投資で多くの人が心配するのは相場調整時の元本割れリスクです。機関投資家などに助言するイボットソン・アソシエイツ・ジャパンの小松原宰明・最高投資責任者は「世界に幅広く分散投資しても株式は短期で大きく元本を割り込むことがある。しかし長期では元本割れリスクが減ることはあまり知られていない」と話します。

過去はどうだったのか。先進国の株価指数に連動するインデックス型投資信託で運用した場合の成績を試算してみました。図表4-3は少し見方がわかりづらいのですが、横軸のそれぞれの時期まで5・20・30・40年間、積立投資をした場合に資産が累計積立額の何倍になったかを示します。例えば一番下の積立期間5年の線の一番左は、1990年12月まで5年間、毎月積立投資をしてきたら、資産が元本の1・6倍になっていることを示します。

積立期間が5年の運用成績は、最も不振だったリーマンショック直後の2009年1月時点で0・6倍、つまり4割の元本割れでした。どれほど世界に幅広く分散投資しても、期間が5年と短ければ、かなり大きな損失になるとわかります。「株は短期では大きく下げることがある」というイメージは正しいと言えます。

しかし、上から2番目の線である期間30年の積み立てでは結果が異なります。最も成績が振るわなかった2011年9月時点をみると、資産は累計積立額の1・7倍に増えていました。

図表4-3　先進国株指数連動投信に各時点まで各期間積立投信すると累計積立額の何倍に？

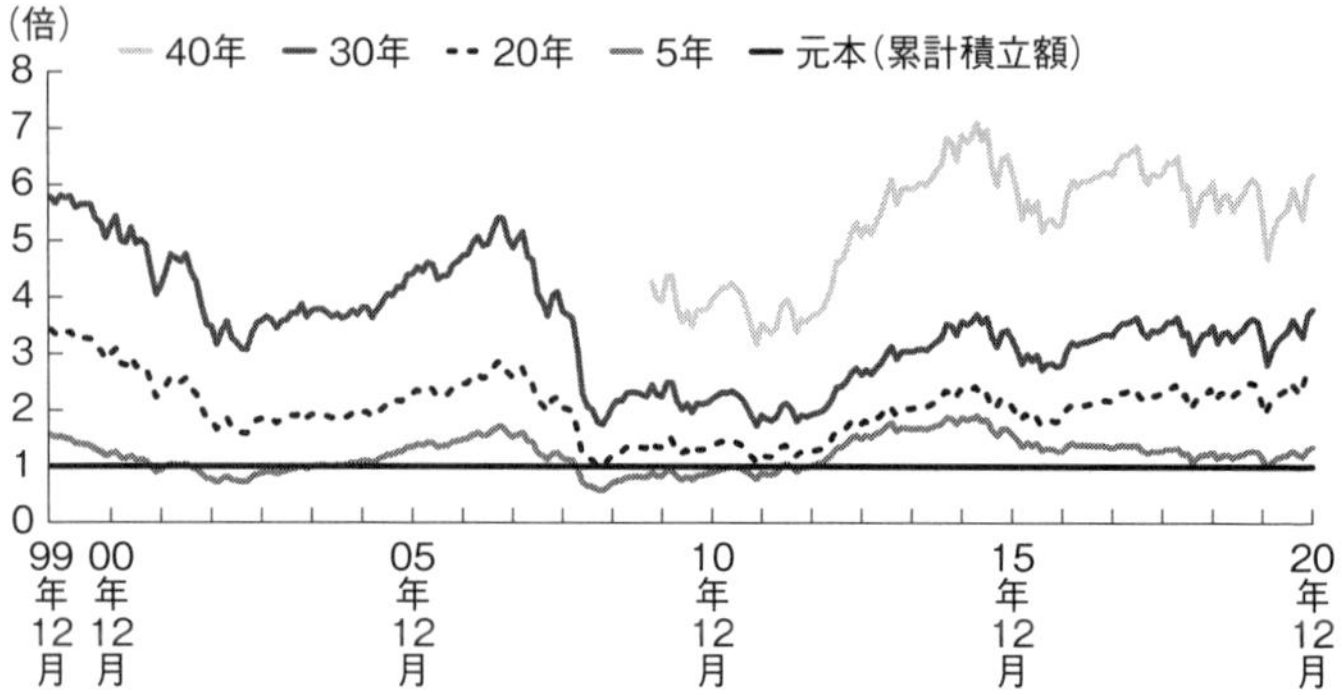

注）対象はMSCI WORLD（配当込み、円ベース）
出所）各種データから筆者作成

一番上の線、期間40年の積み立てでは、最悪だった2011年9月までの40年の積立期間でも、元本の3・2倍に増えています。それぞれ「100年に1度」と言われたリーマンショックが直前にあったにもかかわらず、この差はなんでしょうか。

株式は預貯金や債券に比べて期待リターンが高く、長期になるほど運用益が積み上がりやすいのです。このため一時的に大きく下落する局面があっても吸収しやすいことが、元本割れのしにくさにつながります。「つまり株は値動きが激しくて損をしやすい」というのは、比較的短期投資の話では事実であっても、長期であれば異なります。

もちろん個別株式や特定の国への集中投資では、長期でも元本割れリスクを減らしづらい場合があり、幅広い分散投資が大事です。

試算のもとにした先進国株価指数の算出開始が

1969年末なので、検証できた期間が限られます。しかし株式は長期の積立投資ほど平均的な増え方が大きく、元本割れリスクが下がるという結果ははっきりわかります。

ちなみに30年積み立ての計算対象期間の積立利回りの平均は年率6・9％、最大は2002年2月までの30年で年率9・6％、最低では2011年9月までの30年で年率3・4％でした。この本で様々な試算をするとき、年率3～4％を前提にしたことが多いのは、過去、悪いときでも3・4％だったので、保守的にみて3～4％で試算しておけば「まぁ大丈夫だ」と思うからです。

●過去30年の最強は米国株

様々な株価指数に1990年以降毎月3万円積立投資した場合、2020年末までの間に何が一番資産が増えたかを計算してみたのが図表4-4です。

トップは米国株でした。累計積立額1116万円の5・6倍、6250万円もの資産ができていました。アップル、マイクロソフト、アルファベットなどGAFAMの株価上昇が大きいことが米国株を牽引しています。

投資家の株式保有比率が高い米国では、経営者は絶えず株価の上昇を求められ、その結果、株主のお金でいかに効率的に稼いだかを示す自己資本利益率（ROE）の高さは他国を圧倒しています。世界株（日本を除くMSCI ACWI）でも累計積立額の4・4倍です。

とはいえ長期低迷が続いた日本株（配当込み日経平均株価）も、積み立てなら累計積立額の2・4倍、

図表4-4　1990年から月3万円積立投資した場合の資産額

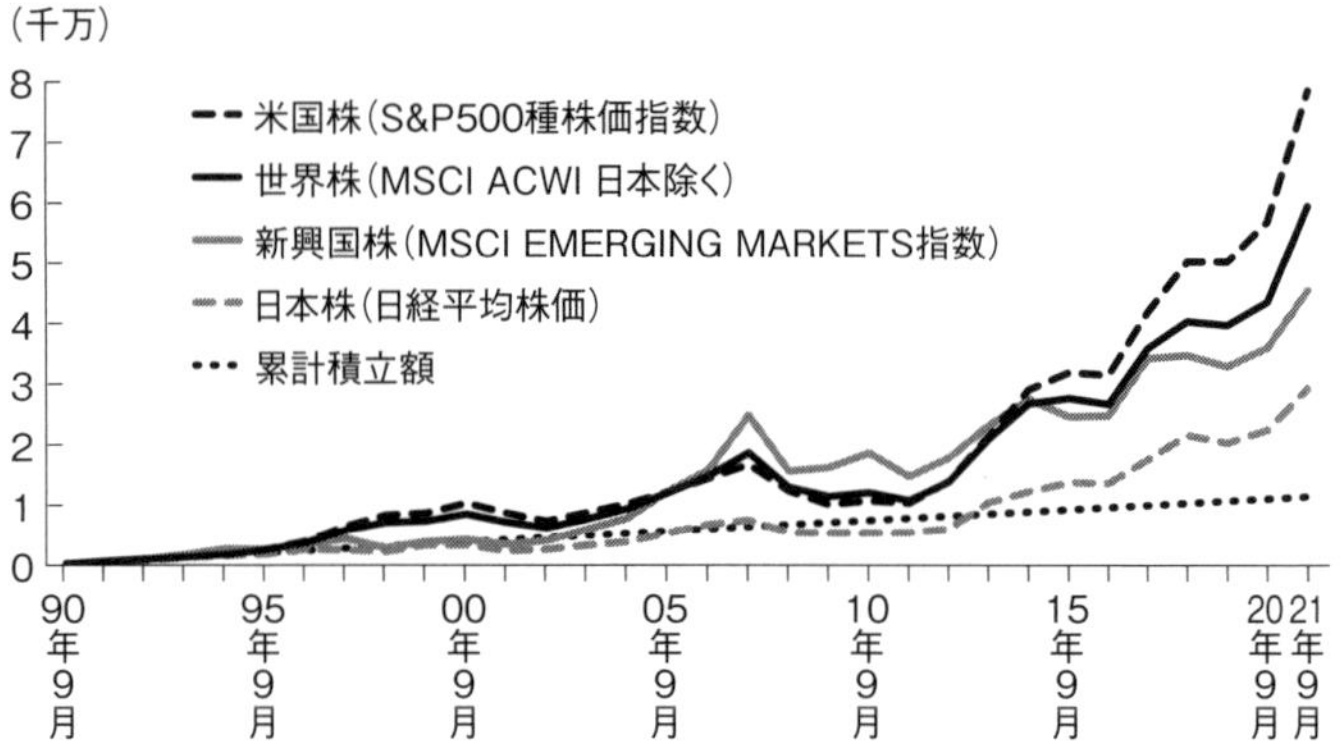

注）すべて配当込み、円ベース。
出所）各種データを基に筆者試算

約2670万円になっています。「老後2000万円問題」もクリアです。

積立投資で同じ金額ずつ買っていけば、株価が低かった時期にたくさんの量が買えるため、その後株価が上向けば大きな資産ができるのです。

ただし、だからといってもちろん日本株だけに投資する必要はありません。日本株が長期の低迷期を脱したとはいえ、日本株の時価総額比率はいまや世界の6～7%です。そんな狭いところだけにこだわって投資をすると、また運悪く何かの要因で伸び悩むこともあり得ます。したがって、日本株も一部含めながら、世界全体に投資をするというスタンスでいいのではないのでしょうか。

もちろん積立投資がいつもこのように累計投資額の数倍になるとは限らず、あくまで値動き次第です。しかし上下動を繰り返しながら長期で上昇していく株式という資産では、積立投資はかなり有効な方法なのです。

●値動きが大きければ積み立てで儲かるとは限らない

一方、国の成長率としては大きいはずの新興国株指数への投資では3・8倍と、米国株や世界株を下回りました。

積立投資については、よく金融機関などで「大きく下がった時期にたくさんの量を買えるので、値動きの大きな資産ほど有利」と説明されます。そうして薦められるのは新興国株投信や、インデックス型に比べてブレが大きくなりがちな、運用担当者が市場平均を上回ることを目指すアクティブ（積極運用）型投信などです。

たしかにそうした面はある一方、積み立てでは投資の最終局面での価格が重要です。上昇率が小さければ利益が出づらいのです。実際、長期での上昇率が米国株などより低かった新興国株指数は、積立投資の平均成績も米国株などに負けています。アクティブ型も、長期の平均では上昇率がインデックス型を下回りやすい結果が出ています。値動きの大きさを過度に重視するのは危険です。

では、なぜ新興国株の上昇は小さかったのか。これについては少し後の「成長の罠」のところでお話しします。

●ずっと米国株優位とは限らない

図表4‐4でみたように、ここ数年、米国株の上昇ピッチが大きく、「投資は米国株だけでかまわない」と考える人が増えています。

ただし過去をみると、米国株の上昇が大きかった時期と新興国など他の地域の上昇が大きかった時期は、5～10年程度の期間で入れ替わってきました。

図表4‐5は米国の株価指数S&P500種株価指数を世界株式指数（MSCI ACWI、日本除く）で割った数値の変化です。ちなみに世界株指数の構成比はだいたい米国6割、新興国1割強、その他欧州などです。この数値が右肩上がりの時期は米国株の上昇が世界株より大きく、逆に右肩下がりであれば世界株の上昇のほうが大きかったことを示します。

世界株や新興国株との対比でみると、どちらがいいかは時期により異なっています。2010年代後半に続いた米国株優位は、今後逆転してもおかしくありません。

個人的には、全世界株指数に投資をしておけば、その6割を占める米国株が引き続き上昇した場合でも、あるいは1割強を占める新興国株指数が再び上昇ピッチが速くなった場合でも、どちらも恩恵を受けられるのでいいと思います。もちろん結果的に世界株が米国への集中投資に負けることもあり得ますが、それは集中投資を避けるためのコストと考えるべきでしょう。

なお、このグラフは日本を除く世界株指数なので、この指数に連動する投信を買う場合は、別途、日

図表4-5　米国株優位（線が右肩上がりの時期）が永続するかは不明

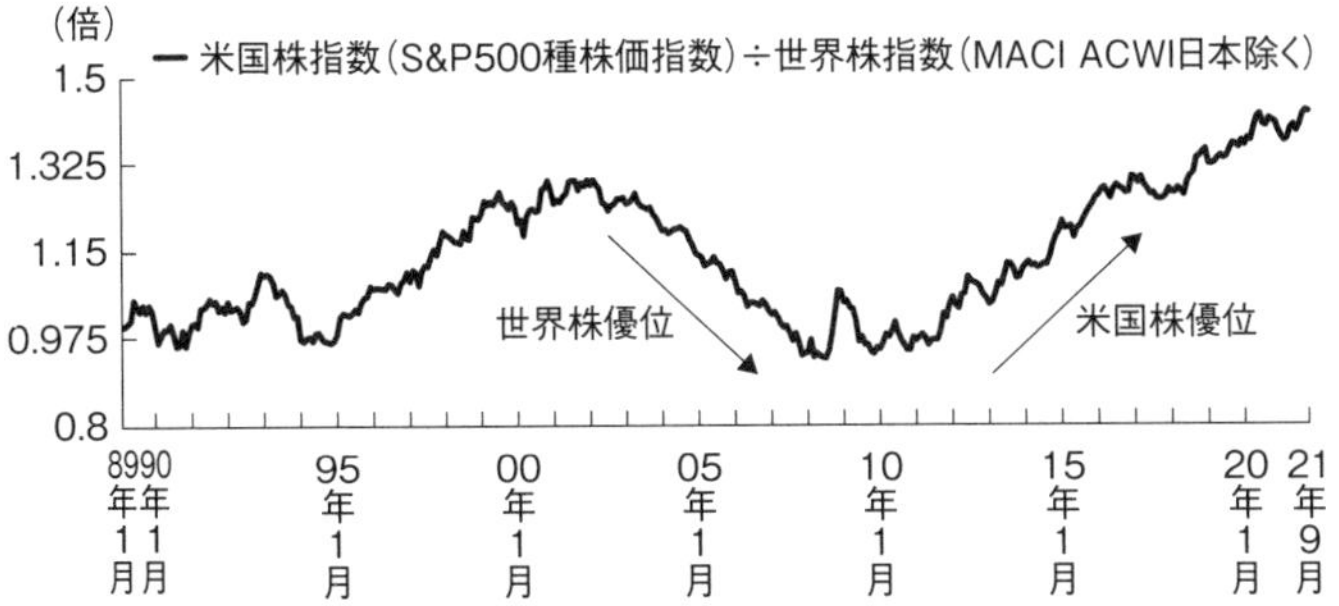

出所）各種データから筆者計算

本株投信も買ったほうがいいと思います。同じＭＳＣＩＡＣＷＩ指数でも日本を含むものもあり、日本を含む指数に連動する投信も出ています（具体的な投信は後ほど紹介）。

●「成長の罠」に注意

今までの話とも絡みますが、長期投資をするうえで注意したいのが「成長の罠」という考え方です。

投資というと「成長する国やセクターを選ぶのが第一」と思いがちですが、そうとも限らないという話です。

図表4-6は、ここ十数年の新興国株指数と先進国株指数（日本除く）の推移です。圧倒的に先進国株指数が勝っています。しかしもちろん、国の経済の成長という意味では新興国のほうが勝っていました。それなのになぜこうした結果になったのでしょうか。

もちろんＧＡＦＡＭなど、先進国の企業が新興国の経済成長の恩恵の一部を享受したことも事実です。ただ、

図表4-6　この10年強は新興国株の大敗

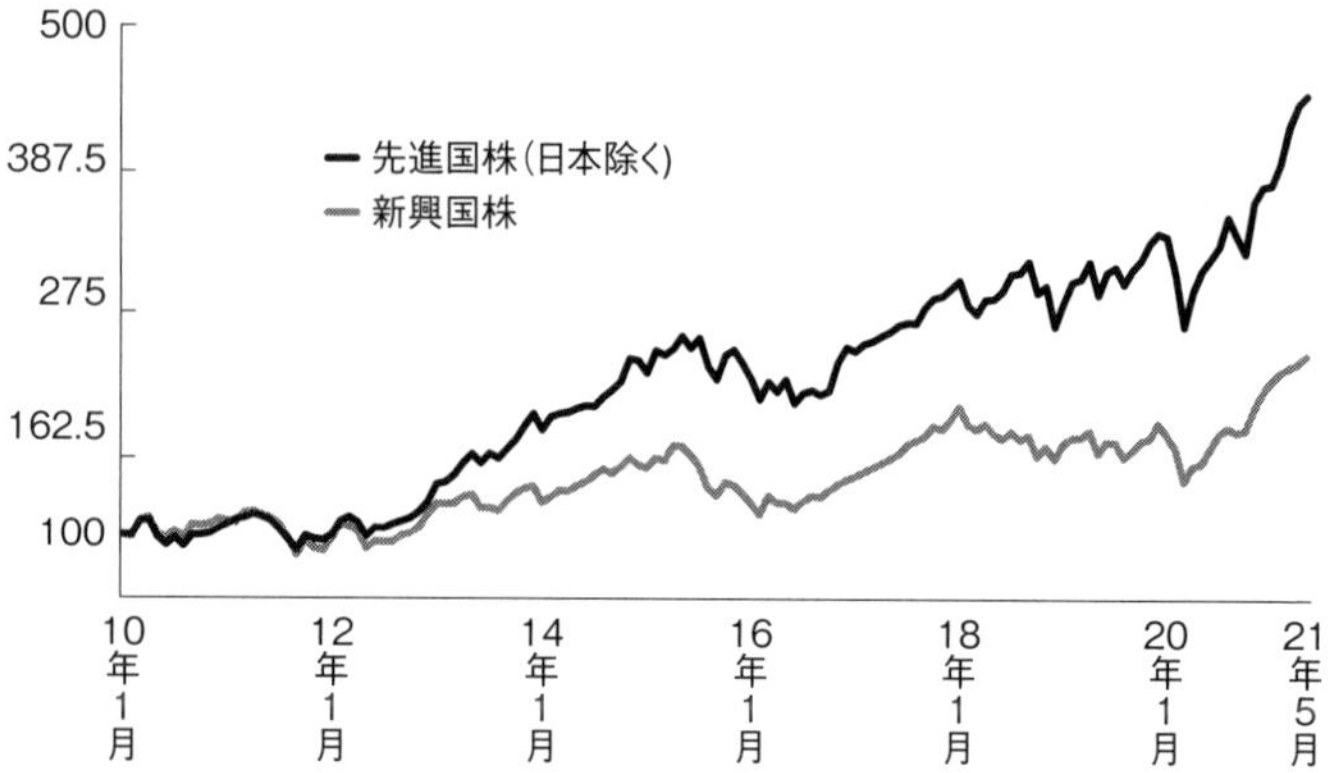

注）いずれもMSCI指数、2010年1月末を100とした
出所）各種データから筆者作成

それよりも大きい要因は、２０１０年前後、新興国が今後成長するとの期待をみんなが持っていたために、すでに買われすぎていた、ということです。

みんなが成長を期待してすでに株式を買ってしまっていると、その期待をさらに上回る成長がなければ、株式がさらに上昇するのは難しいと言えます。２０１０年前後の新興国株はそうした状態にあったわけです。

こうした状況は成長セクターでも同じです。今、電気自動車（ＥＶ）やＤＸ（デジタル・トランスフォーメーション）、５Ｇなどの関連企業が、ずっと買われ続けています。ＤＸ銘柄などハイテク株がたくさん含まれる米ナスダック総合株価指数をＳ＆Ｐ５００種株価指数で割った比率が、２０２１年秋現在、２０００年前後のＩＴバブル期と同じ水準に達しているのはやや不気味な感じもします（図表４-７）。もちろんこうしたセクターは、実

図表4-7　ハイテク株はITバブルピーク時並みの過熱

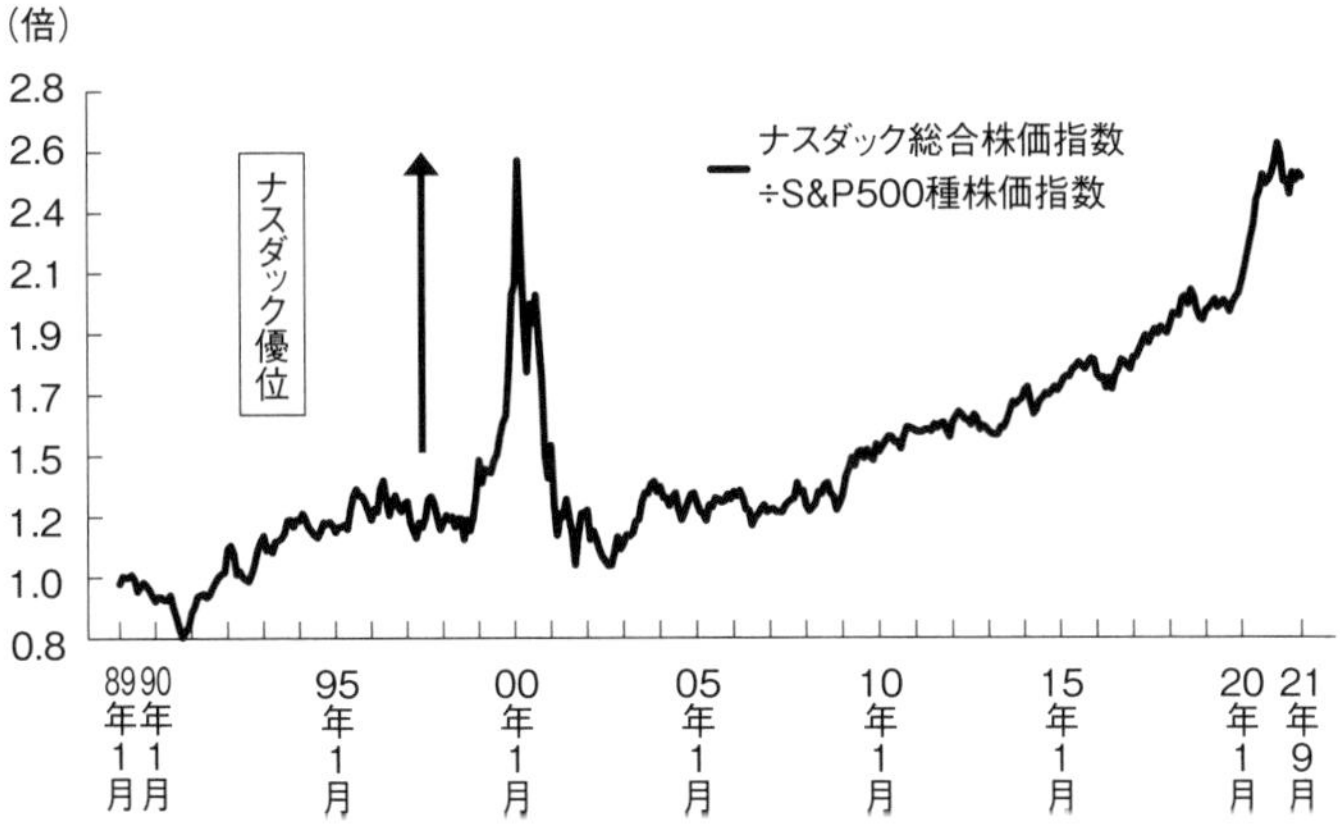

出所）各種データから筆者作成

際に成長を続けるでしょう。しかしそうした成長期待をすでに現在の株価が織り込んでしまっているとすると、やはり、みんなの期待をさらに上回るだけこうしたセクターが成長しないと、株価がさらに上がるのは難しいと言えます。そして、①実際にどれだけ成長するか、②それが株価にどれほど織り込まれているか——の2つをともに知るのは実際には難しいのが現実です。

ひとつの考え方は、「国でもセクターでも、成長がどこまで織り込まれているかなどわからない」と割り切って、世界全体を幅広く買うことです。何がいつ上がるか当て続けられない普通の人の場合は、そうした投資手法でいいのではないかと思います。

●心理の〝罠〟を防ぐ積立効果

多くの投資家は、より高い成績を得ようと、投

図表4-8　投信の保有者損益と基準価格騰落率

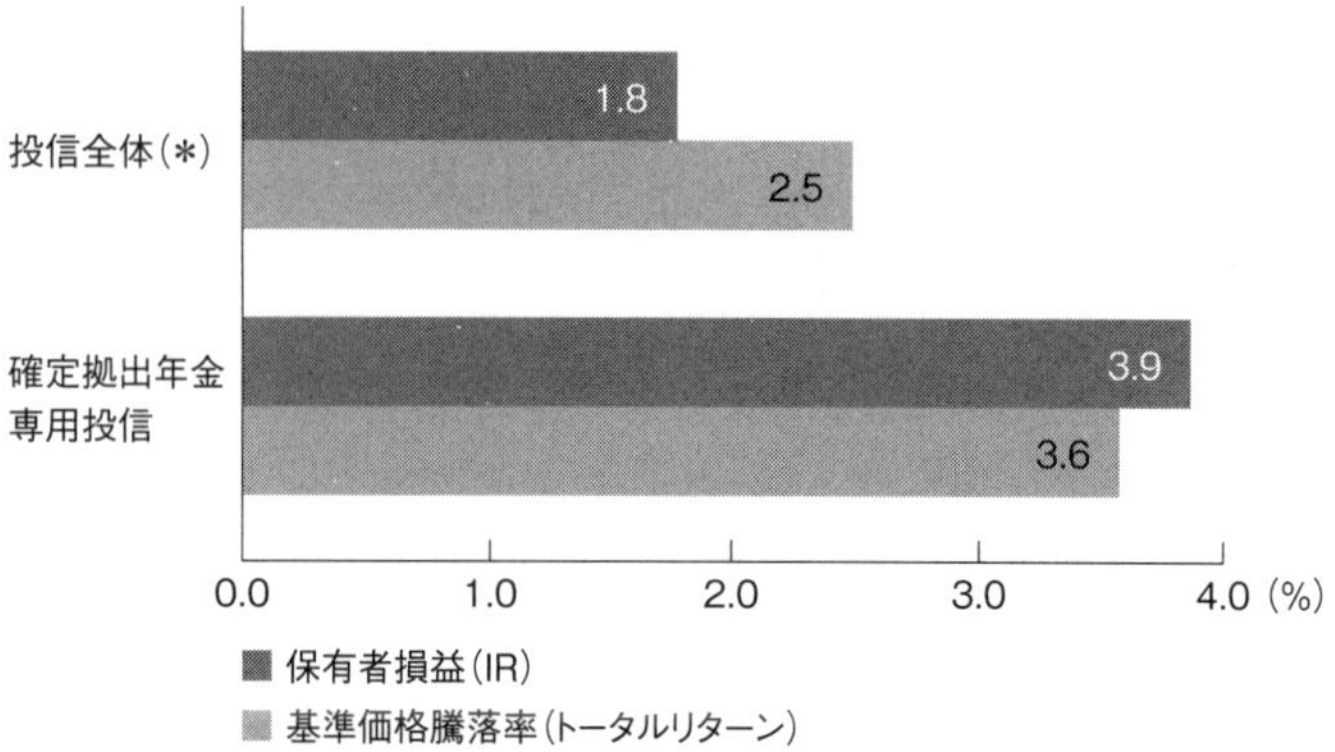

注)公社債投信、上場投信、確定拠出年金専用投信などを除く。
出所)モーニングスター、2019年末までの5年間の年率%。

資対象の売買を繰り返しがちです。しかしそれは必ずしもうまくいかず、かえって投資成果を低くしてしまうことが多くみられます。

それを示すのがインベスターリターン(IR：顧客の平均損益)という、米国でよく使われるデータです。IRは投信を買った人がどれだけの利益や損失を出したかを保有者全体の平均で示す指標。一定期間に基準価格が最終的には上昇しても、途中の高値圏で多く買われ、安値圏で多く売られていると、IRは低下します。

図表4-8の投資家のIRは、投信評価会社モーニングスターに依頼して集計したものです。株式投信全体では、2019年末までの5年間でみて、基準価格騰落率(トータルリターン、売買せず持ち続けた場合の成績)は年率2・5%。しかしIRは1・8%にとどまりました。

より大きく儲けようとして売買を繰り返し、結局は相場がいいときにムードに流されて多く買い、相場が悪い、本当は買い場であるときに売って、儲け損なっているのです。

ところが、毎月定額で買うDC専用投信に限って集計すると、5年間でみて、IRがトータルリターンを逆に上回っていました。定額で積み立てるので、安値で多くの量を買い、高値では少しの量しか買えないので、結果的に損益が改善しやすいのです。

相場の動き方にもよるので、いつもDC投信のIRがトータルリターンを上回るとは限りません。しかし、「投信全体ではIRがトータルリターンの動きを下回り、DC専用では逆にIRがトータルリターンの動きを上回る傾向は米国でもみられる」(モーニングスターの朝倉智也社長)のだそうです。

もちろん、積立投資と一括投資のどちらがいいかは、何を目的とするかによっても異なり一概に言えません。手元に資金がたくさんある人は、一括投資のほうがより有効に使えるともいえます。一方で、ある時期にまとめて投資するということは、それが高値の時期であったりすると、その後長い間評価損に苦しんだりすることも起きます。

このように一長一短はありますが、タイミングを見計らって一括投資するよりも、DC専用投信でみたような積み立てのほうがIRがよくなりやすいことは、覚えておくべきだと思います。特に若い資産形成層の場合、タイミングを当てるのがよほどうまいという自覚がないのであれば、DCを使った積み立てをおすすめします。

図表4-9　投信の種類

	アクティブ（積極運用）型	インデックス（指数連動）型
運用の狙い	市場平均（指数）を上回ることを目指す（ただし実際は下回る投信の方が多い）	市場平均（指数）に連動
販売手数料（購入時に1度だけかかる）	0-3%	0%が多い
信託報酬（運用期間中毎日かかる）	平均で1.3%程度	ここ数年の低コスト型は0.1～0.2%程度

注）株式投信の例、信託報酬は年率。

●投信のコスト差、長期で千万円以上にも

次は、堅実な資産形成のための重要なルール「低コスト」です。

投資信託は運用担当者の腕で平均を上回ることを目指すアクティブ型と、様々な株価指数に連動するだけのインデックス型に大きく分かれます。アクティブ型は、いろいろな調査が必要なのでコストが高めになります。

投信のコストは主に2つ。買うときに1度だけかかる販売手数料と、持っている間毎日少しずつとられる保有コスト（信託報酬）です。

最近、指数に連動するインデックス型投信の信託報酬がうれしいことに急低下、選びさえすれば、世界全体に投資できる投信でも年に0・1～0・2％程度のものが増えています。

一方、同じインデックス型でも、古いものは年1％くらいかかりますし、運用担当者が銘柄やタイミングを選

図表4-10　月3万円を1989年末世界株対象に積み立てた2020年末の資産

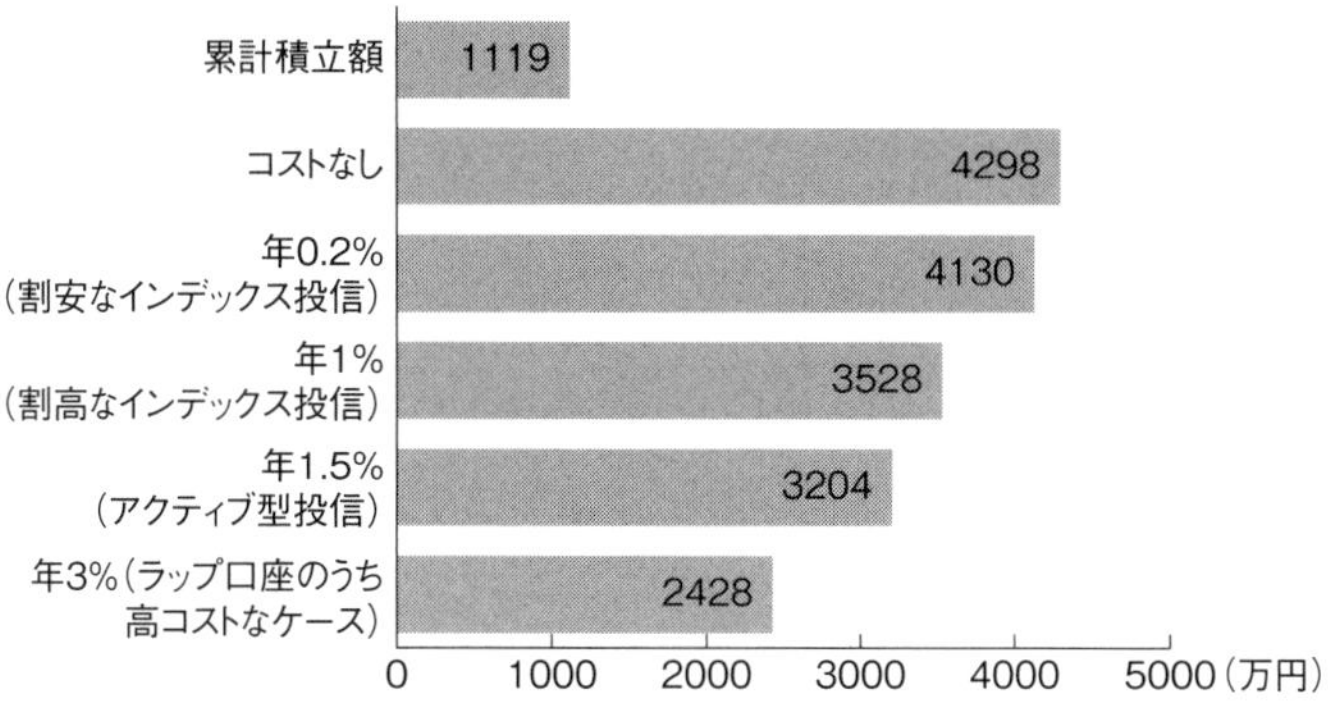

注）対象はMSCI ACWI、配当込み円ベース。
出所）各種データから筆者作成

んで平均に勝とうとするアクティブ型といわれる投信では、年に1～2％ほどかかります。さらに、投信選びをお任せするファンドラップといわれるものでは、信託報酬以外に管理費用もかかり、高いものだと総コストが3％を超えるものもあります。

このコスト差は、長期ではとても大きなものになります。投信の成績というのは、運用成績そのものから信託報酬を差し引いたものだからです。図表4‐10は、先進国株式全体の株価指数に1989年12月から月に3万円ずつ2020年末まで積立投資した結果です。運用成績はすべてMSCI ACWIという全世界の株価に連動する指数と同じだったと仮定しました。

累計積立額1119万円に対して、信託報酬0.2％の投信を使うと4130万円に増えていた資産が、古い割高なインデックス投信でみられ

図表4-11　プロが銘柄やタイミングを選んで平均に勝とうとする「アクティブ型」が市場平均に負けた確率

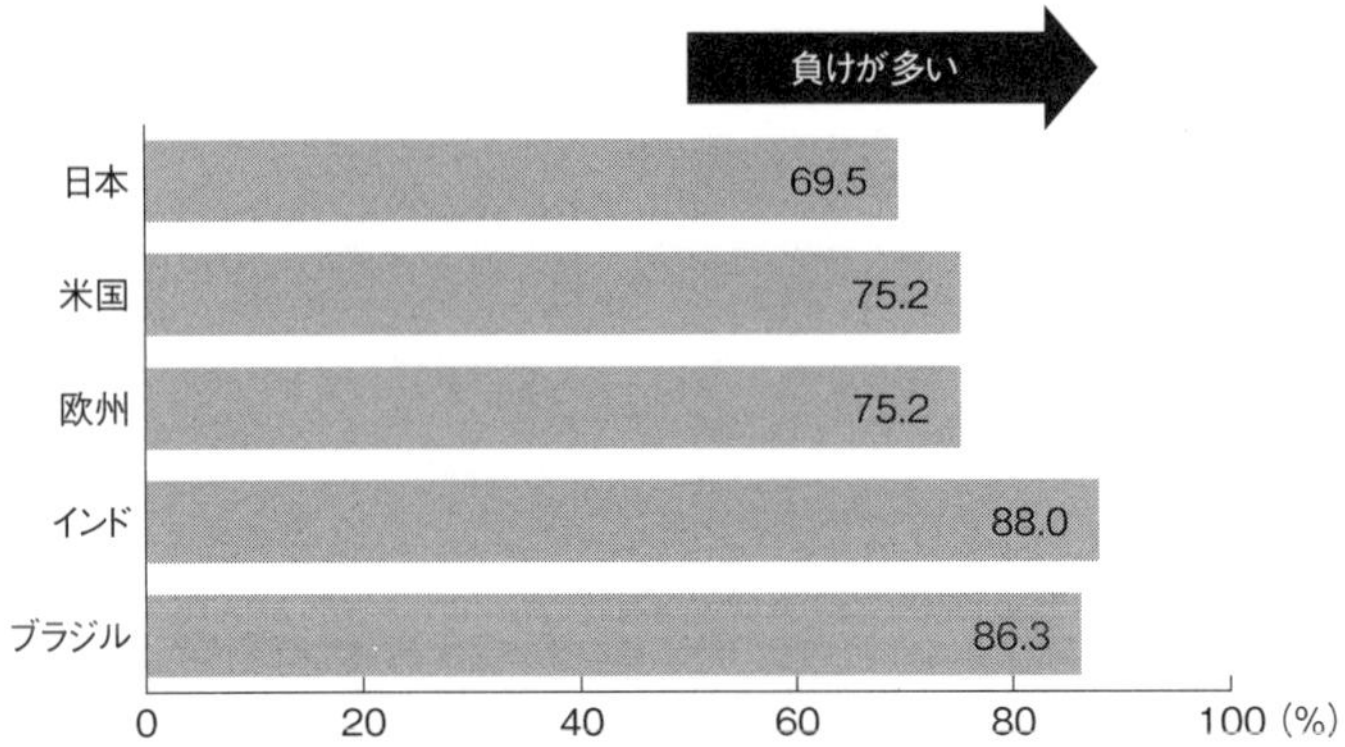

出所）S&Pダウ・ジョーンズ、2020年までの5年間

る年1％のものを使うと3528万円へ600万円強も増え方が小さくなります。アクティブ型投信で年1.5％なら900万円強も低い3204万円となり、まして年3％のラップなら2428万円と、0.2％の低コスト投信に比べて1700万円も目減りしてしまいます。

●どの国でもアクティブ型の7〜8割は長期では市場平均に負ける

もちろん、これはコスト控除前の運用成績が同じだった場合。アクティブ型で運用成績そのものがよければ、コスト差を補って余りある投資成果を得られることもあります。

では、平均的にはどうかというと、2020年末までの5年間でみて、平均を下回ったアクティブ型投信の比率は様々な国・地域で7〜9割でした。今や市場はプロ同士の戦い。勝ったり負けたりの繰り返しで成績そのものは長期では同じくらいになりやすく、一方で、アクティブ型は高いコストが積み重なるので、コスト差を成績差で取り返すのは簡単ではないのです。このため長期になるほどアクティブ型は負けやすいといえます（図表4-11）。

もちろん10年くらいの期間でみて、平均を大きく上回るアクティブ型も過去多くありました。しかし10年間好成績だった投信が次の10年もいいかというと、まちまちであるという分析結果が日米ともに多く出ています。過去の好成績が続くとは限らないのが難しいところです。つまり、振り返ったときに好成績だったアクティブ型はもちろんわかるのですが、事前に見分けるのはかなり困難ということです。「自分は良いアクティブ型を選べる」という自信がある人はアクティブ型でもいいのですが、自信がない場合はインデックス型を選んだほうがいいと思います。

●超低コスト投信が増加中、実質コストにも注意

幸いここ数年、信託報酬が年0・1～0・2％程度の超低コストのインデックス投信がどんどん増えています。

世界株のインデックス投信のうち低コストのものを参考に掲載します（図表4-12）。これらの多くはシリーズ化されていて、日本株や先進国株、新興国株、海外債券など他の資産に投資できる投信もあります。DCやNISAで投資できるものも多くありますから、参考にしてください。ちなみに「eMAXIS Slim」という三菱UFJ国際投信のシリーズは、同じジャンルの資産で他の投信がより低

図表4-12　世界に投資できる超低コストのインデックス投信
(*は日本を除く)

ファンド名	信託報酬(税込み)
SBI全世界株式インデックス・ファンド	0.11%
eMAXIS Slim 全世界株式(オールカントリー)	0.11%
*eMAXIS Slim 全世界株式(除く日本)	0.11%
〈購入・換金手数料なし〉ニッセイ世界株式ファンド(GDP型バスケット)	0.11%
たわらノーロード　全世界株式	0.13%
*野村つみたて　外国株投信	0.21%
楽天・全世界株式インデックスファンド	0.21%
*三井住友・DCつみたてNISA・全海外株インデックスファンド	0.28%
*eMAXIS 全世界株式インデックス	0.66%

注)信託報酬は21年6月時点。

い信託報酬のものを出してくれば原則的に自らも引き下げることをうたい、実際に過去も基本的には実行しています。つまりこのシリーズを持っていれば基本的に最安、を維持できる期待があります。

ただ同じ「eMAXIS」でも「Slim」がついていないシリーズも別途あり、「Slim」よりは信託報酬が高めですし、他社に応じて引き下げるともうたっていませんので、違いを区別しておきましょう。

「購入・換金手数料なし」はニッセイアセットマネジメントのシリーズで、過去、他社に先駆けて信託報酬の引き下げを実行してきた運用会社です。

ただしこれら超低コスト投信は、対面の銀行や証券会社などでは扱われていないことが多くあります。信託報酬の半分弱はみなさんが投信を保有している間、それを販売した銀行、証券など金融機関に入り続けるので、超低コスト投信を売っても儲からないからです。ＳＢＩ、楽天、マネックスなどネット証券であればこれら低コスト投信をほぼすべて扱っています。

ただし投信は信託報酬のほかにも、組入銘柄の売買費用や資産保管の費用、監査費用など様々なコストがかかります。これら信託報酬のほかの「その他費用」を加えた総合的なコストを実質コストといいます。実質コストは信託報酬に比べて何割か大きいこともあり、本来は信託報酬よりも実質コストを重視すべきです。

実質コストは投信の運用報告書の「1万口当たりの費用明細」をみればわかります。新興国型や純資産が小さい投信などでその他費用の割合は高くなりがちです。例えば「たわらノーロード新興国株式」では信託報酬は年0・37％ですが、他の費用を加えた実質コストは0・95％（2020年10月決算）です。

著名投資信託ブロガーの水瀬ケンイチさんのサイト「梅屋敷商店街のランダムウォーカー」では、定期的に分野別のインデックス投信の実質コストを極めて正確にランキングしてくれているので、こちらをみるのも便利です（ちなみにこのサイトには長期分散投資のノウハウが満載ですので、コスト以外の記事も継続的に読むことをおすすめします）。

●アクティブ型と組み合わせるコア・サテライト戦略も

もちろんインデックス型とアクティブ型は、必ずしも二者択一である必要はありません。「当てる投

図表4-13　コア・サテライト戦略も重要な選択肢

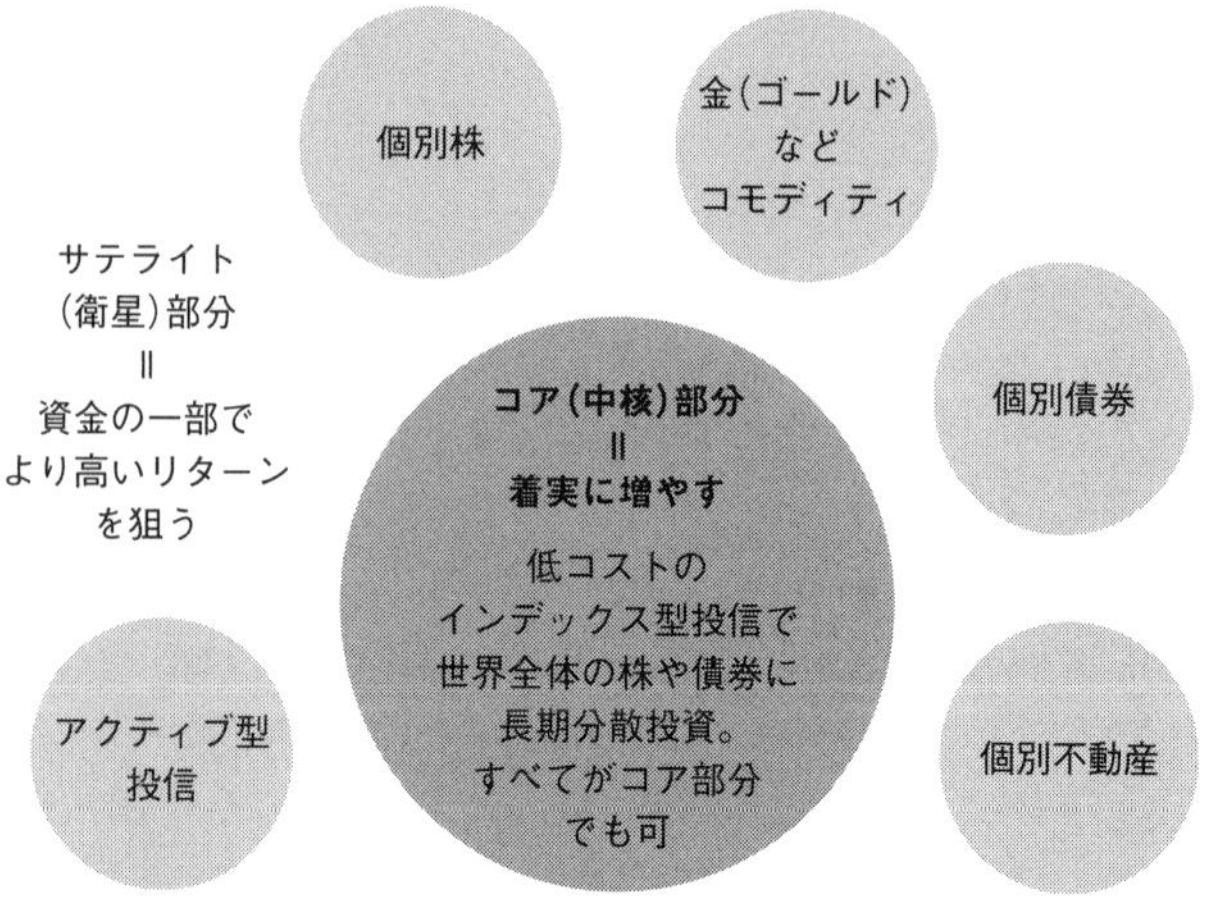

資」で好成績を得られることもありますから。要はバランス。選択肢のひとつが「コア・サテライト戦略」（図表4-13）です。

資金のコア（中核部分）は低コストのインデックス型投信で世界全体の株や債券に長期分散投資し、必要ならサテライト（一部）で個別株やアクティブ（積極運用）型投信、金などに投資します。サテライト部分ではタイミングをはかって売買し、全体の運用成績向上を目指す戦略もあり得ます。年金など機関投資家が採用する手法ですが、個人も取り入れる余地はありそうです。

ただ多くの個人は、資金の中心を個別株やアクティブ投信、あるいはＦＸにしていることが多く、なかなか資産を増やせません。あくまで資産のコア部分は、低コスト投信で広く分散投資することをおすすめしたいと思います。

図表4-14　アセット・ロケーション（資産の置き場）しだいで課税後の利益が変わる

株式投信（期待リターン年5%）100万円→課税口座		預貯金や債券（同年1%）100万円→DC口座		
利益4万円（2割課税後）	＋	利益1万円（運用中非課税）	＝	利益5万円

預貯金や債券（同年1%）100万円→課税口座		株式投信（期待リターン年5%）100万円→DC口座		
利益0.8万円（2割課税後）	＋	利益5万円（運用中非課税）	＝	利益5.8万円

●節税効果の大きな口座は株式投信中心で

資産形成に重要な要素となる「低コスト」は、単に投信のコストだけではありません。税金のコストをいかに抑えるかも重要です。ＤＣは運用中の利益が非課税、ＮＩＳＡは受給時まで含めて完全非課税です。この非課税効果をなるべく大きく使うには、長期でみて値上がり期待が大きい資産をＤＣ口座にまとめることが大事です。

具体的にみてみましょう。ある人が株式投信（期待利回り年５％）、預貯金や債券（期待利回り年１％）をともに１００万円ずつ運用するアセット・アロケーション（資産配分）を考えているとします。

年５％の株式投信１００万円分を課税口座で運用すると、５万円の利益のうち２割が課税され、税引き利益は４万円です。一方、非課税であるＤＣ口座で預貯金を運用すると利益１万円が非課税でまるまる残るので、合わせた利益は５万円です。

口座を逆にしてみましょう。ＤＣ口座で利回り5％の株式投信100万円を運用すると5万円がまるまる残ります。一方、課税口座では預貯金の利益1万円が2割課税され税引き後で8000円しか残りませんが、合計利益は5万8000円です。

資産の置き場を入れ替えるだけで、税引き利益の合計額が増えるのです。このように、どの資産をどの口座で運用するかを、アセット・アロケーション（資産配分）とは1文字違いで、アセット・ロケーション（資産の置き場）といいます。

ＤＣやＮＩＳＡ口座のように、運用時非課税の口座には長期の値上がり期待が大きい株式投信中心で運用、預貯金は課税口座で運用し、資産全体で自分の考えるアセット・ロケーションになっていればいいのです。しかし現実には、ＤＣでは資産の半分が預貯金など元本確保型資産で運用されています。せっかくの節税口座の利点を活かせていないのが残念なところです。

第5章

老後に備える最強の投資優遇税制 確定拠出年金

【1】DCの種類と全体像をまず把握

ここからは確定拠出年金（DC）について考えていきます。DCは大きく企業型と個人型（イデコ）に分かれることはこれまでもお話ししましたが、図表5-1でもう少し細かくDC全体をざっと見渡しておきましょう。

通常の企業型は会社が掛け金を出すのですが、個人が上積みできるマッチングという仕組みもあります。マッチングで自分が出した掛け金は全額がイデコと同じ所得控除になるので、イデコと同じ節税効果が発生します。マッチング制度についての改正内容やフル活用の仕方は第4節で説明します。

また最近非常な勢いで広がっているのが、給与減額方式の「選択制DC」というものです。これは従来通り給与（または賞与）としてもらうか、あるいは例えば月30万円だった給与を月2万円減額する代わりに、同額をDCの掛け金として老後に積み立てていくか選ぶ仕組みです。

通常の企業型は、会社が掛け金を出すので会社に財務負担が生じます。一方で選択制は、原資が従業員の給与などですから会社に負担が生じず（一部会社が上乗せすることもありますが）導入がしや

図表5-1　確定拠出年金のタイプの違いは？

	企業型DC			イデコ
	通常の企業型DC	マッチング拠出	給与減額型の選択制	
上限額（月、24年11月まで）	2.75万円（他にDBなどがある場合）または5.5万円（DCだけの場合）	会社掛け金以下で会社掛け金との合計がDCの上限額以下	通常の企業型DCと同じ	1.2万～2.3万円（会社員）、6.8万円（自営業者）
掛け金の拠出	会社	本人	給与かDC掛け金か選択	本人
口座管理費用の拠出	会社			
金融機関や対象商品の選定				
掛け金の所得控除	―	あり	―	あり
掛け金の社会保険料負担	―	あり	―	あり
将来の年金減	なし		あり	なし
運用時の課税	非課税			
受給時の課税	退職所得控除や公的年金等控除などで減免			

注）一部例外あり、イデコは300人以下の会社では事業主が掛け金を上積みする「中小事業主掛金納付制度（イデコプラス）」も。

すいのです。

　従業員にとってイデコやマッチングは税や社会保険料を引かれた後の給与から拠出し、掛け金が所得控除になるため年末調整や確定申告により税金分が後で戻ります。一方、選択制の掛け金は給与ではないので、最初から税・社会保険料がかかりません。税金が後で還付される所得控除ではありませんが、税負担がないという意味ではイデコと同じ効果があります。さらに給与と原則連動する社会保険料の計算基準（標準報酬月額）が下がると、社会保険料負担も減ります。つまり税金だけが減るイデコやマッチングに対し、選択制では税金と社会保険料の両方が減りやすいといえます。

　しかし負担と給付は裏腹。社会保険料が減るということは、将来もらう年金などもその分減るということです。選択制についてのこうしたメリット・デメリットは第4節で説明します。

イデコも通常の本人が掛け金を出すもののほかに、会社が掛け金を上乗せしてくれるイデコプラスという仕組みも従来は従業員100人以下の会社が対象でしたが、2020年10月から300人以下に拡充されています。こうした全体像をざっと頭に入れていただいたうえで、まずはイデコについてみていきます。

【2】投資優遇税制の王様、イデコの基本編

イデコは、①掛け金が全額所得控除、②運用中は非課税で増やせる、③受給時にも税優遇がある――という3段階の税優遇があるのでしたね。

図表5-2では、イデコを使って投信で資産形成するのと、税金のかかる課税口座で預貯金のまま寝かせておくのでは、投信利回りを年3％とかたくみた場合でも40年で1150万円以上もの差が生まれる可能性を示しています。「投資優遇税制の王様」ともいわれるこの仕組み、有効に使いたいですね。改正項目をお話しする前に、イデコの基本的な仕組みを復習しておきましょう。

●節税額計算のおすすめは中央ろうきんのサイト

イデコは自分で金融機関を選んで掛け金を積み立てていく仕組み。対象は預貯金や投資信託などです。積み立てられる掛け金はその人の公的年金の区分や勤務先で異なります。掛け金が所得控除になり税金が減る仕組みは図表3-30と同じなので参照してください。

図表5-2　イデコの投信運用で老後資金づくりに大きな効果も

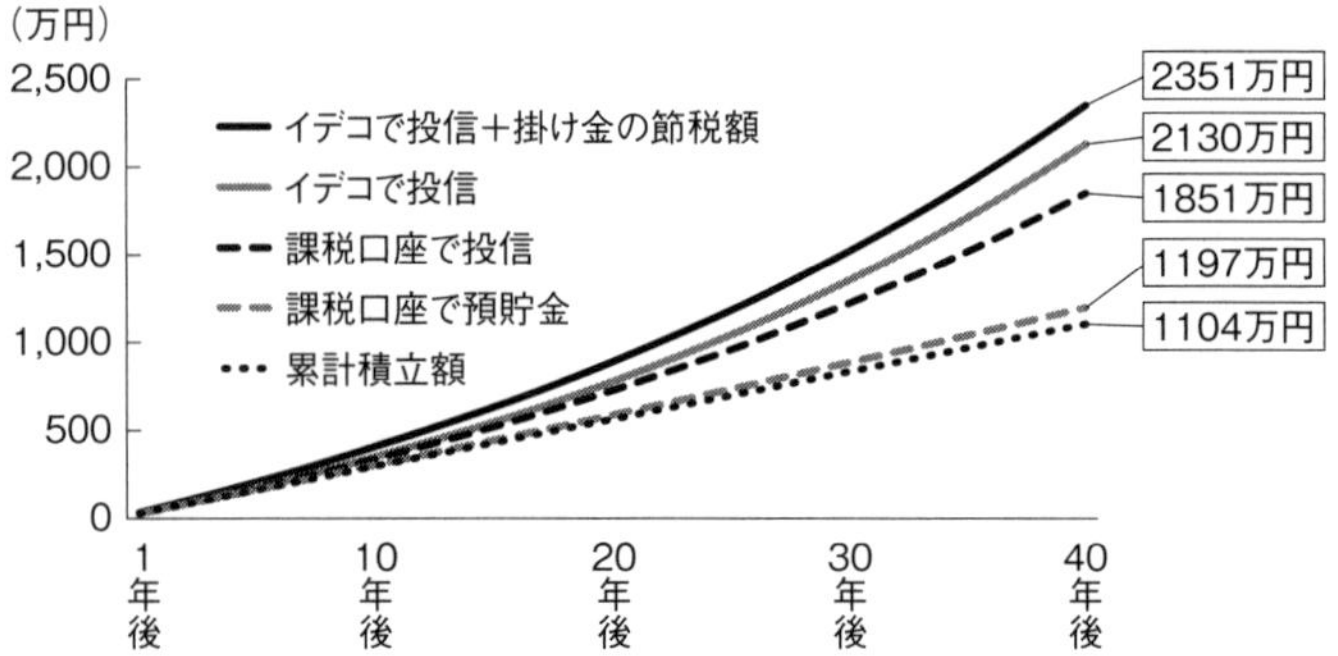

所得・住民税率が計20%の人が毎月2万3000円（企業年金のない会社員の掛け金の上限額）を運用するケース。毎年の節税効果を資産額に加算、課税口座は毎年の運用益から20%の税金を差し引いた。預貯金平均利回りは年0.5%、投信は年3%と想定。いずれも概算。

イデコの掛け金拠出で減らせる税負担はその人の税率によって変わり、「掛け金×税率」（図表5-3参照）です。例えば企業年金がない会社員の上限額年27・6万円掛け金を出せば、その人の税率が20％なら年に5万5200円の税負担減になります。

では、自分の節税額はいくらなのでしょうか。節税額は「掛け金の額×税率」なのですが、税率は課税所得によって変わるので、まず課税所得を知らなければなりません。年収から給与所得控除や基礎控除、配偶者控除、社会保険料控除など様々な控除を引いたのが課税所得になりますが、年収はだいたいわかっても課税所得はわからない、という人が大半です。

どうすればいいでしょうか。会社員の場合、源泉徴収票があれば、「給与所得控除後の金額」という欄の数字から「所得控除の額の合計額」の欄の数字を引けば課税所得になります。簡単なのは、金融機関のサイトを使う方法です。おすすめサイトのひとつが、中央労働金庫（ろうきん）です。ちょっとわかりにくいところにあるので「ろうきん」「イデコ」「スペシャルサイト」と検索すると「節税シミュレーター」というところでみられます。年収や家族構成、掛け金額などを打ち込めば、自分の課税所得、年間の節税額がすぐにわかります。

多くの金融機関のサイトでは、単に年収だけ打ち込ませて税率を計算させています。家族構成によって控除も課税所得も税率も変わるので、かなりミスリードです。このため、実際には所得税率5％の人が20％と表示されることもあってあまりに無茶苦茶です。だいたいは税率が本来より高く表示され、結果的に節税額が事実より多いように誤解させるつくりになっているので気をつけてください。

ちなみに図表5-3には掛け金の上限額などに関するややこしい注書きがたくさんついています。これはいずれも制度の見直しに伴うもので、2022年10月、および2024年12月については、それぞれ後ほど解説します。

●預貯金も運用対象

イデコなどDCの運用対象は、NISAとは違って投資信託などリスク性資産だけでなく預貯金など元本確保型商品も対象です。どうしても投資が怖いという人であれば、預貯金でも節税の恩恵を受けられます。しかし、せっかく長期で運用中に非課税になるのですから、株式を組み込んだ投信で、長

企業型 確定拠出年金（DC） だけの会社員*1	企業型DCと 確定給付年金（DB） のある会社員*2　DBだけの会社員　公務員	主婦
月2万円*3	月1万2000円*4	月2万3000円
3万6000円	2万1600円	4万1400円
4万8000円	2万8800円	5万5200円
7万2000円	4万3200円	8万2800円

期で増やすことを考えるのがおすすめです。

●年1回12月だけも可能、手数料安く

イデコは毎月拠出しかできませんでしたが、法改正で２０１８年からは年単位で計算されることになっています。例えば、企業年金のない会社員の掛け金の上限額は月に２万３０００円。１～11月にずっと０円にしておいて、12月にまとめて27万６０００円ということもできます。

ただし、年の初めにイデコを１年間の上限額まで一括拠出することはできません。「拠出限度額は、経過月の限度額を積み上げていく」という仕組みであり、１月時点では２万３０００円分の積立可能額しかないからです。１～６月は拠出せず７月に初めて拠出する場合の上限は２万３０００円×７カ月の16万１０００円になります。

図表5-3　イデコの掛け金上限額と節税効果

		自営業者など	企業年金がない会社員
	掛け金の上限月額	月6万8000円	月2万3000円
所得と年間の節税額。年収換算は扶養配偶者なし。16〜18歳の子が1人のケース。税率は所得・住民税の合計。	所得150万円（年収500万円弱）……税率15%	節税額 12万2400円	4万1400円
	所得300万円（年収700万円前後）……税率20%	16万3200円	5万5200円
	所得500万円（年収950万円前後）……税率30%	24万4800円	8万2800円

注）*1、*2は22年9月まではイデコ併用の規約変更した場合だけ併用可、22年10月以降は*3の月額は5万5000円から企業型DCの会社掛け金を引いた額（上限2万円）の範囲内、*4の月額は2万7500円から企業型DCの会社掛け金を引いた額（上限1万2000円）の範囲内。*4の上限額は2024年11月まで。同12月以降は図表5-15を参照。

イデコの口座手数料のうちの一部は実施主体である国民年金連合会向けのものであり、拠出回数が少なければこの分の手数料は下がります。

●掛け金はなるべく上限額を目指そう

イデコでは上限額ばかりが注目されるので、なかには「必ず上限額を拠出しなくてはいけない」と勘違いして、「自分は余裕がないので無理」と思っている人もいます。しかし、もちろんそんなことはなく、出せるだけでいいのです。ただし最低金額というものはあります。

毎月拠出する場合の月の最低額は５０００円です。一方、例えば12月に１度だけ拠出するときは、下限額も12カ月分の６万円に積み上がります。きちんと老後資金を作ってもらうための制度なので、月換算の下限５０００円（年の下限６万円）というのは変えず、こちらもまとめるようにしたというイメージです。ただし、こうした最低限の額でするよりも、おすすめはやはりできるだけ多くの掛け金をかけることです。イデコの節税額は「掛け金×その人の税率」だからです。

とはいえ、掛け金の額は年に1度変更できます。例えば、家を購入して住宅ローンが始まったとき、金利や返済期間などによってはイデコの掛け金にまわすより住宅ローンの返済額を増やしたほうがいいケースもありえます。そうしたときは掛け金を減額できます。

●売却益に課税されずに投資先変更も可能

毎月の掛け金拠出の際、例えば従来は日本株投信と外国債券投信を50％ずつ買っていた人が、日本株投信が大きく値上がりしていてさらに買い増すのが怖いと思えば、次の掛け金を例えば外債投信100％へ変更できます。このように、新規資金の運用対象の割合を変えることを、「配分変更」といいます。

それだけでなく、過去に運用していた資産についても、大きく値上がりした日本株を売って割安になった外国債券を買い増すといった指示を出せます。このように、資産全体の比率を変えるために売買することを「スイッチング」といいます。

通常の課税口座では値上がりした資産を売ると税金が発生しますが、イデコは運用期間中は非課税でしたね。税金を取られずに配分を変えられるのです。

●主婦（夫）は掛け金の節税効果はない

主婦（夫）など所得がない人は税金も納めていませんので、掛け金拠出による節税効果はありません。一方で、口座管理料はかかり続けます。ほとんど金利ゼロの預貯金で運用するようなら、口座管理料の分だけマイナスです。

ただし運用中の非課税という効果は受けられますので、投信で長期運用して資産を大きく増やすことを狙うなら意味はあります。イデコの加入期間に応じて退職所得控除という非課税枠が積み上がっていきますから、受給時も非課税で受けられる公算が大きいといえます。

ちなみに主婦がイデコをする場合、夫が実質的に掛け金を出している場合でも、夫が妻の分の所得控除を使うことはできません。イデコの所得控除は小規模企業共済掛金等控除という種類で、これは本人しか使えないルールです。

●事業主による掛け金上乗せ「イデコプラス」が拡大

イデコは本来加入者が自分で掛け金を出す仕組みですが、企業年金のない中小企業は事業主が上積みで掛け金を出すことができるようになっています。「iDeCo+（イデコプラス）」という仕組みです。従来は従業員100人以下の会社が対象でしたが、2020年10月からは300人以下に拡大しています。ただし、本人の掛け金と事業主掛け金の合計は、本人の掛け金上限額（他に企業年金のない会社員なので月2万3000円）の範囲内である必要があります。

事業主の上乗せ拠出は給料とはみなされないので、従業員にとって税金も社会保険料もかかりません。福利厚生の一環として広がることが期待されます。

●所得税は年末調整などで還付、住民税は翌年安くなる

イデコで節税になった金額は、結構ムダ遣いしてしまうリスクがあります。それは税金が減る仕組みに一因があります。

イデコの掛け金は、金融機関から引き落とされる方法が大半ですが、会社が天引きしてくれる方法もあります。金融機関から引き落とされている場合、所得税については引き下ろされた掛け金の額を年末調整または確定申告で申告すると、還付されます。会社天引きの場合は、源泉徴収の額を自動的に減らしてくれる場合もあります。一方、住民税は、翌年以降の分が、住民税の還付分だけ、本来払う額より少なくなる仕組みです。

年末調整などの還付は、ほかの様々な還付と一緒につい使ってしまいがちですし、毎月の源泉徴収や翌年の住民税は、これまでいくら払っていて、イデコ開始後はどれだけ減ったかなど意識しないことが通常でしょう。この結果、つい浪費し、せっかくの節税額が、知らず知らずのうちに消えてしまう可能性も十分にあります。

これを防ぐには、例えば中央労働金庫のサイトなどを使って「自分の節税額は年5万5200円

（税率20％の会社員が上限額の年27万6000円をかけた場合）」などとしっかり把握し、個別の通帳を作るなどして、節税額分を毎年きちんと貯めていくことが大事です。

●75歳まで受け取りを延ばし、95歳まで運用を継続も

イデコの受給開始は原則60歳からですが、これは10年以上の加入の場合であることは要注意です。加入期間が短ければ受給開始の時期は後ずれします。例えば、4年以上6年未満の加入なら63歳から、2年未満の加入なら65歳からしか引き出せません。2022年5月からは60歳以降も入れるようになります。この場合は積み立て開始から5年以上たつと受給開始できます。

早くても60歳まで引き出せないことを「イデコの弱点」という人もいますが、あくまで老後のための制度なのですから、安易に引き出せないことはむしろプラスでしょう。老後資金はイデコ、教育資金や住宅資金は途中で引き出せるNISAと使い分ける手もあります。

なお、もともと60歳で受け取ろうと考えていても、リーマンショックのような出来事があって株価が暴落していれば、そんなときに金融商品を売りたくない人も多いと思います。ちなみにイデコは、最大でも60歳で必ず受け取らなければならないものではなく、そのまま運用を続けられます。2022年3月までは受給開始年齢は最大70歳でしたが、同4月以降は75歳まで延ばせます。

受給方法は一時金と年金受け取りがあり、多くの金融機関では両方を併用できます。年金は受け取りながら、残った資産の運用を続けるのが一般的で、その期間は制度上、5～20年と決まっています。

つまり、2022年4月以降は75歳直前で年金受け取りを選択すると、制度上は最長95歳までは年金を受け取りながら、運用を続けることが可能というわけです。具体的な受け取り期間はDCの運営管理機関で違いがありますので、運営管理機関の選定の際にはそこもチェックしておきましょう。

ちなみにイデコの資産は、本人が亡くなれば遺族に受け継がれます。死亡から3年以内に受け取れば「みなし相続財産」という扱いになり、法定相続人1人500万円までの控除の仕組みが使えて有利です。迅速に家族が受け取るためには、イデコをしているということをきちんと伝えておきましょう。

●金融機関により口座管理料は大違い

イデコは自分で金融機関や運用商品を選びます。金融機関選を選ぶ基準は「口座管理料」「金融商品の品ぞろえ」「サイトやコールセンターなどの使いやすさやサポート体制」などです。これら金融機関選びの3つの基準の具体的な内容は、確定拠出年金教育協会のサイト「iDeCoナビ」やモーニングスターの「iDeCo総合ガイド」などでも比較できて便利です。

まず口座管理料から。毎月(年12回)拠出の場合、イデコの実施機関である国民年金基金連合会向けに年1260円と信託銀行向けに年792円の、年に2052円が通常かかります(図表5-4)。金融機関分が無料なら合計額も年に2052円ですみますし、金まちまちなのは金融機関分です。金融機関分が5000円台と高いところなら計七千数百円になります。たまに金融機関で「口座管理料

図表5-4　イデコの口座管理料は？

イデコの口座管理料は？				
	年間費用（円）			
	国民年金基金分*	運営機関分	信託銀行など（ほぼ一律）	合計（毎月拠出の場合）
ネット証券など	1260	0	792	2052
地方銀行A行		5280		7332

*毎月拠出の例。集中拠出なら1回につき105円

0円」とうたっているところがありますが、あれは金融機関分が0円なのであって、国民年金基金連合会分などで年2052円は最低かかりますので、誤解しないようにしてください。

金融機関分が無料なのはSBI証券や楽天証券、マネックス証券などネット証券のほか、野村証券、大和証券、イオン銀行などです。一方、地方銀行などは高ければ金融機関分だけで5000円台のところもあります。

●口座管理料の差より投信の信託報酬の差が大きい

次に商品の品ぞろえ。金融機関により商品は数本から三十数本まで様々です。運用中非課税の利点を活かすには、投資信託で長期で増やすのがおすすめです。口座管理料の差はわかりやすいのでつい注目してしまいますが、より重要なのは投信の品ぞろえです。

投信は株価指数などとの連動を目指すインデックス型と、指数を上回る運用を目指すアクティブ型があります。

保有期間中かかる信託報酬は、インデックス型は年0・1％台の超低コスト型が増えていますが、アクティブ型は調査のためなどに高くなりがちで年2％前後のものもあります。運用のうまさで高コストを取り戻すのは簡単ではなく、日本でも海外でも、長期ではアクティブ型の7割くらいは市場平均に負ける傾向がみられます。

もちろん長期で好成績のアクティブ型もあるので、お目当てのアクティブ型があれば、イデコの対象に含まれている金融機関を探すのも選択肢です。でも事前に好成績の投信を見分けるのは簡単ではありません。自信がない場合、低コストのインデックス型で世界に分散投資するのがおすすめです。

ただし低コストのインデックス型がそろってない金融機関も結構多いのです。例えば地銀では、インデックス型なのに年1％前後の割高な投信しか選べないところも目立ちます。損害保険会社では投信全部がアクティブ型のところもあります。

信託報酬の半分弱は顧客の保有期間中、販売した金融機関に入り続けます。高い信託報酬の商品を売り続けるほうが金融機関に有利という側面も大きいといえます。

図表5-5は1990年から2020年まで実際の世界株指数の動きを基に31年間運用していた場合の試算です。口座管理料が年に5000円違えば、単純計算では16万円弱の差です。ただ、運用対象が長期で上昇する場合、口座管理料が高いために掛け金から口座管理料を引いた実際の投資額が減る影響は、複利で拡大していきます。世界株指数の例で試算すると、信託報酬が同じ0・1％の場合、年に5000円弱の口座管理料の差による影響は31年で約60万円に拡大しました（グラフの②と③の

図表5-5　口座管理料と信託報酬の差で資産はどう変わる？

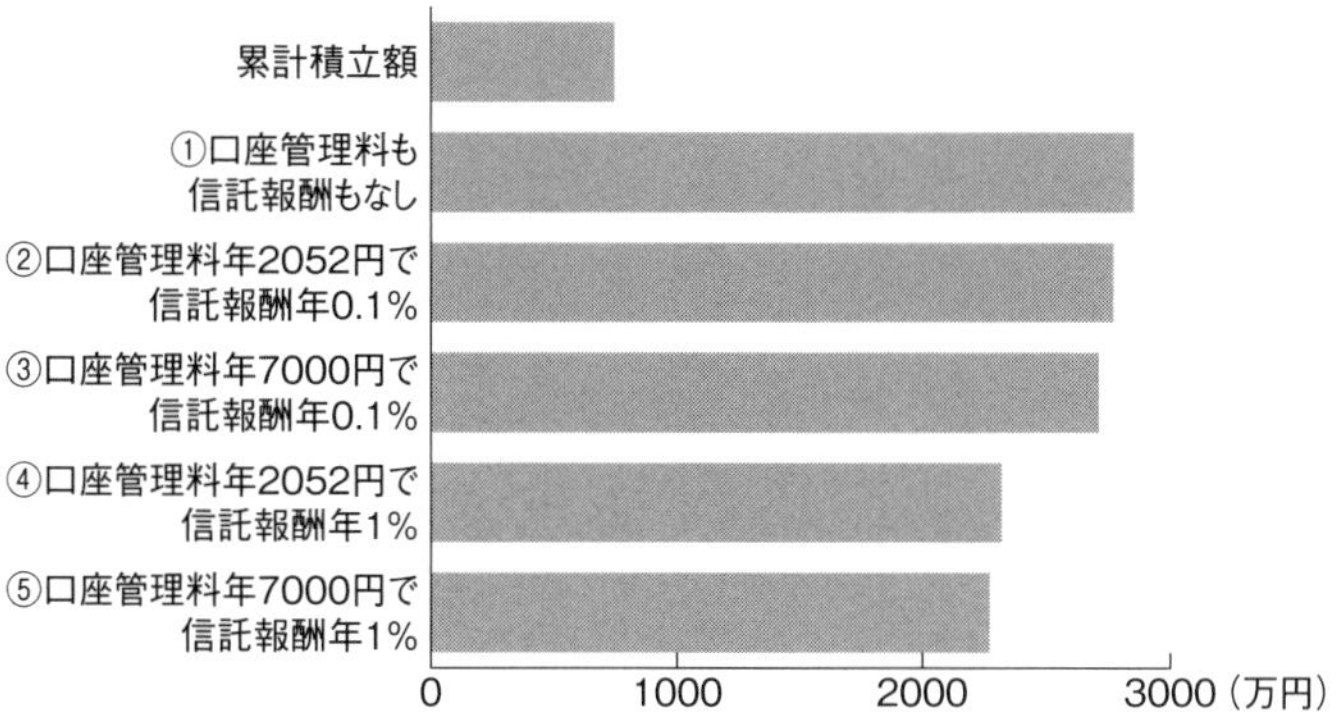

注）1990～2020年まで世界株指数（円ベース、配当込み）を対象に月2万円積立投資した実績、簡易計算。
出所）各種データから筆者試算

違いです）。

それよりも影響が大きいのが信託報酬の差です。世界株指数での試算では口座管理料がともに2052円の場合、信託報酬が0・1%と1%では、31年後の資産差は約450万円にもなります（グラフの②と④の差です）。

このように口座管理料より投信の品ぞろえのほうが大事なのですが、どちらかだけ優れていることは多くありません。口座管理料が極端に高い金融機関はイデコに熱心でなく、品ぞろえも通常良くないので、グラフの⑤のような結果になります。いまだにこうした割高なインデックス投信を売り続けたり、手数料を多くとれるアクティブ型しか扱っていない金融機関は、生・損保、地銀、信用金庫などに多くみられます。

図表5-6　イデコの金融機関はどこを選ぶ?

	金融機関	理由
全般的におすすめ	マネックス証券、楽天証券、SBI証券などのネット証券	低コストの投資信託の品ぞろえが豊富で、よりよい投信が出れば早期に品ぞろえに加わる。口座手数料も金融機関分は無条件でゼロ
やり取りを重視したい人におすすめ	野村証券、大和証券、みずほ銀行、三井住友銀行、りそな銀行など	新規商品の取り込みは遅いが、低コストの投資信託商品がそこそこそろっている。三菱UFJ銀行は投信の品ぞろえに割安感が薄いため除外した。 三井住友、りそなは店頭で相談や申し込みが可能。
注意が必要	地方銀行、大手損害保険会社、信用金庫など	主要資産で低コストのインデックス投信がそろっていないケースも多い。口座管理料も高いことが多い。

●全般的におすすめはネット証券、地銀・損保などは要注意

全般的におすすめはネット証券です。ＳＢＩ証券では、他社が同じジャンルでより低い信託報酬の投信を出せば原則的に追随して引き下げることをうたっている「eMAXIS Slim」という三菱ＵＦＪ国際投信のインデックス投信のシリーズが使えます。ちなみに前述のとおり同じ運用会社が「Slim」のつかない「eMAXIS」というシリーズも出していて、こちらは必ず引き下げるわけではないので区別しておきましょう。

ＳＢＩ証券では、これまで信託報酬引き下げの先陣を切り続けてきたニッセイアセットマネジメントの「購入・換金手数料なし」シリーズの低コスト信託も組み込まれています。日本株のアクティブ型では好成績をあげてきたレオス・キャピ

タルワークスのアクティブ型投信「ひふみ投信」や、やはり好成績だったSBIアセットマネジメントの中小型株投信「ジェイリバイブ」も選択できます。

マネックス証券も先進国や新興国の株で「eMAXIS Slim」が使えますし、やはりアクティブ型で「ひふみ」「ジェイリバイブ」が選べます。

楽天証券も、主要資産に「たわらノーロード」シリーズなど低コストのインデックス投信のほか、中小型株も含めて非常に幅広く投資できるインデックス型投信「楽天全世界株式」「楽天全米株式」も取り扱っています。セゾン投信のインデックス型投信「セゾン・バンガード・グローバルバランスファンド」や、同社の世界株で運用するアクティブ型投信「資産形成の達人ファンド」も選べます。コモンズ投信の人気アクティブ日本型投信「コモンズ30ファンド」も対象です。

●コールセンターや窓口での対応やサイトのみやすさも大切

最後は使いやすさです。長く付き合うことが多いので、サイトのみやすさ、コールセンターが土日や平日の遅い時間も開いているか、窓口でも説明が聞けるかなども大事です。

イデコは基本的にネットで手続きを行うのですが、何かわからないときはコールセンターに問い合わせるのが一般的です。できれば土日などもコールセンターが対応してくれるところが便利です。ただ、受付時間が平日は午後9時までと長く、土日も対応するのは、金融機関の3割弱にしかすぎません。

また、対面金融機関では、りそな銀行は各支店の窓口で口座開設や運用商品の説明が聞けます（口座開設の説明が各支店で聞ける金融機関はほかにもありますが、運用商品の説明には特別の登録が必要で、これが可能な金融機関は希です）。また同行では、加入者はサイトで資産配分などの高度なシミュレーションができて非常に便利です。

確定拠出年金教育協会のサイト「iDeCoナビ」では、各金融機関のコールセンターの休日や受付時間の一覧のほか、サイトの使いやすさの評価も載っています。

●金融機関変更には1～2カ月必要

十分に比較しないまま金融機関を選び、後から口座管理費用や投信のコストの高さに気づく人がいます。金融機関変更には様々なデメリットもありますが、不満を抱えたまま運用を続けるのがストレスなら変更するのも一案です。その場合、新たに使いたい変更先の金融機関のほうで「運営管理機関変更届」を提出します。イデコの資産はそのまま持ち運べず、投資信託などはいったん現金化して新たな金融機関で配分を設定し直す手続きが必要です。変更前の金融機関によっては、他に資産を移す際に4000円強の手数料がかかることがあります。

変更手続きには1～2カ月かかり、その間は取引できないので値動きが気になる人も多いでしょう。ただ長期運用の中での数カ月ですから過度に不安視しなくてもいいと思います。

【3】2022〜24年、DCは2段階で大幅改正

●加入可能期間が5年延長、資産数百万円増＋非課税枠拡大

DCの大きな変更の1つ目が加入可能期間。2022年4月まではイデコの加入対象は原則20歳から60歳未満です。これが2022年5月以降は65歳未満にまで伸びます。

これまで50代の人で、60歳未満までしか加入できないのなら……と二の足を踏んでいた人も多くいます。65歳未満まで運用できるのであれば決意できる人も多そうです。

第1章の図表1-10でみたように、50歳から59歳までの運用に比べ、64歳までの運用では作れる資産が数百万円も大きくなります。

もう1つのメリットは加入期間に応じて非課税枠（退職所得控除）が積み上がっていくことです。詳しくは後述しますが、一時金で受給する際の退職所得控除は20年までなら年40万円、その後は年70万円ずつ増えていきます。イデコの加入年数が20年以下であれば5年間加入期間が伸びると200万円非課税枠も大きくなります。

●延長は全員ではないが厚生年金加入ならOK

様々なメディアで「イデコ65歳まで延長」と書かれていますが、要注意なのは、対象は全員ではな

図表5-7　「イデコ加入65歳まで」は全員ではない

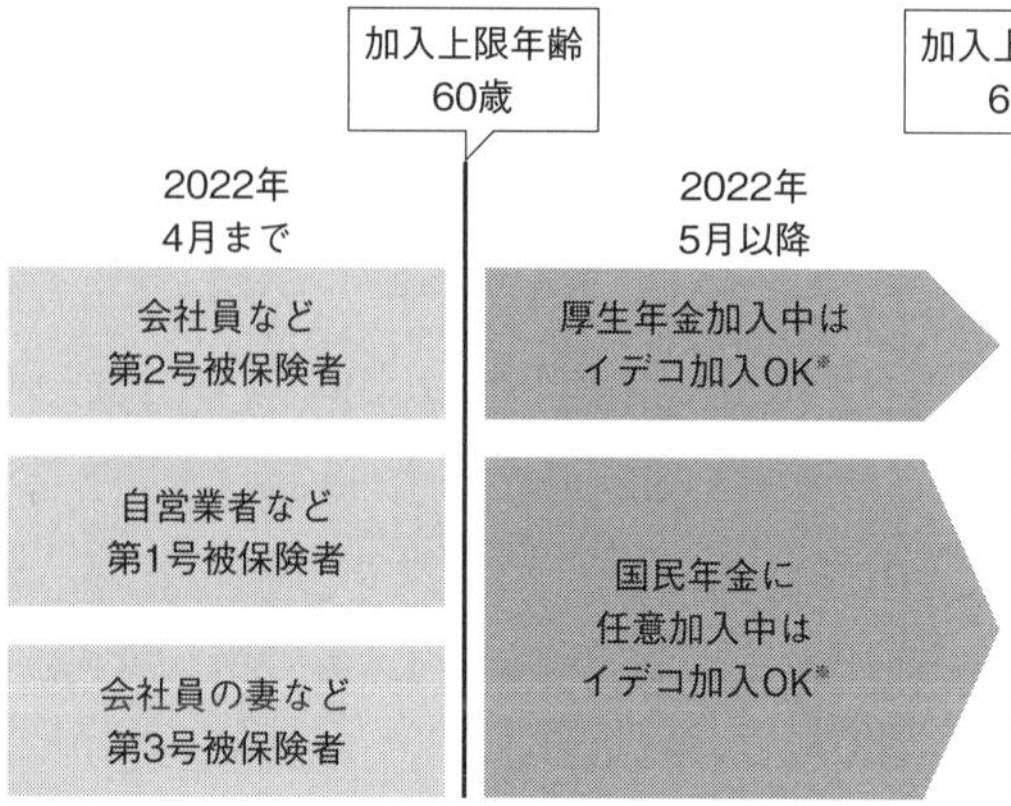

※60歳未満で加入していなかった人の新規加入もOK

いことです。確定拠出年金法の第1条にはDCは「公的年金の給付と相まって国民の生活の安定と福祉の向上に寄与することを目的とする」とあります。具体的には国民年金の加入者が上積みできる制度なのです。自営業者など第1号被保険者が国民年金に加入するのは原則20～59歳の40年間。60歳以降は国民年金もイデコも加入できないことになります（図表5-7）。

ただ、かつて任意加入だった時期があったり保険料を未納にしていた人がいたりして、40年フルに加入していない人も多く、こういう場合は40年に足りない分だけ60歳以降も任意加入できます。例えば59歳までに加入していない期間が3年ある人は60歳以降も最大3年国民年金に任意加入でき、その間はイデコも加入できるということです。

では、厚生年金加入の会社員など第2号被保険者はどうでしょうか。厚生年金に加入しているということは原則国民年金にも加入していることになるので、そのままイデコに継続加入ができます。逆に言えば、第1号の人ですでに国民年金加入が40年に達して60歳以降任意加入していない人は、会社員になって厚生年金に加入すればイデコを継続できるということです。

●いったん受給すれば加入不可！

60歳以降もイデコの加入（掛け金の積み立てを続けること）を継続するにはとても大事なことがあります。いったん受給を始めてしまったら、その後は再加入できないということです。イデコは原則60歳以降に受給開始可能です。60歳以降の加入継続が可能になる2022年5月の前に60歳になり、いったんイデコを受給開始してしまうと、2022年5月以降になっても、もはやイデコに再加入はできません（図表5-8）。「いったん割った貯金箱はもう使えない」というイメージです。

では2022年5月より前に60歳になってしまって、イデコの加入からはずれてしまったときはどうすればいいのでしょうか。その場合は、受給も新たな掛け金の積み立てもしない「運用指図者」になっておき、2022年5月以降になれば、再加入すれば再び掛け金の積み立てを始めることができます。

一方、原則会社が掛け金を出す企業型DCも受給開始は原則60歳から。企業型DCを受給し始めていても、イデコの60歳以降の加入は可能です。「企業型とイデコは違う貯金箱だから」と覚えておきましょう。

図表5-8　60代前半から受給するとイデコに加入できない年金も

年金の種類	受取可能年齢	イデコ加入
イデコ	60歳	×
公的年金の繰上げ	60～64歳	×
企業型DC 確定給付企業年金	60歳	○
特別支給の 老齢厚生年金	60～64歳	○

また公的年金は原則65歳から受給開始ですが、繰り上げ受給も可能でしたね。しかし例えば62歳から繰り上げ受給を始めると、もうそれ以降はイデコの加入はできません。繰り上げ受給というのは制度上、「65歳になった」とみなされるからです。

一方、生年月日によっては60代前半で特別支給の老齢厚生年金をもらえる人がいます。この特別支給の老齢厚生年金は、もらっていてもイデコの加入は可能です。繰り下げの説明でも書きましたが、この特別支給の老齢厚生年金は繰り下げ増額などもできませんから、時期がくればきちんともらうようにしてください。

……しかし、何をもらえば加入継続ができなくなるか、などとても複雑ですね。いずれも制度の趣旨を考えれば合理的なのですが、普通、こんなことは自分で判断できません。もっと幅広く広報されるべきだと思います。

●企業型DCと併用容易に、加入急拡大も

2022年9月までは、企業型DC導入会社でイデコを併用するためには会社掛け金の上限額を下げる規約変更が必要です。反対する社員も多いので導入会社の4％しか併用できていません。しかしそれが2022年10月からは、規約変更なしで併用可能になります。

企業型DCの上限枠は、他に確定給付企業年金（DB）などがなければ月5万5000円、ある場合は半分の月2万7500円です（後述のとおりこの規定も2024年12月に変わります）。

他に企業年金がない場合の企業型DCの枠は月5万5000円とはいえ、実際は会社掛け金が1万円以下の加入者が半数なのです。この場合4万5000円以上の枠が余っていることになります。例えば、企業型DCで会社の掛け金が数千円ではあまり老後資金が積み上がっていきません。それなのにイデコは使えないというのは逆に不公平ということで見直しになりました。ただし、会社掛け金とイデコの合計額を、企業型DC掛け金の上限額以下にすることが条件です。図表5-9で具体的にみましょう。

月5万5000円の場合で説明します。会社掛け金が1万円の場合、企業型DCは4万5000円の枠が余っています。イデコ上限額は様々ですが企業年金が企業型DCだけなら月2万円です。2022年10月以降、併用が可能になれば2万円全額を上積みできるようになります。

一方、役職や年齢が上などで、会社掛け金が月4万5000円の場合、企業型DCの枠は月1万

図表5-9　企業型DC導入企業でもイデコが利用可能に

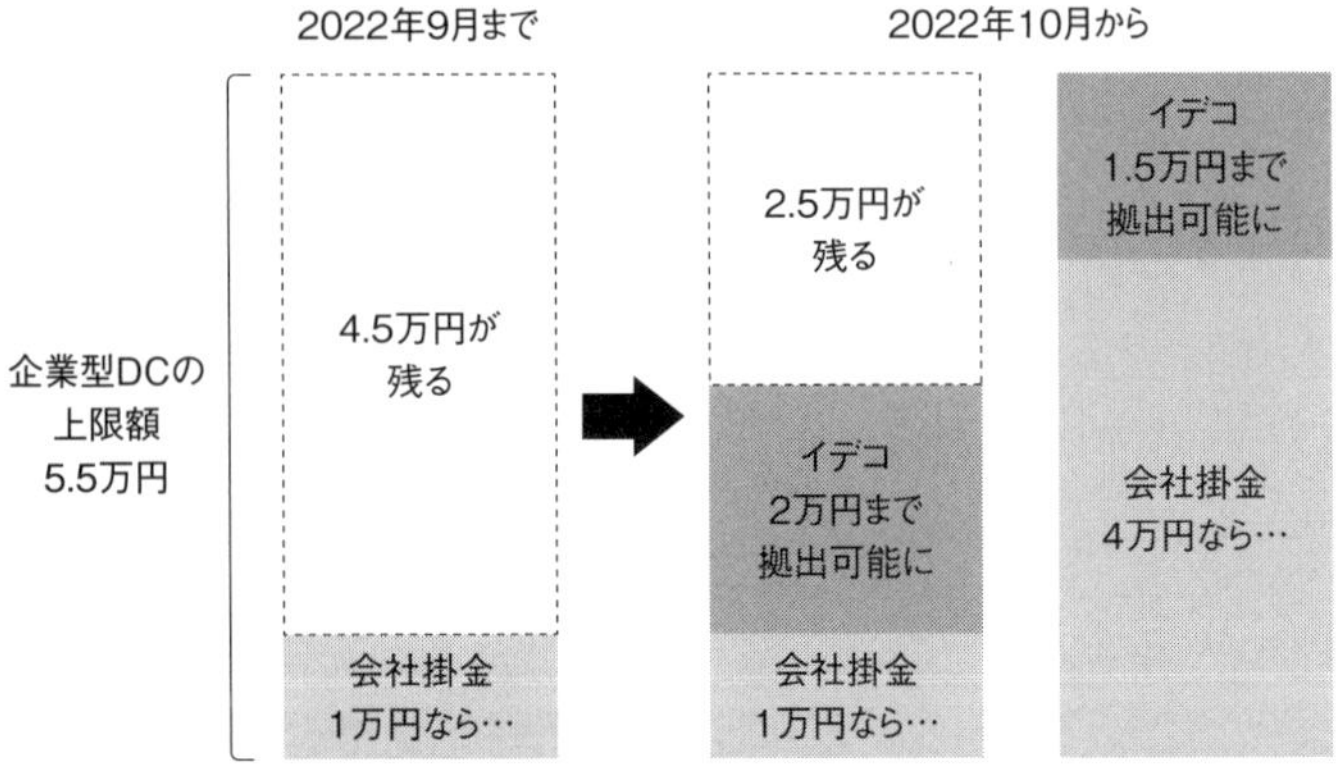

注）企業型DCの枠やイデコの上限拠出額は、他に確定給付型などの企業年金がない会社の場合。DCの上限額は2024年12月に見直し。

図表5-10　イデコ併用の効果は？

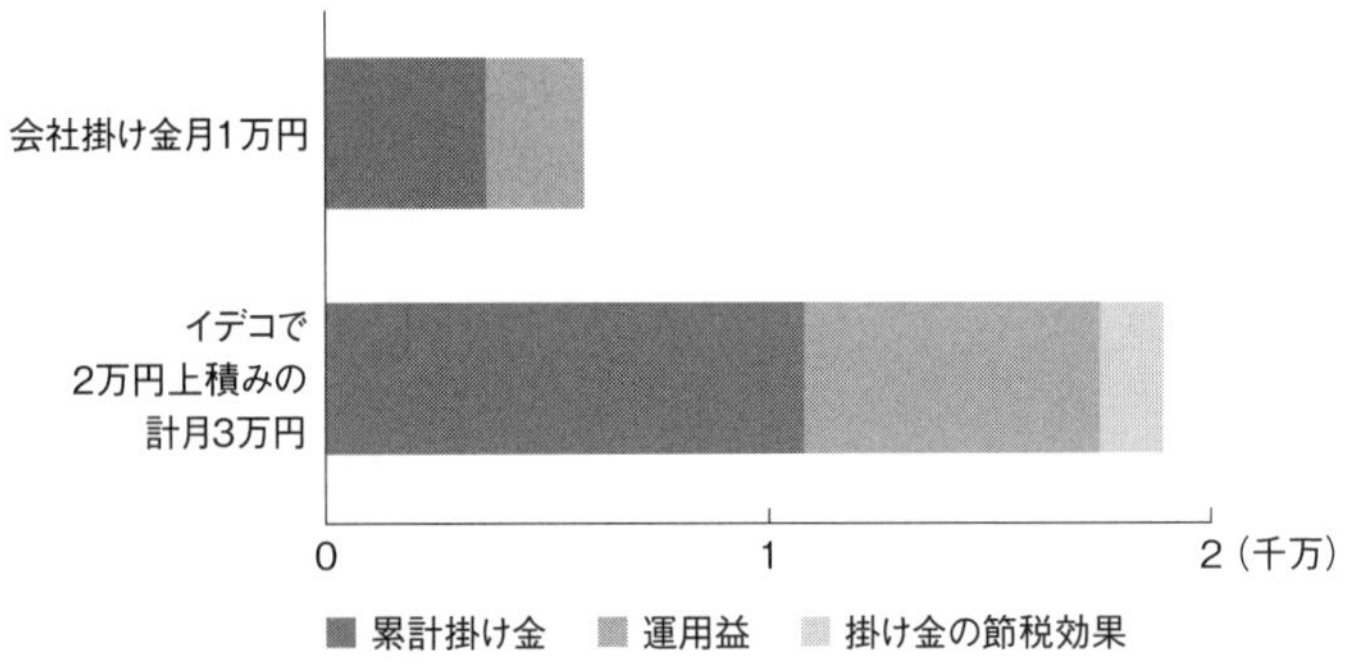

注）年率3%で30年積み立てる場合。所得・住民税合計税率は20%とした。

5000円まで余っています。この場合は、イデコの上限額が2万円でも、1万5000円分だけ積み増せるということです。

●イデコ併用で長期では1500万円増も

企業型DC導入会社でイデコの併用が容易になるというのはかなり大きな改善です。最大のものは、イデコ運用の上積みによる資産を増やす効果です。運用のセオリーは国際分散です。過去30年では世界株指数は年率換算で約7％上昇しました（円ベース、配当込み）。ただ世界的にも成長鈍化の傾向があり、最近多くの機関投資家が長期で見込むリターンは過去よりやや低い年5～6％です。慎重に年3％として、会社掛け金月1万円を30年積み立てる場合と、自分でイデコ2万円上積み後の3万円を積み立てる場合を比較してみましょう。

月3万円の場合、累計積立額1080万円に対し資産は1892万円に増えます。さらに節税効果（掛け金×税率）が144万円加わります。会社掛け金1万円だけの場合との差は1300万円強にもなります（図表5-10）。

イデコの併用は60歳以降、アルバイト的な短時間労働ではなく、厚生年金加入で働くことの背中を押す可能性もあります。60歳以降厚生年金加入で働いていれば、国民年金にも加入していることになり、イデコが65歳まで使えます。厚生年金加入で将来の厚生年金の受給額も増えるうえに、イデコも上積みしやすいわけです。厚生年金加入継続でも多くの会社で60歳超は企業型年金の加入は除外になります。その場合はイデコの掛け金上限は月2万3000円と増えます。

【4】実はお得な企業型DC

●企業型、会社員の5人に1人が加入

ここからは、主に企業型DCについて考えていきます。企業型DCが使える会社員は、2021年2月で750万人にも達しています。会社員の5人に1人程度です。しかし2022年9月までは大半の企業型導入会社でイデコは併用できません。

「なんで自分はイデコに入れないのか」――。イデコの3つの税制優遇が知られるようになってから、企業型DC加入者からこんな不満も聞かれていました。

しかし、基本的には企業型DCはイデコより有利な仕組みです。「掛け金の所得控除がないじゃないか」といいますが、当たり前です。企業型DCの掛け金は、原則会社が出すものだからです。自分で出さずに会社が出してくれているのですから、これがそもそもイデコよりお得な最大の理由です。

実際、もし企業型DCがなくて、代わりにこの掛け金を給料でもらったとしたら、その分税金を取られていたはずです。給与でなく掛け金を払ってもらうことで、実質的にはイデコと同じ税金の控除を受けているともいえます。

運用中に非課税で増やせ、受給時に一時金なら退職所等控除、年金なら公的年金等控除が受けられ

るという点では、イデコと同じです。

そしてイデコよりお得なのが、様々な手数料も会社が出してくれているという点です。イデコでは最安でも年２０５２円、金融機関によっては７０００円台（毎月拠出の場合）の口座管理料を自分で払わなければなりません。企業型ＤＣはその負担がないのです。

ただし、掛け金は企業によっては若手社員の掛け金が月数千円など少ないことがあります。これではなかなか資産形成になりません。このため２０２２年10月からは原則併用できるようになります。

●選択制ＤＣのメリットとデメリット

本章冒頭のＤＣの全体像のところで、企業型ＤＣの一種として選択制という仕組みのことをちらっとお話ししました。急増している一方で仕組みがほとんど理解されていないのが、この「給与減額方式の選択制」です。

一定額を従来通り給与でもらい続けるか、企業型ＤＣの掛け金にするか選びます。掛け金の上限は通常の企業型と同じでＤＢがなければ月５万５０００円、ＤＢがあれば2万７５００円です。給与が30万円でＤＣ掛け金を月2万円とした場合、掛け金を選べば給与は28万円に下がり、一方で2万円が年金原資として積み上がります。選択制の掛け金は給与ではないので税・社会保険料がかかりません。税金だけが減るイデコやマッチングに対し、選択制では税金と社会保険料の両方が減りやすいのでしたね。

確定拠出年金教育協会の２０２０年調査によると、同方式は企業型導入会社の18％にも拡大。銀行や鉄鋼、情報関連など大手企業で導入比率が高いため、対象は150万人を超えている可能性があります。ただし「個人積立年金」など会社ごとの名称は様々なので、選択制を採用していることを知らない人も多いようです。

要注意なのは、厚生年金保険料が減ると将来の厚生年金も減ることです。現役時代の税・社会保険料の負担減と、老後の年金給付減のどちらが大きいのでしょうか。長生きするほど厚生年金の給付減の累計額が増えていきます。掛け金の額にもよりますが、計算上は100歳超などかなり高齢まで生きない限り、現役時代の負担減のメリットが上回りやすいといえます。

高収入の場合は保険料は減らず、税負担減の恩恵だけを受けることもあります。厚生年金保険料は上限があり、年収1060万円程度を超えると保険料が一定だからです。つまり、給与が多少下がっても保険料が上限を超えたままなら、保険料が下がらない代わりに将来の年金減もありません。

ただし、給与減の影響は年金だけではありません。失業や傷病時の手当金などの社会保障も基本的に収入連動です。こうした「困ったときの給付」が減るリスクも十分認識すべきです。

●2022年10月以降、選択制とイデコの組み合わせも

企業型導入会社でイデコ併用が2022年9月まで原則できないのは、会社が掛け金を出す通常型です。ほとんど知られていないのですが、選択制DC導入会社でDC掛け金を選ばずに給与として受け取っている場合は、企業型に加入していることにならず、実はイデコに加入できます。

2022年10月以降、選択制DC導入会社でイデコ併用が可能になればどうなるでしょう。他にDBがない会社であれば、イデコの上限は月2万円。イデコを併用したければこの範囲内でイデコを併用し、選択制DCの掛け金は残り3万5000円にするなど、組み合わせは自分で選べます。

多くの場合、選択制でのDC掛け金はイデコより枠が大きく、手数料も会社負担であるのは利点です。一方で、様々な社会保険の給付減が気になる場合や、会社が選んだ運用商品が不満な場合は、選択制DCの掛け金を減らしてイデコを多めにすることも検討材料になります。

ちなみに選択制は一度始めていればやめられず、最低月に5000円は掛け金をかけ続けることになります。

●市販の投信より割高な品ぞろえも

企業型DCは課題も多くあります。ひとつは投信の品ぞろえです。2018年から始まったつみたてNISAの対象商品を、金融庁が低コスト投信に絞ったことをきっかけに、市販の投信は信託報酬がどんどん低くなっています。今や外国株投信でも、年に0・1~0・2%台も珍しくなくなってきました。

企業型DCでは、会社が選んだ投信を使うしかありません。超優良企業のなかには、ずっと以前から金融機関と交渉して、既に現在の超低コスト投信と同じレベルの投信を早くから選んでいるところもあります。しかし、いまだにインデックス型にもかかわらず、信託報酬が年1%前後というかなり割高なものしか選べない会社もあります。

そうなっている理由は、①企業型DCの担当が人事部門出身などで、金融商品の動静に疎い、②仮に加入者のためにはならないとわかっている場合でも、会社と取引のある金融機関なので仕方なく使っている——などです。しかし、投信の信託報酬の差で、数十年後には数百万円もの差になるのは既にみたとおりです。

企業型DCでよい商品を選べるかどうかは、二極化しているのが実情です。組合などを通じてよい商品を入れられないか交渉してみるのも大切です。

こうした状況は、イデコの併用が容易になることで変わるかもしれません。併用が実現すると、イデコで超低コストの投信の存在を知った社員は不満を持ち、組合などを通じて商品構成の見直しを求めるかもしれません。イデコ併用が、企業型DCの加入者本位への見直しにもつながる可能性があるわけです。

●通算利回りが1％未満の人が多数

現在の企業型DCの最大の課題は、十分に活用されていないということに尽きます。加入者の3割強は、通算で1％未満のリターンしか上げられていません（2021年3月時点）。一方で、例えば先進国株価指数（MSCIワールド、配当込み、円ベース）は企業型DCの導入が始まった2001年末から2020年末まで年率約7％、東証株価指数（配当込み）は同5％上昇。元本確保型での運用は株価上昇の恩恵を受けられませんでした。なぜかというと、企業型ＤＣの残高の半分が、ほぼゼロ金利である預貯金など元本確保型の商品で運用されているからです。

企業型ＤＣでは、退職一時金や確定給付型企業年金（ＤＢ）のお金を原資として、ＤＣに衣替えしたケースも多くあります。確定給付のままだと、運用に失敗したら会社が穴埋めしなくてはならないという事情もあり、ＤＣへの移行が世界的に進んでいるからです。

その際に、ＤＣの加入者がどれくらいの利率で運用できればもともとあった一時金やＤＢの水準に到達できるか、一定の前提を定めます。これは「想定利回り」といい、会社によりまちまちですが平均は年２％です。企業型ＤＣ加入者は平均では２％で回さないと、もともとあった一時金やＤＢの水準に届かないということです。

もちろん株式を中心にした運用では、資産価格が大きく変動します。しかし、ＤＣは老後に向けた長期の商品です。図表４－４でみたように、世界全体の株式で長期で運用すれば、資産は大きく増える可能性が高いことを再認識しておきましょう。

●企業型ＤＣ加入も5年延長

企業型ＤＣも２０２２年5月から加入可能期間が5年延長になるとともに、60代の転職や再就職でも加入しやすくなります。

２０２２年4月まで、企業型は原則60歳未満の厚生年金被保険者が対象です。しかし会社が規約に

図表5-11　企業型DC加入者の通算利回りは？（21年3月時点）

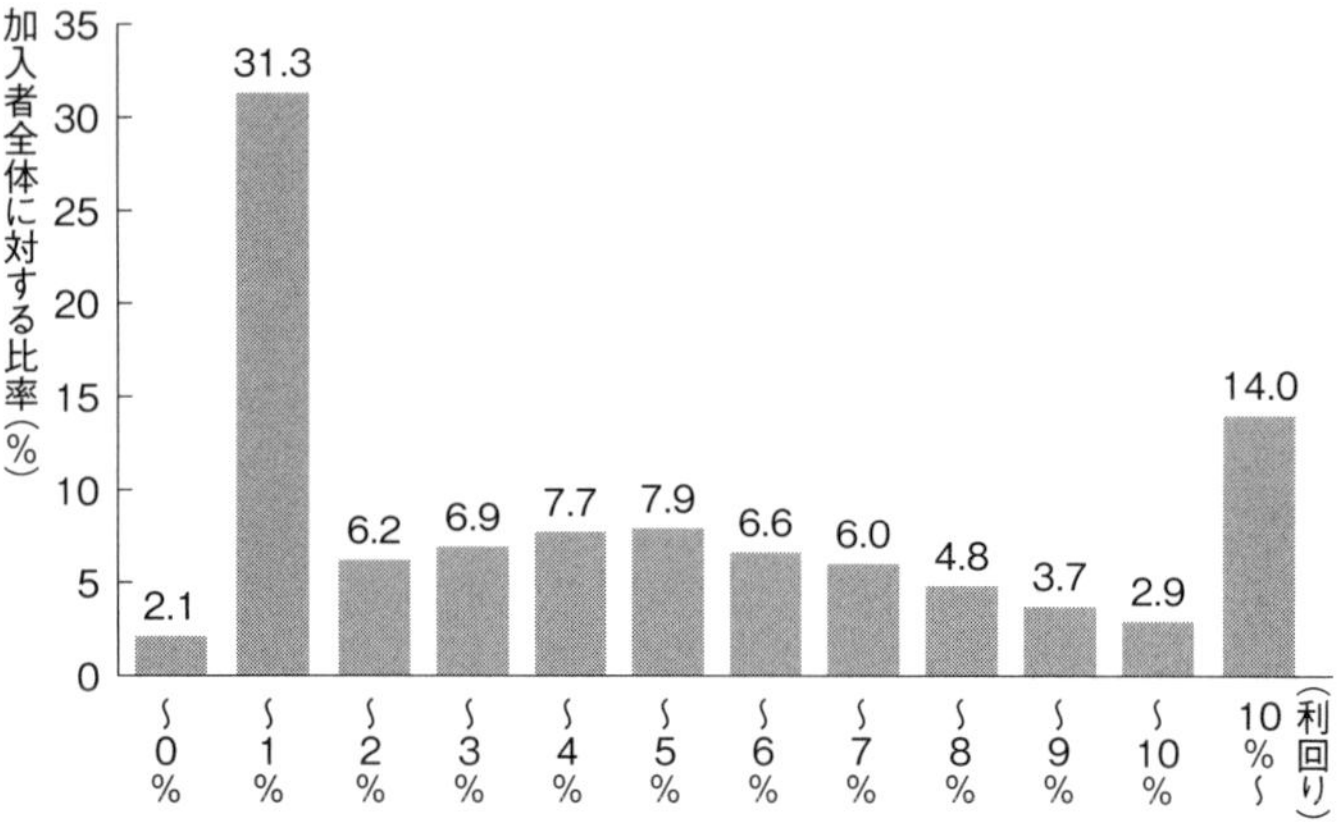

出所）格付投資情報センター

定めれば、60歳前と同じ会社（場所などで異なる事業所ごとにＤＣ加入を管理している場合は同じ事業所）で引き続き働く場合に限り、65歳未満まで加入者にできます。規約をそのように決めているのは２０２１年３月時点で企業型ＤＣの導入会社の３割です。

転籍などに伴うグループ内の別会社勤務だったり、いったん退職した後の再就職だったりすれば「同じ会社（事業所）で引き続き働く」に当たらず不適用になり、対象がかなり限られています。

２０２２年５月以降は規約で加入可能と決められる内容が「70歳未満」までに延長になるほか、「同じ事業所で引き続き働く」という制限もなくなります。このため、厚生年金被保険者なら勤務先の規約しだいで、グループの別会社でも、転職やいったん退職して時間を置いた後の再就職でも、最大70歳未満まで企業型ＤＣに加入できるように

図表5-12　企業型DC加入の仕組み

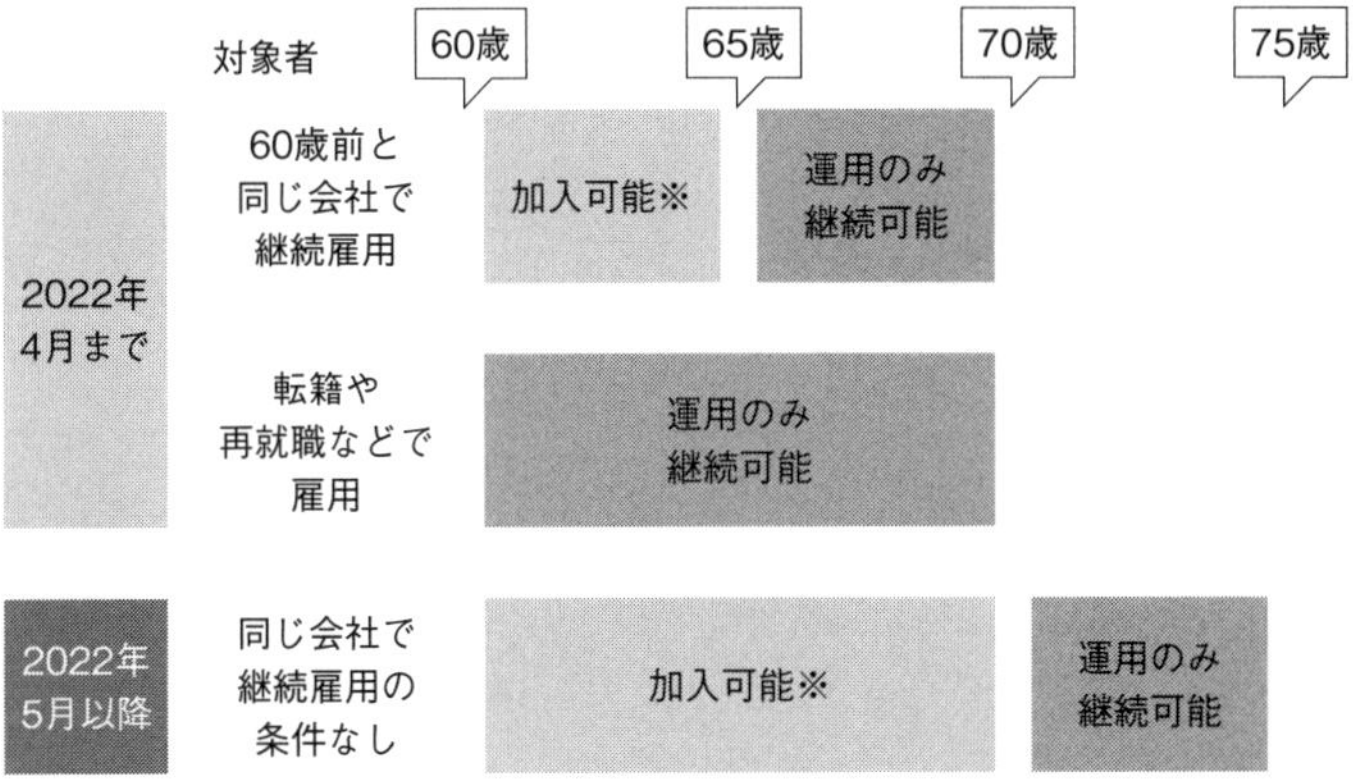

注）対象者は企業型DC未受給の厚生年金被保険者。会社は事業所ごとに企業型DCを管理している場合は事業所。※会社が規約で認める場合。

なります。

要注意なのは、いったん企業型ＤＣを受給すれば、再加入ができないことです。企業型ＤＣの受給を開始できるのは原則60歳で、一時金でも年金でも受給できます。60歳で定年になった後、働き続ける場合も収入が大きく減るのが一般的なので、60歳になって企業型ＤＣを受給し始める人はたくさんいます。

しかし受給すると、規約で60歳超まで加入できる事業所でその後働く場合も、企業型ＤＣへの再加入はできません。「いったん割った貯金箱は使えなくなる」というイメージは、先ほどお話しした、いったんイデコを受給すると65歳未満へのイデコ延長の恩恵を受けられなくなるのと同じですね。

では60歳で企業型ＤＣ加入が終わり、将来の再加入の可能性を残しておきたい場合はどうすればいいでしょうか。受給せず従来の資産の運用だけを続ける「運用指図者」という立場になっておけば、その後に60歳超の加入可能な事業所で働く場合、再加入は可能です。

もちろん、企業型DCは会社が原則掛け金を出すため、会社に財務的な負担が生じます。確定拠出年金教育協会の20年の調査では、将来延長を検討しているのは1割弱と多くありません。企業型DCの資産を受給せずにいても、結局は将来、60歳超で加入可能な会社で働くようにならないケースも多いでしょう。

ただし、今回の改正や高齢者雇用延長の動きをうけ、加入延長の規約変更をする会社は今後一層増えていく可能性はあります。特に会社に財務負担が発生しない給与減額型の選択制DCは、延長がしやすいといえます。当面の資金に余裕がある一方で、将来の企業型DC再加入も視野に入れたい場合は、受給しないでおくのも選択肢かもしれません。

ちなみにイデコの加入者が60歳超になったときイデコの資産の受給を始めていても、その後に60歳超で企業型DCの加入可能な事業所で働く場合は、企業型DCに加入できます。イデコと企業型DCは「違う貯金箱」だからです。

●受給開始の上限年齢も5年延長

やや時期が前後しますが、2022年4月には、イデコと同じように企業型DCの受給開始時期の選択肢も広がります。現在は最大70歳になるまでに受給開始しなければなりませんが、75歳までに延長されます。対象者は2022年4月時点で70歳未満の人です。ただ、確定拠出年金教育協会の大江加代理事は「受給の先延ばしや受給をするときの口座管理料が会社でなく個人負担の場合は、金額などもチェックしたうえで判断したい」と話しています。口座管理料などが割高な場合は、受給開始を遅らせると負担が大きくなることがあるということです。

もっとも、ここまではあくまで企業型DCだけを考えた受け取り方の話です。次の第5節でみるように、DCは受給の際に、優遇税制はあるものの原則的には税金や社会保険料の対象です。60歳から年金受給を始めると、60代前半の公的年金等控除という非課税枠を活用できて税・社会保険料負担が減るという利点もあります。

この公的年金等控除の非課税枠をしっかり使いたくて、将来再加入は可能性が低いと考えるなら、60歳以降に受給を始めてしまうのももちろん選択肢です。全体的なことを頭に入れて判断してください。

●マッチング拠出とイデコも選択制に

企業型DC導入会社の3分の1は、マッチング拠出という仕組みを取り入れています（図表5-13）。これは会社掛け金以下の金額という条件付きで、本人も自分のお金を上乗せ拠出できる仕組みです。自分で上乗せ拠出した金額は全額所得控除になり税金計算の対象からはずれますから、その分現役時代の税金が減ります。運用中は非課税で増やせ、受給時も税制優遇があります。つまり自分で上乗せした金額についてはイデコとまったく同じ効果があるので、マッチング導入会社の加入者は、ぜひマッチング拠出も使うべきです。実際はマッチング導入会社の加入者の3分の1程度しか使っておらず、もったいない話です。

２０２２年9月までは、マッチング拠出導入企業は、イデコの併用が認められていませんでした。さきほども書いたように、もともと企業型導入会社でのイデコ併用は規約変更が必要でほとんど併用できていないのですが、マッチング導入会社の場合は、そもそもはじめから併用がダメ、という決まりです。しかし２０２２年10月からは、本人がマッチングかイデコかどちらかでも選べるようになります。では選ぶ際、何を判断基準にすればいいでしょうか。

最も大事なのは拠出できる額の比較でしょう。企業型導入会社でイデコ併用の場合、イデコの掛け金の上限額は、他にDBがなければ月2万円です。そして企業型ＤＣの上限は、この場合月５万５０００円です。

例えば年齢が若かったりして会社掛け金が５０００円の場合、自分でマッチングで上乗せするにしても上限が５０００円です。それなら2万円を選べるイデコが有利です。逆にイデコなら2万円が上限でも、年齢や役職が高くて会社掛け金が2万円より高い金額、例えば2万７５００円を拠出してくれているなら、マッチングならそれと同額の2万７５００円までですから、この場合ならマッチングのほうが上限2万円のイデコより多い金額を拠出できることになります。このように、自分の場合のイデコ上限額と、マッチングの場合に上積みできる額を比べて判断することが大事です。

２つ目は品ぞろえです。企業型ＤＣで選ばれている投信は平均的には低信託報酬のものが多いので

図表5-13　マッチング拠出の仕組み

●会社掛け金と本人掛け金の合計が企業型DCの範囲内（他の企業年金がなければ5万5000円〔図はこのケース〕、他の年金があれば2万7500円）
●本人掛け金は会社掛け金を上回れない

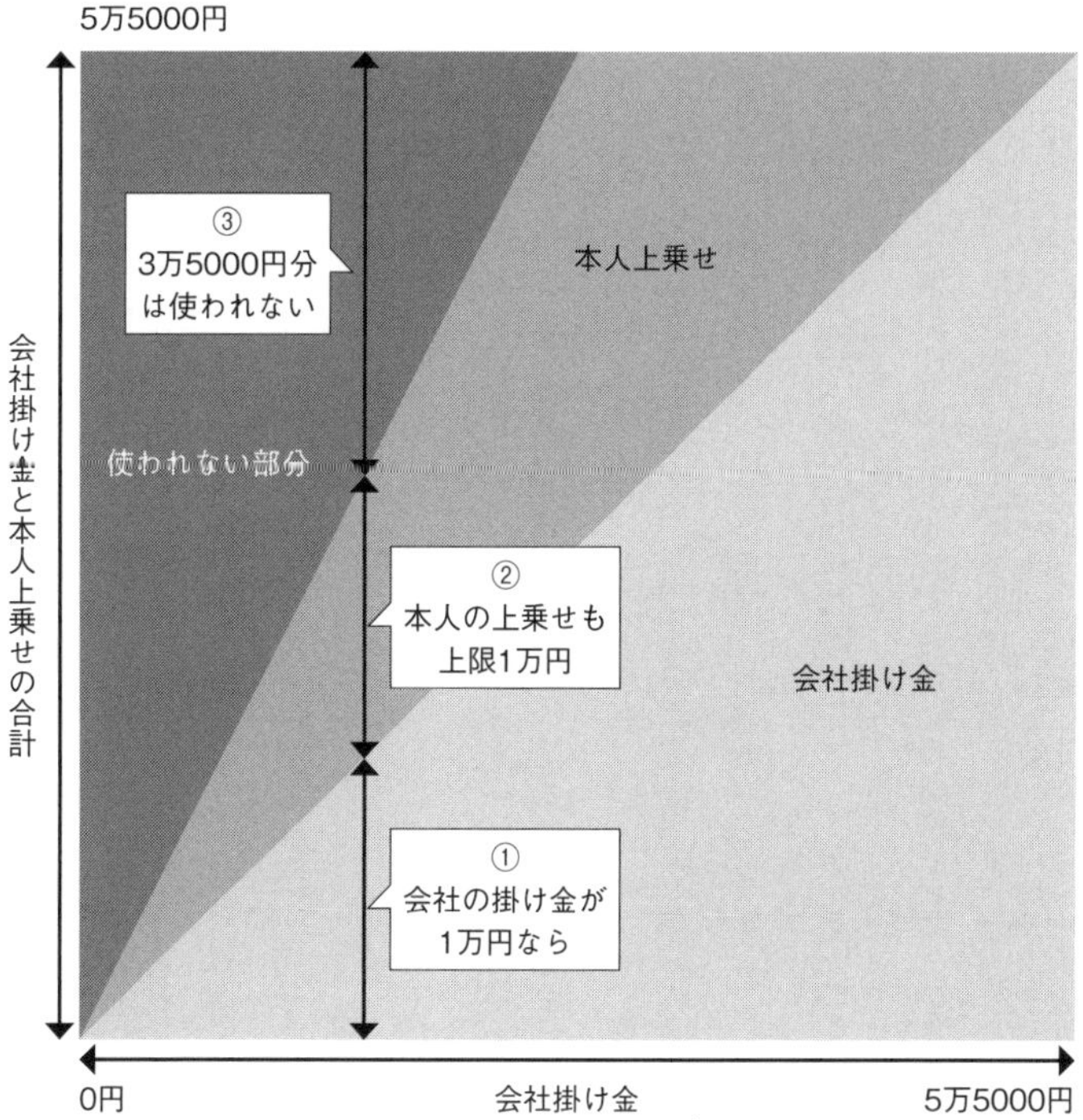

すが、会社によっては指数に連動するインデックス型であるにもかかわらず信託報酬が年1％もするものがあったり、プロが運用して市場平均を上回ることを目指すアクティブ型投信であっても、必ずしも成績が優れず信託報酬だけ高いものが数多く選ばれていることもあります。

一方、イデコは、金融機関によっては非常に低コストのインデックス投信が選べます。会社が用意した運用商品に不満があれば、マッチングを選ばず自分で金融機関と商品を選べるイデコを活用するのも手です。

3つ目のポイントは、口座管理料です。イデコは金融機関にもよりますが年に数千円の口座手数料がかかります。一方で会社のマッチングは通常、管理料は会社負担なので有利です。イデコを選ぶ場合、ポイントの1と2を考えつつ、管理料が数千円かかってもいいかどうかを総合的に判断しましょう。

りそな銀行のサイトでは、加入者以外でも、マッチング拠出の様々なシミュレーションができます。「りそな マッチング拠出 シミュレーション」で検索してみてください。

●2024年12月からはDB導入会社で企業型DC・イデコの多くが枠拡大

2024年12月からは、企業型DC、イデコの両方に関係する大きな制度の見直しがあります。その柱は「DCの公平化」です。複雑なので図表5-14でみていきましょう。

イデコと企業型DCを合わせたDC全体の月の上限額は本来5万5000円ですが、将来の給付額

図表5-14　DCの公平化

	24年11月まで	24年12月以降
① 企業型DCのみに加入	月額5.5万円	月額5.5万円のまま
② 企業型DCのほか、DB等の他制度に加入	月額2.75万円 (5.5万円から一律2.75万円を控除)	月額5.5万円から DB等の金額を 控除した額

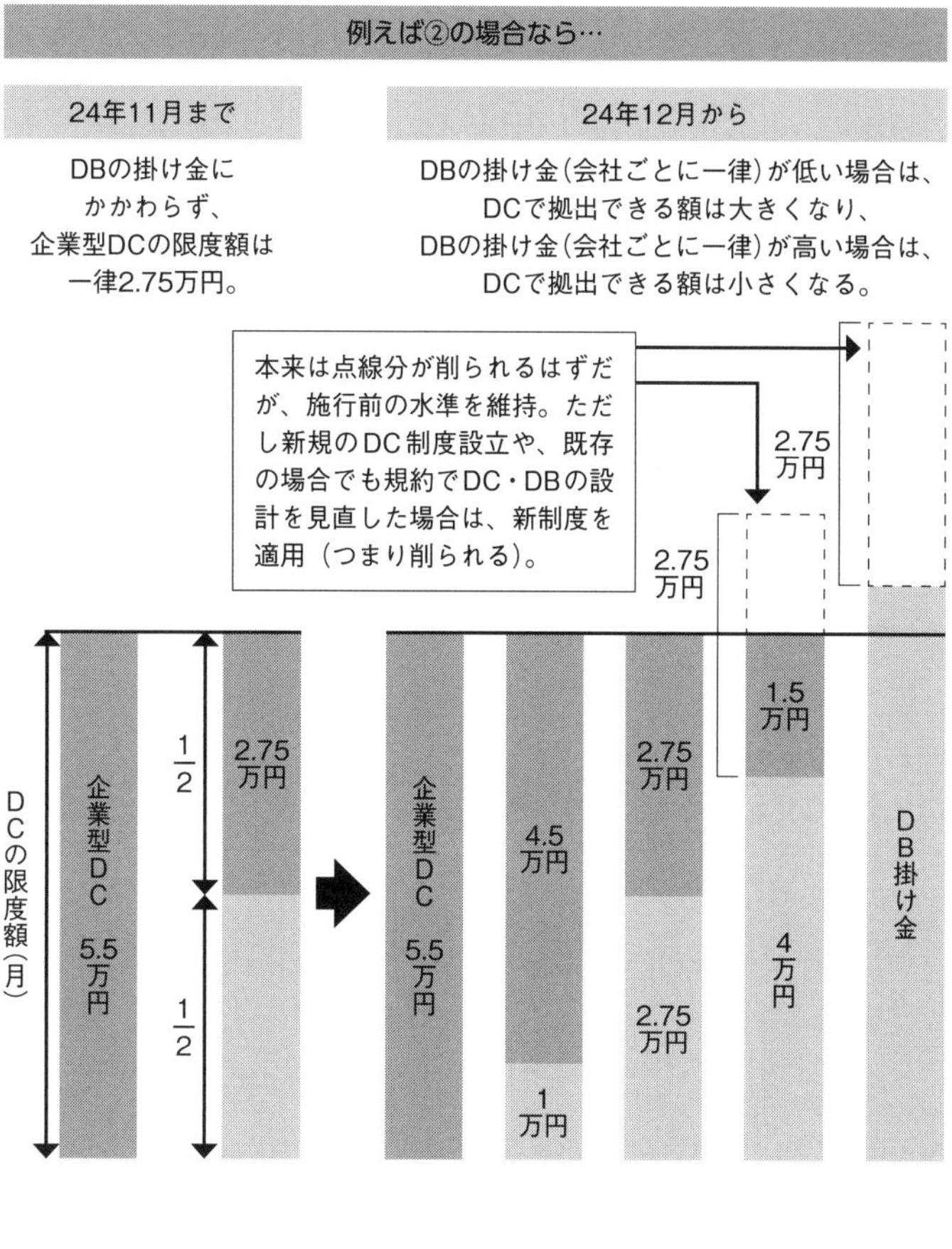

例えば②の場合なら…
24年11月まで
DBの掛け金にかかわらず、企業型DCの限度額は一律2.75万円。
24年12月から
DBの掛け金(会社ごとに一律)が低い場合は、DCで拠出できる額は大きくなり、DBの掛け金(会社ごとに一律)が高い場合は、DCで拠出できる額は小さくなる。
本来は点線分が削られるはずだが、施行前の水準を維持。ただし新規のDC制度設立や、既存の場合でも規約でDC・DBの設計を見直した場合は、新制度を適用(つまり削られる)。
2.75万円
2.75万円
DCの限度額(月)
企業型DC 5.5万円
1/2
2.75万円
1/2
企業型DC 5.5万円
4.5万円
1万円
2.75万円
2.75万円
1.5万円
4万円
DB掛け金

が確定している確定給付型企業年金（DB）のある会社は現在、DBの掛け金が一律2万7500円とみなされ、DCの上限も残りの2万7500円となっています。

しかし実際は、DBの掛け金が9割の会社で2万7500円を下回り、平均は1万4000円弱なのです。こうしたDBの掛け金が少ない会社のDCの枠も、DBの掛け金が多い一部の会社と同じ2万7500円しかなく、不公平な状態になっています。

見直し後はDBの掛け金は給付額を基に会社ごとに算出します。5万5000円から会社ごとのDBの掛け金を引いた額がDCの上限額となります。図表の「見直し後」のDBの掛け金が月1万円の例では、DCの上限額は月4万5000円に拡大します。DBと企業型DCを導入している会社の9割程度で、このようにDCの上限額が増えることになります。

一方、DBの掛け金が例えば月4万円と大きい会社では、DCの枠は1万5000円に縮みます。ただ経過措置として、その会社がDBやDCの制度設計の見直しをするまでは現行の月2万7500円のDC枠を維持できるようになっています。

●イデコはDB導入会社の多くが月2万円に

では、イデコはどうなるのでしょうか。2024年11月までは企業型DCとDBの両方がある会社、あるいは企業型DBだけの会社では、併用ができる場合でもイデコ掛け金の上限額は1万2000円です（ただし企業型DCとの合計が2万7500円を超えられないので、企業型DCが1万5500

円を超えると、イデコの枠は1万2000円より減ります)。

見直し後は、DC全体の枠が大半の会社で増えることを反映し、企業型DCとDBの両方がある会社、あるいはDBだけの会社のイデコの上限は原則2万円に拡大します。

つまり企業年金のある会社ではどんな企業年金であれ、イデコを原則2万円まで積み立てできることになります(企業年金のない会社は従来通り2万3000円です)。この効果はかなり大きなものがあります。

図表5-16は枠の拡大と、加入期間が5年延びる効果を併せたイデコ改正の総合効果を示しています。月1万2000円で30年拠出した場合と、月2万円で35年拠出できた場合、年3%運用を前提とすると、元本+運用益+掛け金の節税効果の合計は、786万円から1652万円へ2倍以上にも大きくなります。長生き時代への大きな応援材料です。

●ごく一部ではイデコ減額も

ただし、イデコはあくまで企業年金全体の枠の中でしか併用できません。具体的には「5万5000円−(企業型DC+DB)」の金額までとなります。この際、企業型DC掛け金は個人ごと、DBは会社ごとに一律で計算します。ということは、企業型DCとDBの合計が3万5000円を超えると、超過分だけイデコの上限額も2万円より減ることになります(図表5-15)。

先ほど、企業型DCの上限額については、他の年金を引いた額が2万7500円より少なくなって

22年10月1日～	24年12月1日～
6.8万円*	6.8万円*
2万円かつ企業型DCの会社掛け金と合算して5.5万円以内	2万円かつ会社掛け金（企業型DCとDBの合計）と合算して月額5.5万円以内
1.2万円かつ企業型DCの会社掛け金と合算して2.75万円以内	
1.2万円*	
2.3万円*	2.3万円*
2.3万円*	

も、新たに規約を変更などしない限り従来の２万７５００円を維持できるとお話ししました。しかしイデコについてはそのような経過措置はなく、ＤＣとＤＢの合計額が多くなればイデコの上限額は減っていきます。

２０２２年10月以降にイデコ併用が容易になる会社でいったんイデコを始め、その後に２０２４年12月からの見直しでイデコの加入可能額が大きく減る場合は、加入の意味が薄れます。結果的に、イデコ資産を他の企業年金に移すなど複雑な手続きが必要になるかもしれません。

ＤＣの上限額見直し後のイデコ加入可能額は、併用が可能になる２０２２年10月の段階で、会社に聞けば通常教えてもらえます。２０２４年12月以降にイデコの枠が大きく減ったりゼロになったりしそうなら、２０２２年10月以降も併用せずにおく選択もあります。

図表5-15　イデコの上限額(月)はこう変わる

		22年9月まで
自営業など第1号被保険者		6.8万円*
会社員など第2号被保険者	①企業型DCのみに加入	会社が企業型DCの上限額を引き下げたときだけ併用可(併用可能企業は数%)
	②企業型DCと、DB等の他制度に加入	
	③DB等の他制度のみに加入(公務員を含む)	1.2万円*
	④企業型DC、DB等の他制度のいずれにも加入していない	2.3万円*
第2号の配偶者である主婦など第3号被保険者		2.3万円*

注)*は年単位の拠出が可能

図表5-16　拠出額が月2万円に増え加入年数が5年延びる効果は(年3%運用が前提)

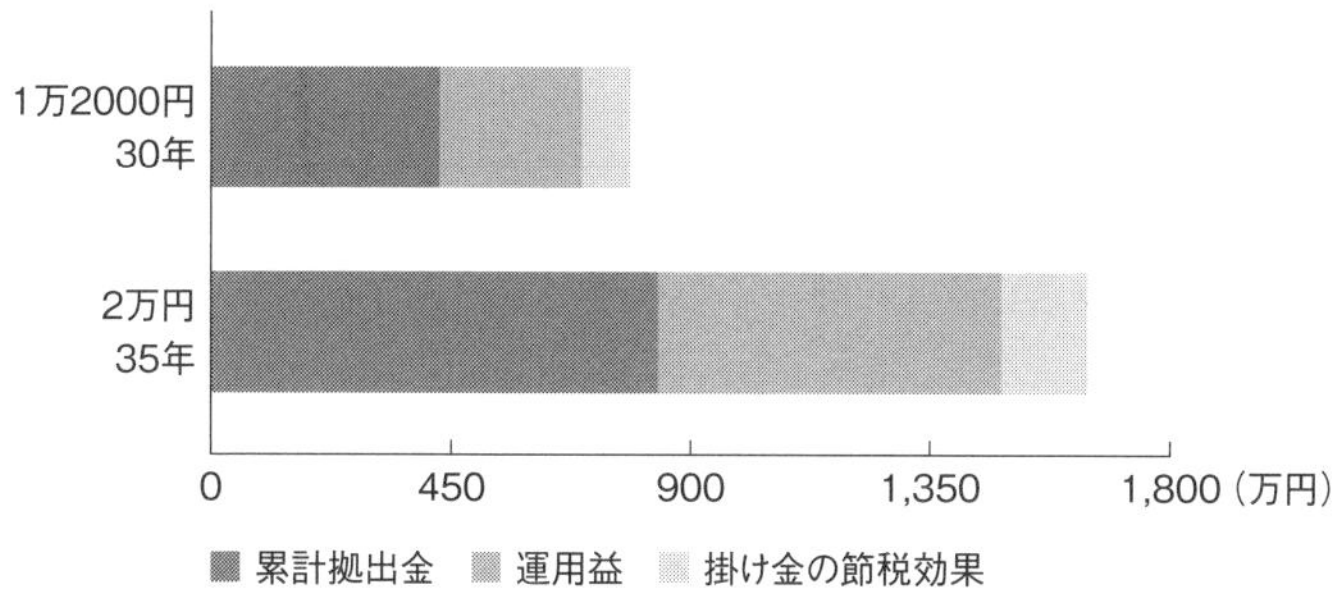

出所)筆者試算

【5】受け取り方の工夫でDCの税・社会保険料を減らす

●受給時は運用益も含めて原則課税

「イデコも企業型DCも最初から最後まで非課税」と思い込んでいる人が多くいます。確かにどちらも運用中は非課税です。しかし受け取るときは受給額全体（つまり元本と運用益全体）に原則課税されます。受給時の税制優遇をどう活用するかで、税・社会保険料負担は大きく変わります。

受給方法は一時金方式か年金方式、または併用を選べます。一時金なら課税の分類は「退職所得」。会社の退職金もイデコも退職所得控除という非課税枠の対象になり、会社の勤続年数またはイデコの加入年数により20年まで年40万円、それ以降は年70万円ずつ増えます。実際に計算に使う年数はイデコや退職金の受け取り方などで変わりますが、例えば35年なら１８５０万円まで非課税です。退職所得控除を超えた額もさらに2分の1にして計算します。

●受給時の税優遇はDCだけの枠ではない、カギは「時間差」受給

注意が必要なのは、退職所得控除はイデコだけの枠ではなく、基本的に会社の退職金と同じ枠であることです。会社の退職金の多い人はそちらで退職所得控除を使い果たし、イデコを一時金で受け取ると税優遇がなくなることがあります。

図表5-17　イデコの受け取り方で所得区分や社会保険料は異なる

一時金	受け取り方	年金
退職所得＝（一時金額－退職所得控除※1）×1/2	所得区分	雑所得＝年金額－公的年金等控除※2
かからない	社会保険料	国民健康保険料、介護保険料などの計算対象

注）※1は勤続・加入年数が20年まで1年当たり40万円、21年目以降は同70万円。最低80万円。※2は65歳未満で年金額130万円未満は60万円、65歳以上で同330万円未満は110万円など。

一方、年金方式の課税分類は「雑所得」。公的年金等控除という税優遇があり、60歳代前半は年60万円、後半は年110万円まで所得はゼロとなります。ただしこの枠も公的年金と共通です。公的年金の多い会社員はイデコ分の枠が余らず、課税されることがあります。

会社の退職金が2200万円（60歳になるまで35年勤務）、イデコの資産が600万円（60歳になるまで20年加入）の会社員を例に、受け取り方で税負担がどう変わるか大まかに計算してみました（図表5-18～5-20）。

図表5-20aは退職金とイデコを同時に60歳で受給するケースです。退職所得控除の年数計算は複雑で「両方を同時期にもらうときは、会社の勤続年数とイデコの加入期間のうち長いほう」を使います。この場合は35年なので1850万円です。

一方、一時金は退職金とイデコの合計で2800万円。退職所得控除を引くと950万円で、これを2分の1にすると退職所得は475万円です。図表5-18の速算表の式

図表5-18　所得税の速算表

課税所得金額		税率	控除額
	195万円以下	5%	―
195万円超	330万円以下	10%	97,500円
330万円超	695万円以下	20%	427,500円
695万円超	900万円以下	23%	636,000円
900万円超	1,800万円以下	33%	1,536,000円
1,800万円超	4,000万円以下	40%	2,796,000円
4,000万円超		45%	4,796,000円

で計算すれば、所得税は52万2500円（税率20％－控除42万7500円）。住民税は一律10％（47万5000円）なので税額は合計で99万7500円になります（図表5-20のa）。退職所得控除の超過分も半分にして計算されるので、イデコを使わない通常の資産運用より有利になりやすいといえます。ただ、さらに圧縮するにはどうすべきでしょうか。

イデコは現在、受給開始を2022年3月までは70歳まで、同4月以降は75歳まで遅らせられます。退職金は60歳、イデコは65歳で全額一時金でもらうと、合計税額は68万5000円に下がります（同b）。この計算の内容を念のためみてみますと（面倒な人は飛ばしてください）、退職金については退職所得は（2200万円－退職所等控除1850万円）×半分で175万円、この分の税金は所得税8万7500円（速算表から税率5％）と住民税（一律10％）17万5000円の計26万2500円です。

一方、65歳時のイデコ分の退職所得は600万円－退職

図表5-19　退職所得控除の計算方法
（退職金、イデコとも一時金で受給のケース）

会社に35年勤務、イデコに20年加入の場合、退職所得控除は受給時期で様変わり

A

同じ年にもらうときの退職所得控除＝退職所得控除は長い方を使う
→この場合35年＝退職所得控除1850万円
*「会社の退職金＋イデコの合計金額」が1850万円を超えれば課税

1987年4月 ― 2022年3月*例えば60歳で退職金受給

2002年4月 ― 2022年3月*例えば60歳でイデコ受給

B

イデコの一時金受給よりも15年以内に会社の退職金をもらい、その時点での退職所所得控除は全額使っていた＝退職所得控除は重複期間は除く→この場合重複してないのは5年分＝イデコの退職所得控除200万円　*イデコの金額が200万円を超えれば課税

1987年4月 ― 2017年3月*例えば55歳で退職金受給

2002年4月 ― 2022年3月*例えば60歳でイデコ受給

C

イデコの一時金受給の5年以降に会社の退職金をもらった場合＝イデコの退職所得控除も他の退職金の退職所得控除も両方全額使える
→この場合イデコの退職所得控除20年分の800万円を使ったうえで、退職金の退職所得控除1850万円も全額使える
*イデコの金額が800万円を超えれば課税

1992年4月 ― 2022年3月*例えば定年延長で65歳で退職金受給

1997年4月 ― 2017年3月*例えば60歳でイデコ受給

注）イデコが90年代からあったと仮定

図表5-20　イデコの受給方法によって税負担はどう変わる?

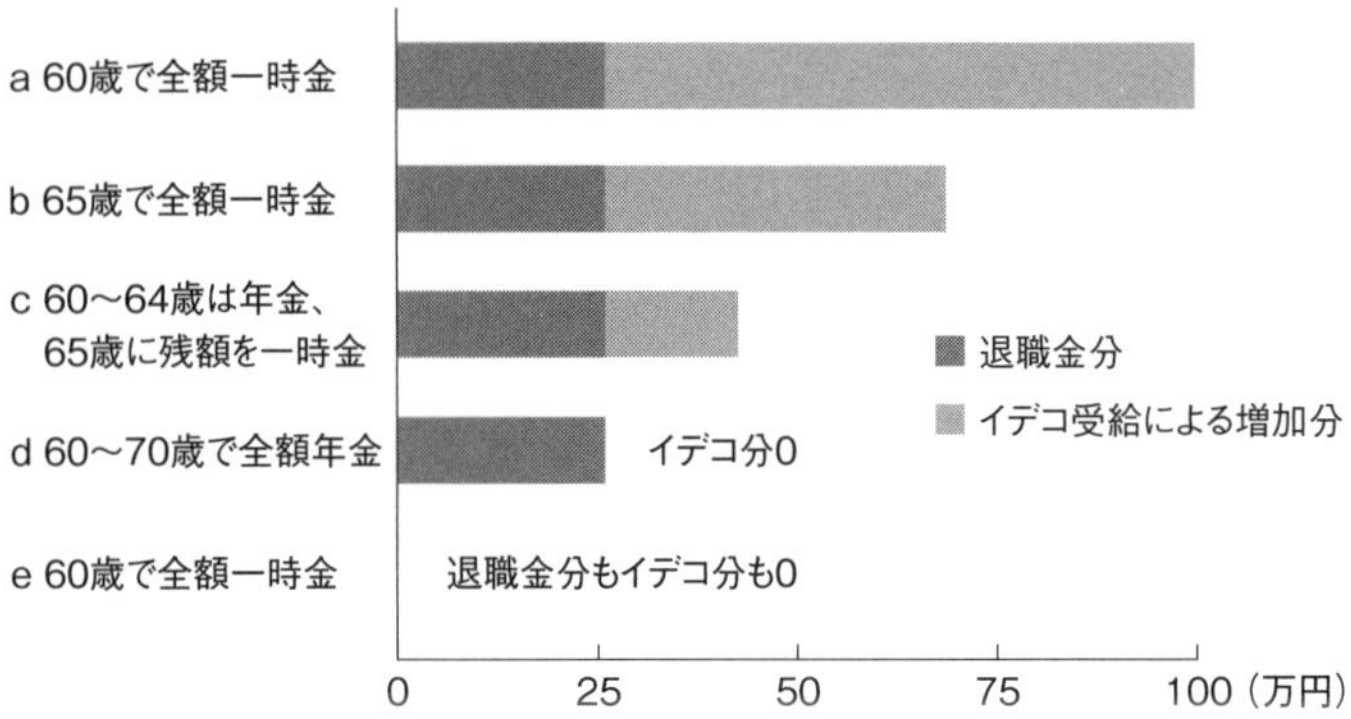

注）イデコの資産600万円、退職金2200万円の会社員の例。
a〜dの退職金は60歳で受け取り。
dは公的年金を70歳まで繰り延べ、eは65歳定年の会社で退職金を65歳で受け取り。

所得控除80万円（退職所得控除は他の年などにいったん使い果たしても最低80万円を再び使えます）の半分で260万円。この分の税金は所得税16万2500円（速算表から税率10%－控除額9万7500円）と住民税26万円を合わせて42万2500円です。退職金分との合計は68万5000円ですね。合計の税額が下がったポイントは、所得税は金額が多いほど税率が上がる累進税率だからです。2回に分け1回当たりの金額が下がって低い税率が適用されたことなどで、税負担が減ります。

●年金方式、イデコによる税増加「ゼロ」も

次に年金方式の活用を考えます。1961年4月2日生まれ以降の男性なら公的年金は65歳以降の受給なので、60代前半の公的年金等控除が余ります。図表5-20のcは、これを活かしてイデコを

64歳までの5年間に60万円ずつ非課税で計３００万円受給し、65歳で残り３００万円を一時金で受け取る例です。税負担は退職金分（先ほどと同じで26万２５００円）とイデコ分（退職所得は３００万円－退職所得控除80万円の半分の１１０万円で、所得税は速算表から5万５０００円、住民税は11万円の計16万５０００円）の合計で、42万７５００円に減ります。

公的年金は現在、受給開始を70歳まで繰り下げられます。各年の公的年金等控除の範囲内でイデコを10年で全額取り崩せば、イデコ分の税金はゼロになります。60歳時点の退職金分の税金26万２５００円だけですむわけです（同d）。公的年金等控除の範囲内なので雑所得は発生せず、社会保険料も増えません。繰り下げ効果で公的年金の額も増えていきます。

●65歳定年はより有利に

有利になりやすいのが65歳定年の会社です。２０１９年時点で企業（従業員31人以上）の17％が採用しています。65歳定年なら多くは退職金も65歳です。退職所得控除の計算年数はイデコを一括受給して5年以上過ぎてから退職金を受給すると、イデコの加入期間分と会社の勤続期間分が別々にフルに使えます（図表5-19のC）。

まずイデコを60歳で全額一時金で受給すればイデコ分の20年の退職所得控除が使えるため、税金はゼロです。65歳でもらう退職金（勤続年数が40年に延びると想定）も退職所得控除が２２００万円になり、課税総額はゼロです（図表5-20のc）。順番が逆ならこの仕組みは使えないので注意しましょう。

これらはあくまで一例です。①退職所得控除をフル適用、②時期を分けることで税率を下げる、③公的年金等控除を生かす——という手法を頭に入れたうえで、老後の生活プランや他の収入の状況も併せて、最適な受給方法を考えてみてください。ちなみに受給時のもうひとつの負担である健康保険料など社会保険料負担については、年金でもらう場合は公的年金等控除を超えた金額は社会保険料の計算対象になりますが、一時金でもらう退職所得については社会保険料は発生しないということも併せて知っておきましょう。

第6章

【1】2つのNISA、完全活用

利益が出たときだけ恩恵、デメリットも

●2つのNISAの違いを把握

NISAは20年間非課税が続く「つみたてNISA」と、同5年間の「一般NISA」に分かれています。ともに5年間の延長が決まりました。

まず2つのNISAに共通する仕組みから復習しておきましょう。NISAは少額投資非課税制度という名前が示す通り、少額での投資で値上がり益や運用益が出ても、税金は一定期間全部ただになる仕組みです。国内に住んでいる20歳以上（2023年からは18歳以上）の人ならだれでも使えます。証券会社や銀行、信用金庫などで口座を開設できます。

ただしメリットだけではありません。確かに利益が出れば全部非課税なのですが、損失が出た場合は一般の課税口座よりむしろ不利なのです（図表6-1）。

一般の課税口座なら、別にもう1つ課税口座があってそちらに利益があれば相殺して、課税上の利

図表6-1　NISAのデメリット=損失時はかえって不利

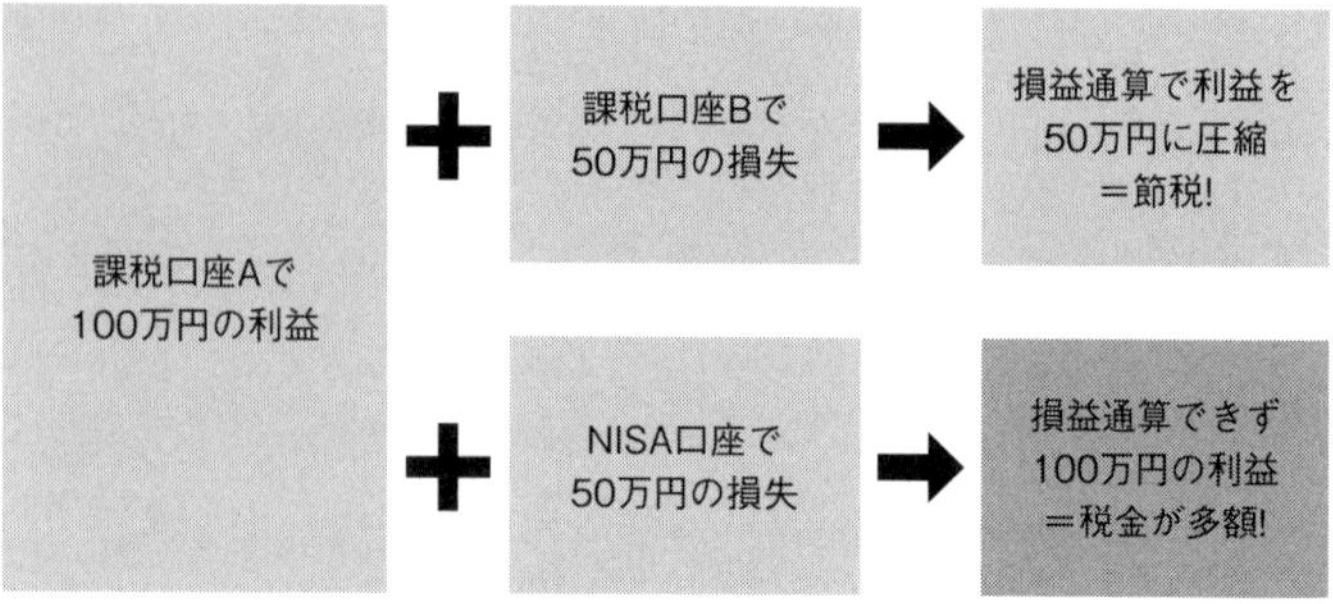

益を圧縮できます。また、損失は翌年以降3年間繰り越せます。しかしNISAはそれができません。それを制度の欠点という人もいますが、利益が出たら非課税なのと裏腹な関係であり、これは仕方がありません。

この点、イデコは掛け金を出した段階で、その後利益が出ようが損失となろうが、掛け金分は節税になります。NISAは利益が出た場合だけお得な仕組みであることをまず理解すべきです。

特に一般NISAの場合、非課税期間が短いことから、非課税期間終了が近づいてくると、その後の対応（売却か課税口座への移管か、新たな年のNISA口座へのロールオーバーか）の判断を迫られます。2022年末にそれを考えなければならないのは2018年から始めている人です。このあたりは後述する一般NISAの項目で詳しく考えます。

NISAの非課税枠に関する2つのポイントも、念のため確認しておきましょう。1つはその年の非課税枠の使い残しがあっても、それを翌年にはまわせないこと。きちんと毎年の枠

図表6-2　2つのNISAの違いは?

	一般NISA	つみたてNISA
対象	20歳(23年以降は18歳)以上	
年間の投資上限額	120万円	40万円
非課税期間	5年間	20年間
投資方法	制限なし	定期かつ継続的な買い付け
投資対象	上場株式・投資信託・ETFなど	金融庁が長期の資産形成に適格と認めた低コストの投資信託やETF
新規の投資期間	2028年まで(24年以降は2階建てに衣替え)	2042年まで
ロールオーバー	可能	不可

を使い切り続けることが大事です。

もう1つは、いったん買った株式や投信を売っても、その売った金額が新たな非課税枠にはならないことです。つまりA投信をNISAで120万円買い、年の途中でそれを全額売ったとしても、もうその年は新たな非課税枠は残っていません。

これは金融庁が「NISA口座を使って、金融機関が商品の乗り換え営業をするのでは」と危惧したために導入された決まりです。商品の入れ替えが難しいという意味でかなり不便なのですが、過去、販売手数料を狙いに商品が乗り換え営業されてきた歴史があることが背景なので、やむを得ない仕組みだと思います。

2つのNISAの違いは図表6-2をみてください。つみたてNISAと一般NISAは同じ年には併用して投資できず、どちらかを選ぶことになります。

【2】つみたてNISA完全活用

●積立期間20年なら利益の可能性が極めて高い

それではまずつみたてNISAのほうから具体的にみていきましょう。

つみたてNISAのメリットとして特に強調したいのが20年という非課税期間の長さです。第4章の図表4-3で、様々な期間で世界株に積み立て投資したら、それぞれの時点まで何倍になっていたかを示しました。みていただくと、リーマンショック直後の2009年当初までの20年が唯一損益トントンでしたが、他の20年はいずれもかなりの倍率で増えています。

リーマンショック直後も、そこで積み立てをやめず続けていれば、その後再び資産は増えていました。このように、長期で積み立てをすれば資産はきちんと増やせるというセオリーを実現するために生まれた制度こそが、つみたてNISAです。

●全投信の3%に商品厳選

つみたてNISAの最大の特徴のひとつが、商品の絞り込みです。一般NISAでは個別株やアクティブ型投信など幅広い商品が対象。一方、つみたてNISAは特別に投資の知識を持たない普通の人でも安心して商品を選べるよう、長期の資産運用に適しているとして金融庁が認めた投資信託でしか運用できません。

特にアクティブファンドの選別条件は、コストが一定以下で純資産50億円以上、運用開始後の資金流入超過期間が3分の2以上（つまり投資家に支持されている）などとなっています。この条件は、個人がつみたてＮＩＳＡ以外でアクティブファンドを選ぶ場合にも参考になるかもしれません。

つみたてＮＩＳＡの条件を満たす投信は２０２１年秋でインデックス型１７３本、アクティブ型19本、ＥＴＦ７本の合計１９９本と、圧倒的にインデックス型中心。約６０００本もある投信のわずか３％程度に絞り込まれています。なぜこうなったのでしょうか。

ＮＩＳＡはまず一般ＮＩＳＡが２０１４年に導入されました。しかし、なかには高リスク・高コストの商品も多く含まれ、制度を所管する金融庁では「せっかくの投資優遇税制が金融機関の収益拡大のために使われている」という危惧が生じました。そこで２０１８年に新たに導入されたつみたてＮＩＳＡは、「個人の長期の資産形成に資する投信に絞ろう」と考えられたわけです。最後に新規で投資できるのは２０３７年までとなっていましたが、２０２０年の法改正で5年延長されて２０４２年までとなりました（図表6-3）。

次に投資方法。つみたてＮＩＳＡの投資方法は文字通り積立方式に限定されています。20年毎月積み立てするなら２４０回。「一発勝負」ではなく「２４０発勝負」になるので、「いつ投資を始めるか」というタイミングはあまり重要ではなくなります。

つまりつみたてＮＩＳＡは、税金のお得さというメリットを掲げつつ、「いつ何が上がるかを当て

図表6-3　つみたてNISAの具体的な仕組みは?

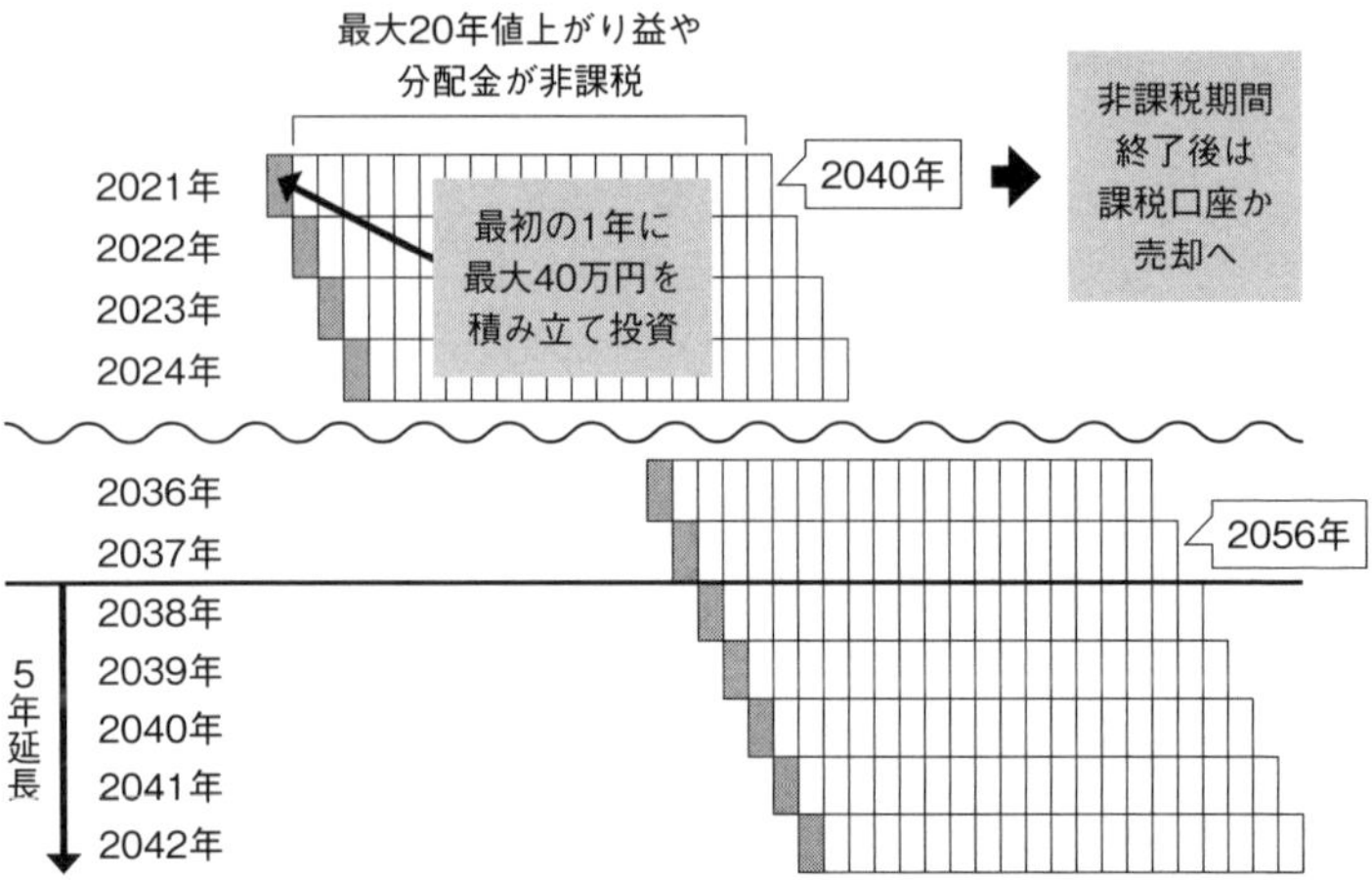

る」という従来の投資に対するイメージを、「長期・分散・積み立て・低コスト」という普通の人でも資産を増やしやすいセオリーへと、まるごと転換させようとする強烈なメッセージが含まれた仕組みなのです。

後ほど詳しく説明するように、一般NISAは2024年から2階建ての新たな仕組みに衣替えされ、1階部分はつみたてNISAになります。この変更も「普通の人の資産形成ならつみたてNISAがおすすめですよ」という金融庁からのメッセージでもあります。

●対象商品や積み立てできる頻度は金融機関でバラバラ

つみたてNISAをどの金融機関で行うべきでしょうか。①信託報酬の低い投信の品ぞろえ、②最低積立金額やつみたてできる頻度、③コールセ

図表6-4　対象商品が多い金融機関

	投信本数	積立頻度	最低積立額
楽天証券	175	毎日／毎月	100円
SBI証券	173	毎日／毎週／毎月	100円
松井証券	170	毎月	100円
SMBC日興証券	158	毎月	1,000円
auカブコム証券	157	毎月	100円
マネックス証券	151	毎日/毎月	100円
PayPay銀行	64	毎月	500円

注）本数は21年9月25日時点

ンターやサイトの使いやすさ、④ポイントなど他のサービスーなどがポイントです。投信調査会社モーニングスターの「つみたてＮＩＳＡ総合ガイド」や確定拠出年金教育協会の「つみたてＮＩＳＡナビ」は、金融機関の比較ができて便利です。

楽天証券、ＳＢＩ証券などネット証券では対象本数は１７０本以上と多くあります（図表６－４）。一方、一部の大手銀行や地方銀行などでは本数が数本のところも多くみられます。本数が少なくても、国内外の株式や債券に投資できるインデックス投信で低コストのものが入っていれば、それでいいと思うのも一つの考え方です。ただし多様な投信を組み合わせて買ったり、アクティブ型もなるべく広い範囲から選びたいと思う場合は、品ぞろえの多い金融機関を選ぶのがいいでしょう。

もちろん、つみたてＮＩＳＡ対象商品は金融庁が認めた低コスト商品ではあるのですが、あくまでも一定の基準を満たしたものであるだけなので、すべてがおすすめとは限りません。ある銀行ではつみたてＮＩＳＡの対象商品は３本しかなく、そのうち１本のバランスファンドはさりげなく信託報酬が比較的高め（もちろん金融庁の基準の範囲内ではありますが）だったりします。

始めるときには、「例えばA投信を毎月3万円ずつ」などと積立契約を結ぶことになります。

積立頻度は最少で「年2回」と決まっているだけで、金融機関ごとに設定がバラバラです。この積立回数によって、積立額も影響を受けます。ＳＢＩ証券や楽天証券では毎月どころか、毎日１００円ずつから積み立てできます。

実は積立頻度は月１回でも毎日でも、長期でみればそれほど成績に大きな差は出ないという分析が多く発表されています。ですから必ずしも毎日積み立てできる会社にこだわる必要はないのですが、選択肢が広いというのは悪いことではありません。

楽天証券やＳＢＩ証券などでは、つみたてＮＩＳＡを買い続けていくことでポイントが貯まります。２０２１年9月時点では、特に楽天証券のポイント制度が有利です。ただ、こうしたポイント制度は急に改悪されることもあるので、それだけで選ぶのは要注意です。

途中での積立金額の変更も可能です。ただしネットで迅速にできるところもあれば、店頭での手続きが必要なところまで、こちらもバラバラです。事前にコールセンターなどで確認しましょう。

つみたてＮＩＳＡで買った投信は、必ず20年持ち続けなければならないというものではなく、いつでも売却可能です。しかしこれまでみてきたように、株式中心に幅広く分散投資した場合、基本的には長期になるほうがリターンも上がりやすい傾向があります。できればずっと持ち続けられるような投信選びがおすすめです。

●アクティブ型は投資家の評価が基準

一方、運用担当者が銘柄やタイミングを選んで平均を上回ることを目指すのがアクティブ型です。ただしコストが高くなりがちなことも影響し、実際には平均を下回ることも多いのです。このためつみたてＮＩＳＡでは、アクティブ型については先ほどみたように、運用実績面で投資家の評価が高いものに限られました。

「アクティブに厳しすぎる」との声もあります。しかし結果的に好成績だったアクティブ型も、それを事前に見抜くのは簡単ではないことはよく知られています。つみたてＮＩＳＡが主に初心者を対象にした仕組みと理解するなら、インデックス型を主体とする制度設計には一定の合理性があるでしょう。そうした厳しい基準をくぐり抜けたアクティブ型のうち、投資家の支持が特に高いいくつかのアクティブファンドをみてみます。

長期的な上昇力の大きさに比べて値動きが比較的小さく「守りながら増やす」という好成績で知られているのが、レオス・キャピタルワークスの運用する「ひふみ投信」や「ひふみプラス」。中小型株の成長株を中心とした独自の銘柄選定力が強みです。最近は大型株や米国株にも一部資金をシフト中です。

コモンズ投信の「コモンズ30ファンド」は、30年という長期的な目線で、30社の優良企業に厳選投資することに努めています。やはり長期的に市場平均を上回る好成績をあげています。

鎌倉投信の「結い２１０１」は小粒でも社会を支える「良い会社」に選別投資しています。一見するとリターンは低いのですが、これは現金比率を高めるなどしてリスクを抑えた運用をしているためです。運用の効率性を示すシャープレシオ（リターンをリスクで割って計算）は高水準です。

セゾン投信のセゾン・バンガード・グローバルバランスファンドは、低コスト投信で知られる米バンガード社の投信を使って、グローバルに株と債券を半分ずつで運用する投信です。

つみたてＮＩＳＡで選ばれているアクティブ投信は、このように運用対象はインデックスであっても、その組み合わせなどは運用会社が独自の基準で構成比を決めているものはアクティブ型とみなされています。

ＳＢＩアセットマネジメントが運用する「ＥＸＥ-ｉ グローバル中小型株式ファンド」は、主としてＥＴＦ（上場投資信託）への投資を通じて、世界（日本を含む）の中小型株式へ実質的に投資します。組入比率は米国が約６割を占め、日本、カナダ、英国が各５％程度です。

これらのアクティブ型投信に興味がある人は、つみたてＮＩＳＡの対象とされている金融機関を選ぶのもいいでしょう。

【3】一般・新NISAの仕組みと注意点は？

●制度は長期で存続の方向

つみたてNISAが登場した2018年当時、NISAはいずれつみたてNISAに統一される、という情報が多く流れていました。このため一般NISAはいずれなくなる、と思っている人も多くいます。

しかし2020年の法改正の折、一般NISA（24年度以降は新NISA）は個別株投資などを通じて資本市場に資金を流入させる役割がある、と明確に位置付けられました。つまり、つみたてNISAへの将来的な統合の可能性は現時点では消え、NISAは今後も2つの制度が並立して続いていく可能性が高くなっています。

一般・新NISAは、①非課税限度枠が大きい、②個別株やアクティブ型投信なども対象、③非課税期間終了後の資産の移管（ロールオーバー）ができる――など、確かにつみたてNISAとは違う魅力があります。

●非課税枠の最大化を狙う「リレー方式」の効果と注意点

2つのNISAの延長を踏まえて、「最大でいくら非課税投資できるのか」を知りたい人も多いので、メディアなどでときどき紹介されているのが、２つのＮＩＳＡの非課税枠を最大化するために一般・新ＮＩＳＡを使った後で、その新規投資期間が終わればつみたてＮＩＳＡへとつなぐ「リレー方式」です。

例えば２０２２年からつみたてＮＩＳＡの延長後の新規投資最終年の２０４２年まで21年間ＮＩＳＡ投資をするとします。非課税枠は一般ＮＩＳＡで新規投資できる２０２３年まで１２０万円の２年分で２４０万円、延長後２０２８年までの新ＮＩＳＡで１２２万円の５年分で６１０万円です。２０２９年以降、つみたてＮＩＳＡに切り替え、２０４２年まで14年つみたてＮＩＳＡで投資すると40万円の14年分で５６０万円。計１４１０万円です。一方、全期間つみたてＮＩＳＡを使うと非課税枠の合計は40万円×21年で８４０万円なので、リレー方式のほうが多くなります。一般・新ＮＩＳＡは比較的短期で値上がりを狙って、その後はつみたてＮＩＳＡで投資をしたいという人にはこれでいいかもしれません。

ただし注意点があります。「リレー方式」で計算しているのはあくまで非課税枠の単純合計です。しかし投資の効果は、「非課税枠×非課税期間」という「面積」で考えるべきです。右記の計算には、一般・新ＮＩＳＡは非課税期間が5年間で、つみたてＮＩＳＡは20年間という差は考慮していません。20年という長期で資産が増えた分がすべて非課税になる効果は大きなものがあります。非課税期間の長さも考慮した「面積」では、単純にリレー方式のほうが非課税枠が大きいとは言い切れないことも頭に入れておきましょう。

長期で堅実に資産を増やしたい人は、最初からつみたてNISAでいいと思います。

●難しい出口戦略とロールオーバー

一般NISAで注意すべきは、非課税期間が5年と短いことです。図表4-3でみたように、期間5年の積み立てであれば、世界株への投資でも元本を割りこんだ時期が結構ありました。

そのまま非課税で投資を続けたい場合は、新たな年の枠に移行させるロールオーバーという仕組みがあります。2018年から投資を始めている人は2022年末に、売却・課税口座への払い出し、またはロールオーバーという判断を迫られます。ロールオーバーの仕組みをきちんと知っていると、判断の誤りが減ると思います。

そもそもロールオーバーをなぜ考えるのでしょうか。ひとつは非課税期間終了時に評価損の状態にあるとき、ロールオーバーして実質的に非課税期間を延ばすことです。背景に、NISA口座の中で損失を出せば損益通算などができず、課税口座よりむしろ不利な点があります。

逆に評価益の状態にあるとき、それをさらに伸ばすためのロールオーバーもあり得ます。2019年の新規への枠の分への移管からは、それまでは120万円だった移管の額の上限が撤廃され、例えば200万円になっていてもまるごと移管できます（図表6-5）。

図表6-5　2018年に120万円で始めた人が23年からの枠にロールオーバーすると？

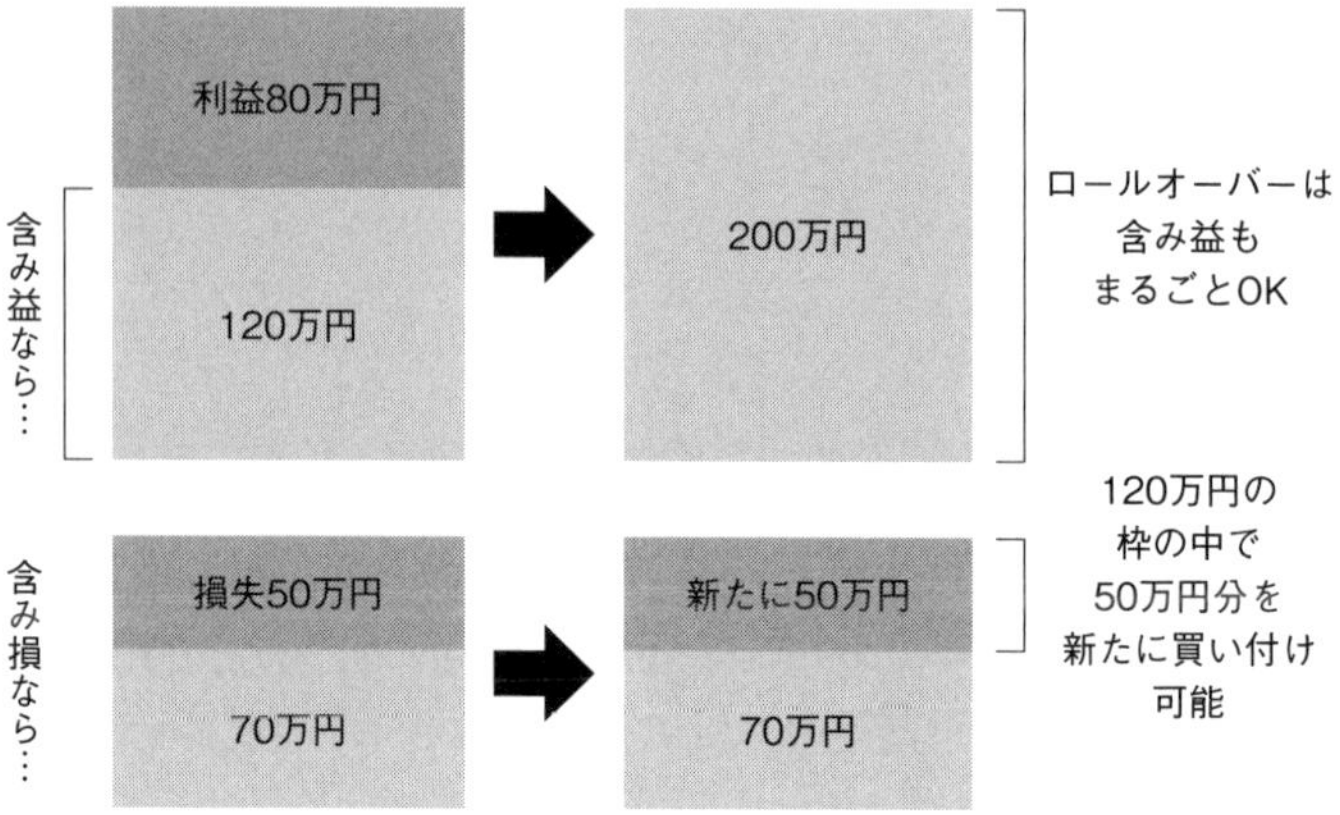

●非課税期間終了時に損失、ロールオーバー後値下がりすればさらに損

これらを踏まえたうえで、ケースごとにみていきます。まずは5年の非課税期間終了時に評価損になっている状態のほうから考えます。

なんとなく、「評価損の場合はロールオーバーが望ましい」という意見が当たり前になっています。ただし、結果的にロールオーバーしなかったほうがいいケースもあり得ます。やみくもに判断せず、整理しておきましょう。ややこしいので図表6-6の左側をみながら考えてください。

2024年からの枠へのロールオーバーは新NISAが対象になり、細かな手法は後ほど改めてお話ししますが、まずは基本的な判断方法を知りましょう。

まず前提として120万円の投資が非課税期間終了時に50万円になっているとします。このまま売れば70万円の損失ですが、NISA口座での損失は税制上損失とみなされないので、他の課税口座との損益通算もできませんし、課税口座の損失であればできるはずの、損失の3年間の繰り越しもできません。

課税口座に出して運用し、次の5年、資産価格が80万円に戻ったとします。税金はどうなるでしょう。ここが最初にNISA口座で運用するときのつらいところで、最初の非課税期間終了後の課税口座に移した時点で「取得価格の洗い替え」が起きます。この資産は50万円で買ったとみなされるのです。それが80万円に上がったのですから、税制上は30万円の利益。2割課税で6万円の税金です。当初買った120万円に比べると値下がりしているのに、税金がとられるわけです。

もしNISA口座にロールオーバーしていればどうでしょう。NISA口座の中では税制上の損益は認識されないので、80万円に戻った段階で売っても税金はゼロです。結果的にロールオーバーしておいてよかったということになります。

だからといって、必ずしもロールオーバーが結果的に正しいかはわかりません。結果的に正しかったかどうかは、その後株価が上がるかどうかにかかっています。なぜでしょうか。

NISA口座にロールオーバー後、さらに値下がりして20万円で売ったとします。当初の120万円に比べ100万円の損です。しかしNISA口座内では税制上損失はなかったとみなされるので、課税口座との利益と相殺されず、損失の繰り越しもできません。

NISAへロールオーバーか課税口座か　★カギは相場の見通し!

NISAで評価益のケース

NISAで120万円投資し5年後200万円に

次の5年予測
★NISA終了時の200万円より上がる→NISA口座なら非課税
★200万円より下がる→損益通算できるだけ課税口座がお得

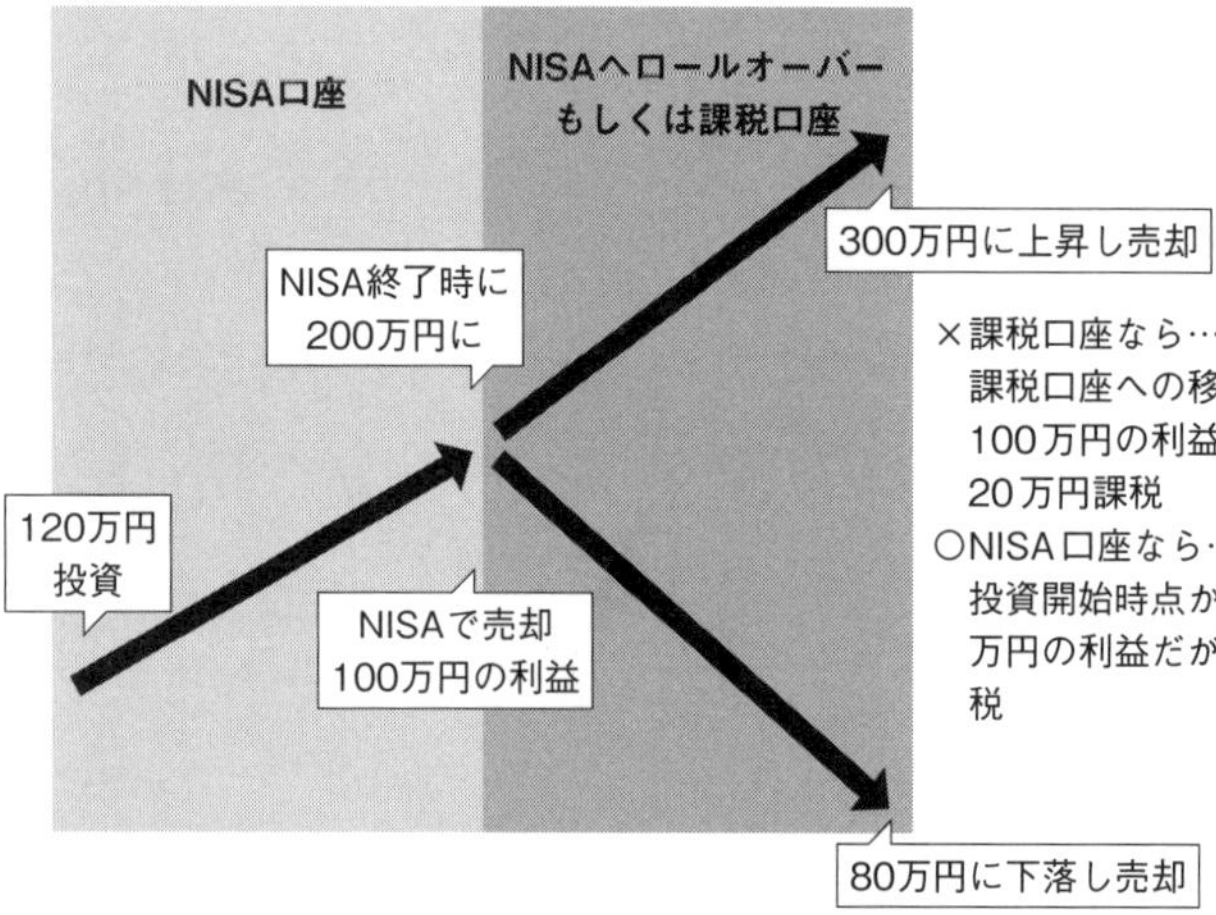

×課税口座なら…
課税口座への移管後は100万円の利益となり20万円課税
○NISA口座なら…
投資開始時点から180万円の利益だが、非課税

○課税口座なら…
課税口座へ移管後は120万円の損失。損益通算など可
×NISA口座なら…
投資開始時点からは40万円の損失だが、課税上は損失なしで損益通算など不可

図表6-6　非課税期間が終わったらどうする？

非課税期間が終わったらどうする？　売却か、

NISAで評価損のケース

NISAで120万円投資後5年後50万円に

次の5年予測
★50万円より上がる→ロールオーバー優位
★50万円より下がる→損益通算できる分だけ課税口座お得

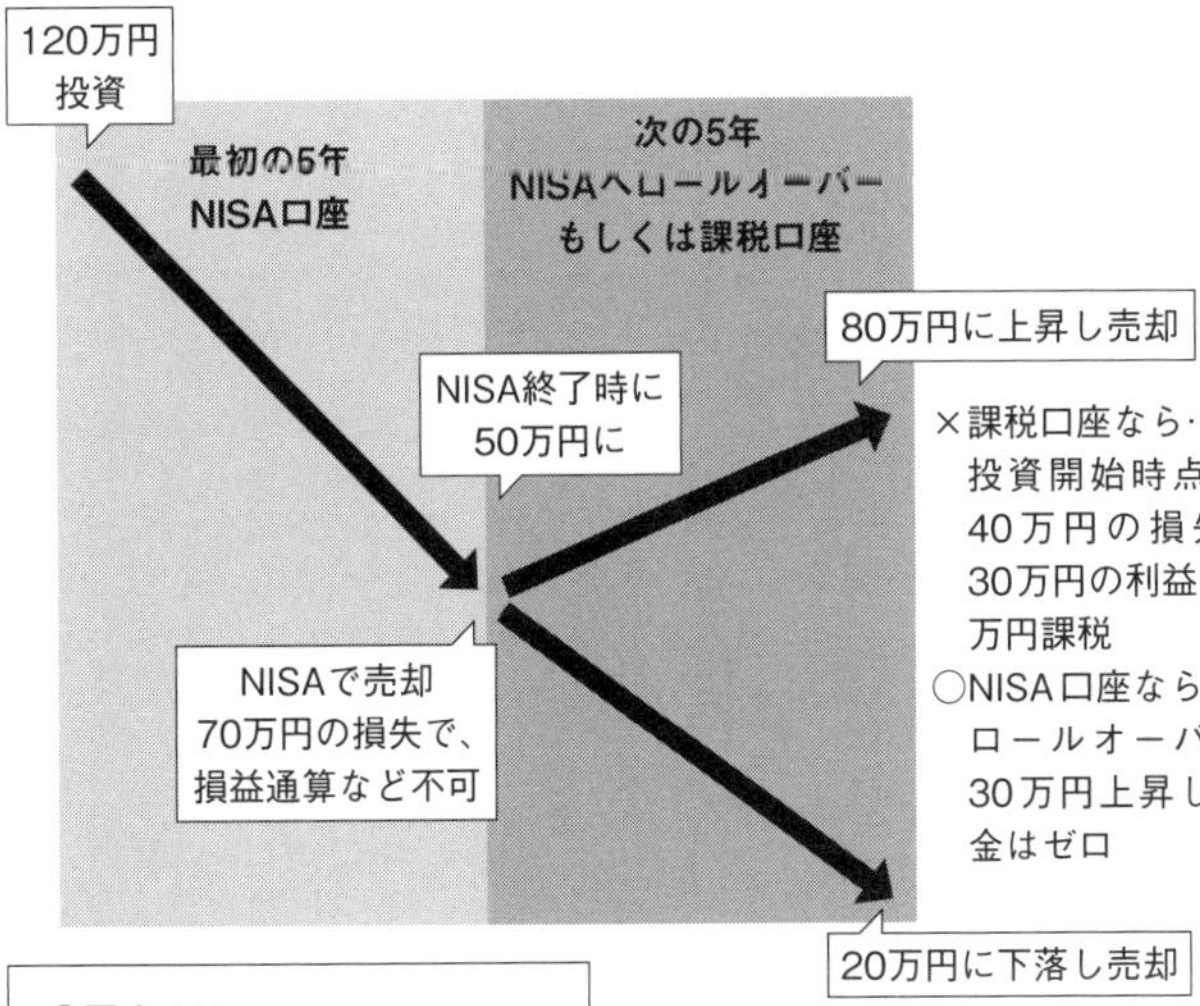

×課税口座なら…
投資開始時点からは40万円の損失だが、30万円の利益となり6万円課税

○NISA口座なら…
ロールオーバー後は30万円上昇したが税金はゼロ

●要するに…
非課税期間終了後、上がると思えばNISA口座へのロールオーバーが有利なことが多い。下がると思えば売却が有利だが、課税口座で損益通算する選択も

○課税口座なら…
課税口座への移管後は30万円の損失。損益通算など可

×NISA口座なら…
投資開始時点からは100万円の損失だが、課税上は損失なしで損益通算など不可

一方、ロールオーバーせず課税口座に出しておいた場合はどうでしょう。非課税期間終了時の50万円に取得価格が洗い替えされていて、そこからさらに30万円の下落なので、30万円の損失分は他の課税口座に利益があれば相殺できますし、利益のある口座がなくても3年間繰り越しできます。この場合はロールオーバーしないほうがよかったことになります。

つまりＮＩＳＡの最初の非課税期間終了時点で含み損だったからといって、やみくもにロールオーバーするのは避けるべきです。例えば投資対象の会社の事業構造に何か問題が発生していて、今後も値下がりする確率がかなりあると思うなら、ロールオーバーせずに課税口座に出す選択もあります。

そもそもさらなる下落の公算が高いと思う場合は、売却したほうがいいでしょう。評価損＝ロールオーバーという「公式」にとらわれないことが大事です。

●評価益の場合も株価の先行きで判断

図表6-6の右側はＮＩＳＡ口座終了時に評価益になりそうな場合です。１２０万円で取得した株が２００万円の評価額になっていたとします。一般的には「ＮＩＳＡ口座で評価益なら、ロールオーバーの必要はない」という考え方が「公式」のように言われています。

ただし、これも今後の株価の見通ししだいです。例えば課税口座に出した後、価格が80万円に下落したとします。投資開始の１２０万円に比べると40万円の損失ですが、課税口座に出した時点で取得価格が２００万円に洗い替えされているので、税制上は１２０万円の大幅損失です。他に利益がある口座があれば損益通算できますし、損失の繰り越しも可能です。

一方ロールオーバーした後に80万円に下落した場合は、投資開始時からは40万円の損失ですが、NISA口座の中なので損失がなかったとみなされ、損益通算や繰り越しができません。売却という選択肢を除くと、下落した場合はロールオーバーしなかったほうがよかったことになります。

では、非課税期間終了後、価格がさらに300万円に上がればどうでしょう。課税口座であれば洗い替え後の取得価格200万円に比べて100万円の利益なので2割の20万円の税金がとられます。一方、NISA口座へロールオーバーしていれば、税制上利益がなかったことになり非課税です。しかもこの場合、少し後で話すように、ロールオーバーにより新しいNISAの非課税枠は120万円ではなく200万円に拡大しているので、その意味でもお得です。

これまでみたように、ロールオーバーすべきかどうかは、今後の株価の見通ししだいといえます。一般的には株価が上昇・回復すると思えばロールオーバーのほうがいいですし、下落すると思うなら、売却か課税口座に出すほうを選んだほうがいいでしょう。

●実質非課税枠拡大も

NISA制度に精通している日興アセットマネジメントの汐見拓哉氏は、「ロールオーバーの金額制限がなくなっているので、実質的に非課税枠が増えた」と指摘します。どういうことでしょうか。これは少しわかりづらいので図で考えてみましょう(図表6-7)。

図表6-7　ロールオーバーで非課税枠の実質拡大も

		株価		税引き利益（課税口座は2割課税）	税引き利益の合計
		2023年初頭	その後		
200万円をNISA口座にロールオーバー。課税口座に新規資金120万円	NISA口座	200万円	400万円	200万円	296万円
	課税口座	120万円	240万円	96万円	
200万円を課税口座に。NISA口座に新規資金120万円	NISA口座	120万円	240万円	120万円	280万円
	課税口座	200万円	400万円	160万円	

〈前提〉2018年に120万円を投資し22年末には200万円に。23年からは新規に120万円しその後2倍に値上がり。

例えば２０１８年に１２０万円で投資したものが非課税期間終了時の２０２２年末に２００万円に値上がりしていたとします。もともと２０２３年からの枠として新規資金１２０万円を用意していた場合、さらに上昇が続くとみるなら、どうすればいいでしょうか。

図表６‐７の下はロールオーバーせず２００万円は課税口座に出し、予定通り新規資金１２０万円で２０２２年のＮＩＳＡ口座を始めた場合です。その後５年間でさらに株価が２倍になったとします。課税口座では２割税金を引かれ、税引き利益は１６０万円。ＮＩＳＡ口座は非課税なので１２０万円がまるまる残ります。合計の税引き利益は２８０万円です。

図表６‐７の上では、逆にＮＩＳＡ口座に２００万円をロールオーバーし、新規に用意していた１２０万円は課税口座で運用したとします。

やはり2倍になったとするとＮＩＡは非課税で利益が２００万円まるまる残ります。課税口座で運用する１２０万円は2割課税されて96万円の利益ですが、利益の合計は２９６万円と多くなります。つまり相場が上昇するなら、非課税口座になるべくたくさんの資金を入れておくのがいいということです。

●新ＮＩＳＡへのロールオーバーはさらに複雑

さて、２０２４年以降は一般ＮＩＳＡが新ＮＩＳＡに切り替わるので、新ＮＩＳＡへのロールオーバーを考えなければなりません。

新ＮＩＳＡは２０２４年からのスタート。つまり最初に２０２４年の枠にロールオーバーするのは、２０１９年に投資した人で、２０２３年の11月ごろに決断を迫られることになります（図表６‐８）。

まだ先の話ではあるのですが、新たにＮＩＳＡを始める人も、一般ＮＩＳＡを選んだ場合は将来新ＮＩＳＡへのロールオーバーがあり得るということを考えて判断したほうがいいので、仕組みをざっと知っておきましょう。

第1章でもお話ししましたが、新ＮＩＳＡに新規で資金を入れるには、1階部分でつみたてＮＩＳＡ対象商品を積み立てで買う場合だけ、2階部分も使えるのでした（ただし1階部分は20万円全額を使う必要はなく、少しでも使えば2階部分が活用可能です）。

２０２３年までＮＩＳＡ口座を開いている人や個別株投資をしていた人は、金融機関に申告すれば

図表6-8　ロールオーバーのイメージ

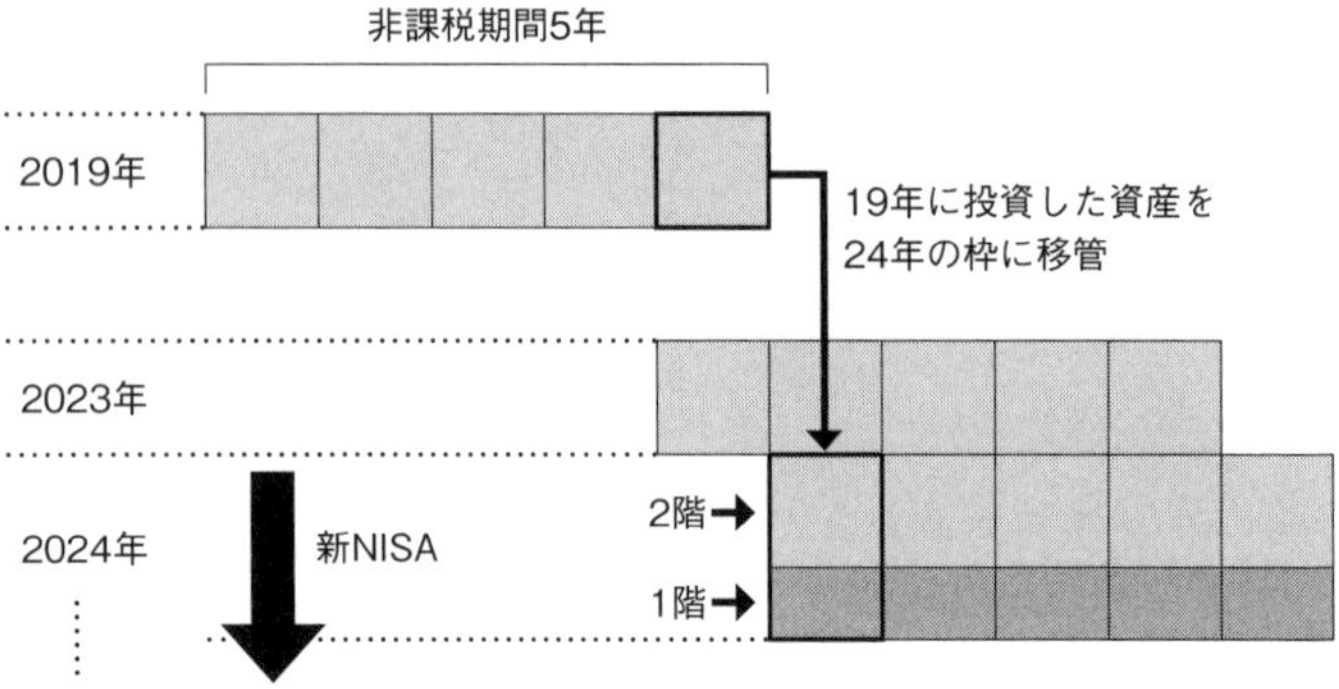

図表6-9　新NISAは2階建て

2階	**一般NISAの後継** **（上限102万円）** 〈商品〉個別株、株式投信、REITなど 〈手法〉一括も積み立ても可
1階	**つみたてNISA** **（上限40万円）** 〈商品〉つみたてNISA対象商品 〈手法〉積み立て

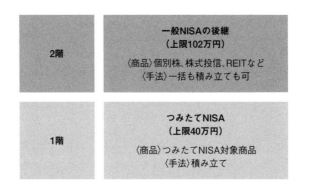

「経験者」として、1階部分は使わなくても2階部分だけ使うこともできます。ただしその場合は個別株だけが対象で、投信やETF、REITは使えません。しかも1階部分を使わないので、全体の非課税枠も102万円だけとなります。

●ロールオーバーはまず2階部分から使う、1階部分はつみたてNISAに移管可能

難しいのは2023年までの一般NISAからロールオーバーする場合です。3つのパターンに分けて説明します。すべての場合において、原則は先ほどの新規の場合とは違って「2階が先」です。

まずロールオーバーの資金が102万円以下の場合。例えば80万円とします。2階部分から使うので、2階の枠は80万円分なくなり、新規の枠が22万円残ります。これを使う場合は、原則的には新規の枠のときと同じ「1階からの利用が前提」です。1階でつみたてNISA対象商品をつみたてで買う場合だけ、2階の残る枠22万円を使えます。

ただし2階の残る枠に新たに投資したいのが個別株であるなら、先ほどの経験者枠の対象となり、1階部分を使わなくても2階部分だけに個別株を22万円分投資できることになります。

次にロールオーバーの資金が102万円超、122万円以内の場合。例えば110万円とします。2階部分だけでは足りないので、1階部分の枠を8万円使います。これは枠を使うだけなので、移管する一般NISAの商品がつみたてNISAの対象商品ではなくても1階部分の枠も含めて全額ロールオーバー可能です。そして1階部分の枠が12万円残ります。この12万円を使いたい場合は、やはりつ

図表6-10　新NISAの使い方

新規で買う場合
1階部分の枠を使うのを前提に2階部分も使える

〈原則〉

1　1階でつみたてNISA対象商品を積み立てで買う。年上限20万円

2　新NISA対象商品を2階部分で買う。上限102万円（1と2は同時でも可）

〈例外〉

一般NISAをしていた人や個別株などの投資経験者は、1階を使わなくても2階だけの利用も可。ただし対象は個別株のみ

一般NISAからのロールオーバーの場合
枠を2階部分から（上から下へ）へ使っていく

●ロールオーバーの資金が102万円以下
→2階部分に充当、余ればさらに2階で追加購入可だが、追加購入の際は1階部分をつみたてNISAの商品・買い方で買ったうえで2階部分の残りも購入可。2階部分の余った枠で個別株だけを買うなら、1階部分は使う必要なし

●ロールオーバーの資金が102万円超122万円以内
→2階部分に充当。102万円を超える部分は1階部分の枠を使う。ただしこの場合はあくまで枠を使うだけなので、つみたてNISA対象商品でない一般NISAの商品でもロールオーバーできる。残った1階部分の枠を使う場合はつみたてNISA対象商品を積み立てで。

●ロールオーバーの資金が122万円超
→全額をロールオーバー可。どのみち新規の枠は残らないので、2階、1階という区別は不要

みたてＮＩＳＡ対象商品を積み立てで買うことになります。

最後にロールオーバーの資金が１２２万円超の場合。例えば１５０万円とします。２階の１０２万円の枠を使い、さらに1階の20万円の枠を使っても28万円分足りませんが、ロールオーバーはとにかく資金がいくら増えていようが全額できるので、１５０万円を全額移管できます。この場合は、どのみち新規の投資枠が残らないので、移管した先が１階か２階かは考えなくても大丈夫です。

ちなみに1階部分が5年の期間を終えたら、１階部分については翌年分のつみたてＮＩＳＡへのロールオーバーが可能です。この場合、計25年の長期の非課税投資ができることになります。しかも当初20万円がいくら増えていようとも、簿価の20万円のまま移管できるという大サービスです。

例えば20万円が50万円になっていても、移管先のつみたてＮＩＳＡの枠は、簿価である20万円しか使われず、残り20万円分はあらたにつみたてＮＩＳＡで投資できるということです。ここにもまた、「なるべくつみたてＮＩＳＡを使ってください」という金融庁の意思がみえますね。

●悩むのが嫌ならつみたてNISAで

ロールオーバーの仕組みをみてきましたが、かなり複雑で頭を悩ませたくないという人も多そうです。一般ＮＩＳＡを選んだ人は5年の期限がくるごとにこうした事態に頭を悩ませなければなりません。

これまで一般ＮＩＳＡをしておらず新規に始めて年間の投資額が40万円におさまる人には、悩むの

図表6-11　40代以降でもつみたてNISAとイデコ併用で資産2000万円も

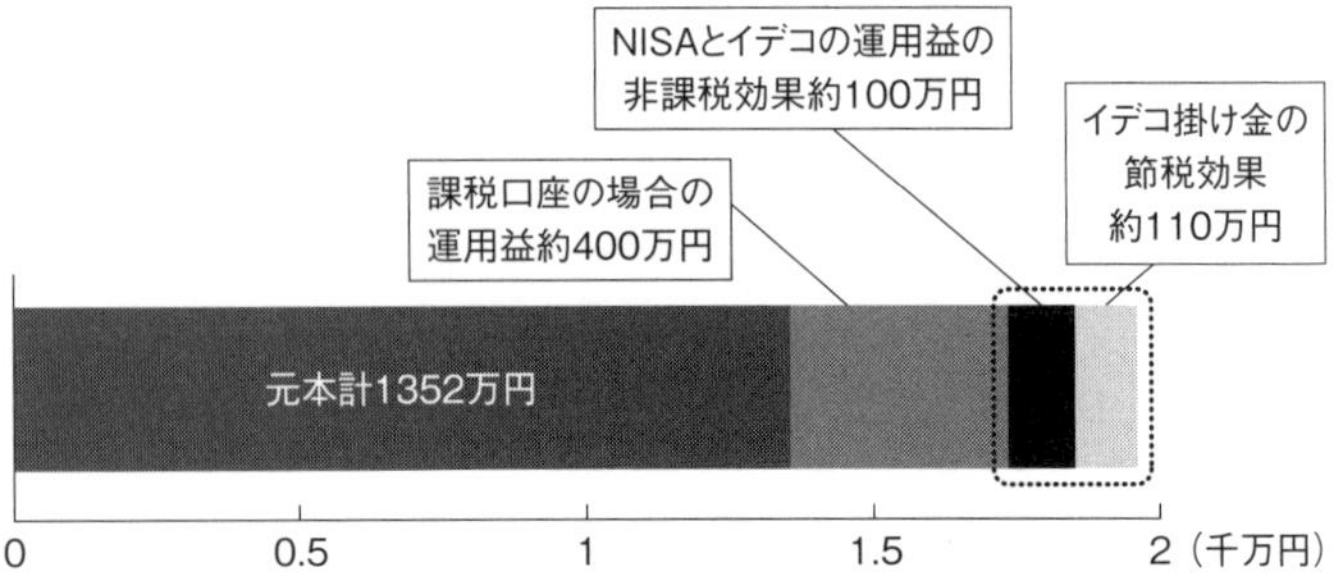

運用利回りは年3%と想定、イデコは企業年金のない会社員の上限額年27.6万円、合計税率20%のケース、つみたてNISAは年40万円、計算は概算

が嫌なら、シンプルなつみたてＮＩＳＡを選ぶことも有力な選択肢です。もしや金融庁は、そこまで考えて新ＮＩＳＡをややこしい仕組みにしたのでしょうか（笑）。

●40歳以降でもイデコ＋つみたてＮＩＳＡで2000万円弱も

これまで「なるべく早くから積立投資開始を」とお話ししてきました。しかしなかには「自分はもう40過ぎ。今からでは遅いのか」と思う人もいそうです。しかしつみたてＮＩＳＡとイデコのフル活用で、40歳以降でも２０００万円を作ることは可能です。

図表６-11は、イデコで企業年金がない人の場合の上限額年27万６０００円と、つみたてＮＩＳＡ年40万円を20年間、毎年積み立てた場合の結果です。

両方を合計した投資額は年67万６０００円なので総額１３５２万円。これを年率３％で運用できたとします。これまでみたように、世界全体の株式での運用なら、3％はむしろ堅実な見通しです。

運用益は500万円。このうち非課税による効果は約100万円、さらにイデコへの拠出による所得税・住民税の効果が110万円に上ります（合計税率20％を前提）。運用の成果と税優遇の恩恵で、投資元本1352万円は最終的に1960万円に増えるわけです。2000万円弱の資金があれば、老齢年金を増額するための受給開始の繰り下げにも大きな力になるでしょう。

夫婦共働きでこれを2人がやれば、4000万円弱です。お互いに年金を繰り下げ受給するために、60代後半を年金なしで乗り切る原資としても使えます。

終章

人生100年時代の新戦略

これまで公的・私的年金の制度改正やフル活用の方法などを眺めてきました。ここでもう一度、第1章で少しお話しした「長生きリスク」を主に公的年金に任せる戦略について、もう少し多様に考えてみたいと思います。

第1章ではモデル年金の人が、月30万円に増やすケースを試算しました。65歳時点での必要継投額は2360万円でした。ただ、人によっては「やはり無理」と思う人もいそうです。

●節約で月の支出を下げる

ひとつの対策は、想定する生活費のレベルを少し下げることです。月30万円は少し高めの数字ですので、例えば図表終-1のAのように「モデル年金の月22万円の夫婦が27万円を目指すケース」を考えます。

ちなみに第2章でもみたように、マクロ経済スライドによる目減りで、厳しい経済前提の場合は総受給額が今の物価に直して1割程度減る可能性もあります。その場合、受給期間中の平均は月24万円程度になると考えておいてください。それでも生命保険文化センターのアンケートの「夫婦2人の老後の最低日常生活費」の回答である月22万円は上回ります。

モデル年金22万円から27万円は23％増やせばいいので、繰り下げ期間は33カ月（2年9カ月）と第1章の月30万円目標に比べ短くてすみます。第1章で30万円だった繰り下げ待機中の支出も27万円に下げ、予備費は800万円のままとすると、必要継投資金は1691万円になります。図表終-2でわかるように、45歳からの月3万円でも大丈夫でした。

●長く働くことで必要継投資金を圧縮

次にBとして「やや無理め」を考えます。モデル年金の人が、月35万円という年金額を目指すケースです。受給総額1割減の場合は月31・5万円というイメージですね。

この場合、7年2カ月の繰り下げが必要で、待機期間の支出も35万円とすると、必要継投資金は3810万円と巨額になります。過去の先進国株への投資では、35歳からの月3万円など、早い時期からの積み立てでないと達成しにくい金額です。

このため、より長く働くことを組み合わせて考えてみます。第1章で示したように厚生年金は生涯年収が180万円上がれば、年に約1万円上積みされます。ここでは月0・5万円の上積み（年6万円）を目指します。計算上、総収入を1080万円上げればいいですね。5年で割ると216万円です。

図表終-1　自己資金を公的年金への「継投」に使う様々なパターン

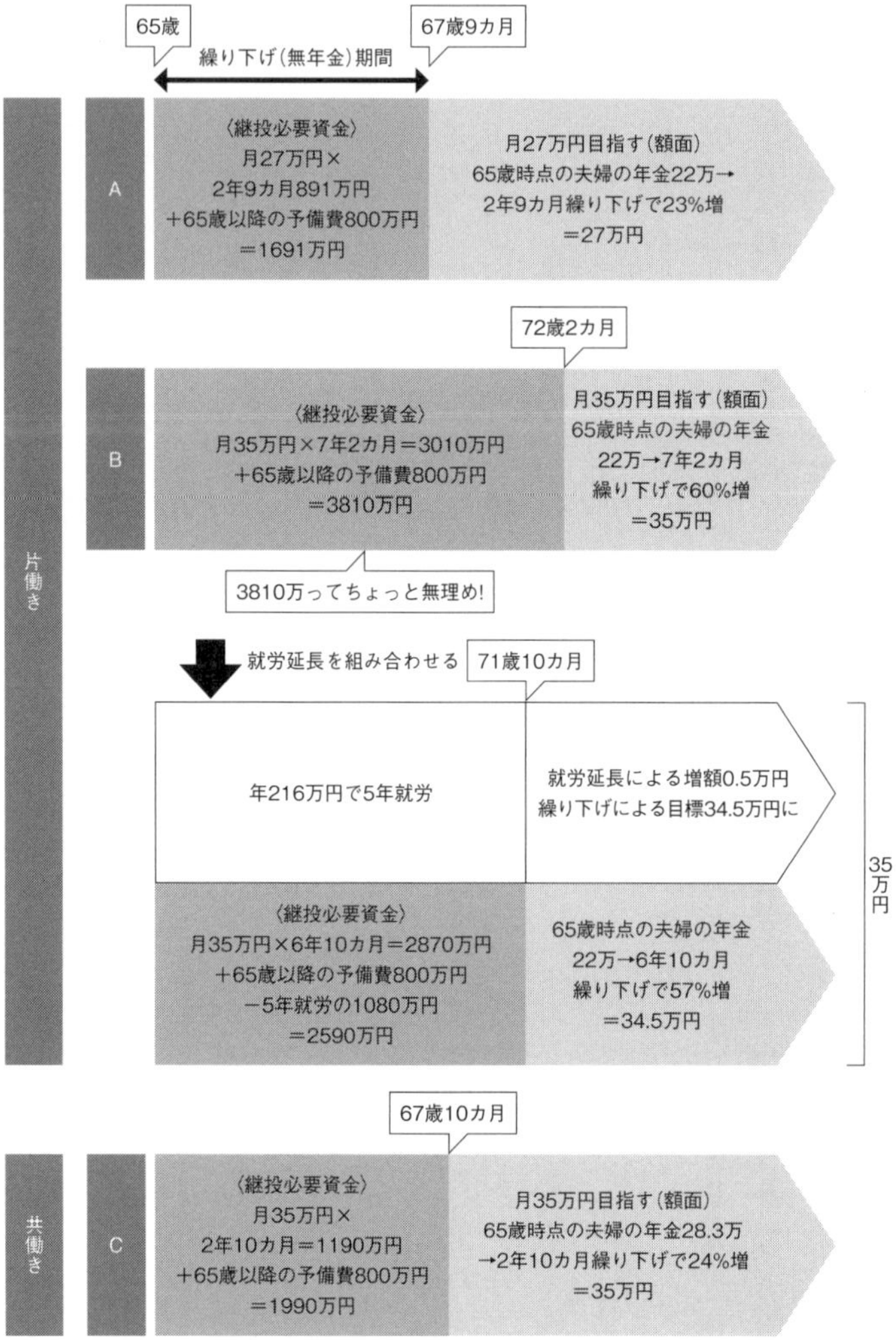
65歳
67歳9カ月
繰り下げ（無年金）期間
片働き
A
〈継投必要資金〉
月27万円×
2年9カ月891万円
＋65歳以降の予備費800万円
＝1691万円
月27万円目指す（額面）
65歳時点の夫婦の年金22万→
2年9カ月繰り下げで23%増
＝27万円
72歳2カ月
B
〈継投必要資金〉
月35万円×7年2カ月＝3010万円
＋65歳以降の予備費800万円
＝3810万円
月35万円目指す（額面）
65歳時点の夫婦の年金
22万→7年2カ月
繰り下げで60%増
＝35万円
3810万ってちょっと無理め!
就労延長を組み合わせる
71歳10カ月
年216万円で5年就労
就労延長による増額0.5万円
繰り下げによる目標34.5万円に
〈継投必要資金〉
月35万円×6年10カ月＝2870万円
＋65歳以降の予備費800万円
－5年就労の1080万円
＝2590万円
65歳時点の夫婦の年金
22万→6年10カ月
繰り下げで57%増
＝34.5万円
35万円
67歳10カ月
共働き
C
〈継投必要資金〉
月35万円×
2年10カ月＝1190万円
＋65歳以降の予備費800万円
＝1990万円
月35万円目指す（額面）
65歳時点の夫婦の年金28.3万
→2年10カ月繰り下げで24%増
＝35万円

図表終-2 「継投」資金はつくれたか

必要継投資金と達成状況

資産形成手法	65歳時点の資産額（万円）	A	B		C
		64歳まで働く＝1691万円	64歳まで働く＝3810万円	69歳まで働く＝2590万円	64歳まで働く＝1990万円
25歳から月2万円	5611	○	○	○	○
35歳から月2万円	2626	○	×	○	○
35歳から月3万円	3939	○	○	○	○
45歳から月3万円	1872	○	×	×	×
45歳から月4万円	2497	○	×	×	○
45歳から月5万円	3121	○	×	○	○
50歳から月4万円	1633	×	×	×	×
50歳から月5万円	2041	○	×	×	○
50歳から月5万円＋300万	2849	○	×	○	○
50歳から月5万円＋1000万	4100	○	○	○	○

資産額は20年末に64歳末として、先進国株価指数（MSCI WORLD、円ベース、配当込み）に過去から各期間、積み立て投資できた場合（コストは年0.2%として計算、税は考慮せず）

65歳以降、年収216万円で5年間働くと受給開始後は5000円厚生年金の上乗せになるので、目標の月35万円のためには残り34万5000円が必要です。もとの22万円からは57%上げなければならないので、0・7で割ると82カ月（6年10カ月）繰り下げれば大丈夫です。2022年4月以降は繰り下げ可能なのは75歳まで伸びています。

この場合、繰り下げ待機期間も月35万円支出するなら35万円×82カ月で2870万円。予備費800万円を足して、5年間の収入1080万円を引くと、65歳時点の必要継投資金は2590万円になります。50歳から月5万円積み立てし余裕資金300万円の一括投資も加えると、過去は達成できました。

ずっと会社員の人などで、退職金のうち老後に使える金額が1000万円あれば、65歳時点に退職金以外に用意しておくべき必要継投資金はさらに1590万円に減ります。この金額なら図表終-2

の全てのケースで必要継投資金は作れていました。

ただ退職金は減少傾向。厚生労働省の就労条件総合調査では、大卒の定年時平均退職金は2003年の2499万円から2018年には1788万円へ大きく減っています。しかも一部が住宅ローンの返済などに使われることも多くみられます。継投資金を考えるときに、退職金を過大に織り込みすぎないことも大事です。

●共働きは高い年金額にも手が届きやすい

次は共働きの夫婦が月35万円を目指すケースです。モデル年金は片働きでしたが、ここでは共働きなので妻の分の厚生年金が上積みされます。女性の平均賃金は男性の7割くらいなので、妻の厚生年金も夫の7割で計算し、月28万3000円（図表終-1のCのパターンです）としました。

35万円に増やすには24％の増額が必要ですが、2年10カ月の繰り下げですみます。やはりこれまでと同様の考え方で、65歳時点で1990万円あればいいことになります。同じように月35万円を目指すBと比べて必要資金が少なくてすむのは、共働きの大きな効果です。

50歳からでも月5万円の積み立てであれば継投資金をつくれました。

●自分のスタイルに合わせて柔軟に

これまでみてきた自己資金を公的年金への「継投」に使う様々な例は、あくまで考え方を示すイメージであり、それぞれの手法や金額は絶対視しないで欲しいと思います。例えば自己資金と公的年金の継投はそれほど厳密に考える必要はなく、例に挙げた800万円の予備費よりもなるべく多く自己資金を積み上げ、公的年金受給開始後もリスクを抑えて堅実な運用を続けるのも、老後の安心感を増すことにつながります。

また過去の先進国株での運用実績は、特に後半の世界株式市況が比較的好調だった数年間を含んでいますので、今後は少し厳しめにみておいたほうがいいでしょう。

老後の働き方についても、65〜69歳の間に働いている人の平均年収は約360万円（2018年度）と意外に高く、がんばってこの年収で5年働けば受給開始後の厚生年金は年に約10万円多くなります。Bの「無理め」の年金目標もより達成しやすくなるわけです。

「終身受給の公的年金に長生きリスクを主に委ねる」という考え方を知ったうえで、自分や家族の働き方や生活スタイルに合わせて柔軟に考えることが大切です。

●広がり始めた「継投」方式の考え方

DCなどを活用した余裕資金を継投に使い、長生きリスクは終身給付である公的年金に任せる考え方。これは以前から一部の有識者などが指摘していましたし、筆者自身も2010年代半ばから何度か新聞で紹介したほか、2016年の拙著『はじめての確定拠出年金』（日本経済新聞出版）や2018年の拙著『税金ゼロの資産運用革命』（同）でも大切な考え方として書きました（「長く働く」

という部分はそれほど強調していませんでしたけれど）。しかし、世の中的にはあまり広がっていなかったように思います。

しかし最近は、この考え方が少しずつ浸透し始めているようです。その流れに非常に大きく貢献したのが、社会保険労務士でもある第一生命保険の谷内陽一さん（埼玉学園大学非常勤講師）でしょう。谷内さんは２０１８年の年金学会で「ＷＰＰ」という言葉でこれを表現しました。「WORK LONGER（長く働く）」に継投策としての「PRIVATE PENTION（私的年金）を組み合わせ、「PUBLIC PENTION（公的年金）」につなぐ、頭文字の略です。

筆者もその学会に出席し発表を聞いていて「これはわかりやすい！」と思ったのを覚えています。ＷＰＰという素晴らしいキャッチフレーズを得たことで、「長生きリスクは主に公的年金に任せる」という合理的な考え方が少しずつ広がり始めていると感じます。

もうひとつ大きな変化は公的年金へのイメージかもしれません。少し前までは「年金なんて破綻するに決まっている」という極端な言説が世の中にあふれていました。それであれば長生きリスクを主に公的年金に任せることなど不安でできません。

しかしここ数年は、公的年金について、破綻はしないし、老後計画が狂うほどの極端な目減りは考えづらいという認識が、少しずつですが増えてきたように感じます。

「公的年金は終身給付として老後の最大の支えであり続ける。もちろんじわり目減りする可能性も大きいので、繰り下げや厚生年金加入、共働きなどで増額し、足りない分はイデコやＮＩＳＡなどで自己資金を増やして備えよう」というふうに前向きで現実的な対応への変化が起きています（ただ、2021年の自由民主党総裁選で、あたかも十数年前と同じような、現在の年金制度が壊れているかのような印象をもたれる議論があったのは残念でした）。

もちろん楽観は危険です。マクロ経済スライドという年金財政を支える仕組みを強化したり、短時間労働者の厚生年金加入を進めたりすることなど、国民全体で制度を絶えずチェックし強化する努力が不可欠です。

ものすごく短いあとがき

●豊かな老後を送るための材料は多彩。使うか使わないかで大差

豊かな老後を送るための材料は公的・私的年金の大改正を中心として、多彩に整備されてきています。

あとはまさに「使うか使わないか」。それによって老後の生活には大差がつきそうです。

この本が皆さんの老後資金を考えるきっかけになり、様々な対策に早期に取り組むための後押しになることを願っています。

執筆が遅れ続けた筆者に適切なアドバイスをいただいた編集者の網野一憲さんに、心から感謝します。

田村正之（たむら・まさゆき）

日本経済新聞社編集委員。社会保険労務士、証券アナリスト（CMA）、ファイナンシャルプランナー（CFP®）。著書に『人生100年時代の年金戦略』『税金ゼロの資産運用革命』『老後貧乏にならないためのお金の法則』（いずれも日本経済新聞出版）、共著に『日本会社原論Ｖ』（岩波書店）など。田村優之の筆名での小説で開高健賞。経済小説『青い約束』（原題『夏の光』で松本清張賞最終候補、ポプラ社）は13万部のベストセラー。

人生100年時代の年金・イデコ・NISA戦略

2021年 12月15日　1版1刷

著者	田村正之 ©Nikkei Inc., 2021
発行者	白石 賢
発行	日経BP 日本経済新聞出版本部
発売	日経BPマーケティング 〒105-8308 東京都港区虎ノ門4-3-12
装丁	夏来 怜
本文組版	平澤智正
DTP	マーリンクレイン
印刷・製本	シナノ印刷

ISBN978-4-532-35895-2

本書籍に関するお問い合わせ、ご連絡は下記にて承ります。
https://nkbp.jp/booksQA

Printed in Japan